레전드 **한국어** 필수단어

韓国語の
必須単語

日本語版

레전드 한국어 필수단어 일본어판
韓国語の必須単語 日本語版

初版第1刷発行	2025年12月10日
初版第1刷印刷	2025年12月1日

著者	ザ・コーリング(The Calling)
監修	間杉綾乃(MASUGI, Ayano)
企画	キム・ウンギョン
編集	イ・ジヨン
デザイン	IndigoBlue
声優	ホ・ガンウォン、扶(たすく)
録音	BRIDGE CODE

発行者	チョ・ギョンア		
総括	カン・シンガプ		
発行所	Languagebooks		
登録番号	101-90-85278	登録日	2008年7月10日
住所	ソウル市 麻浦区 浦恩路二ナギル 三十一 ベラビスタ 二〇八号		
電話	+82-2-406-0047	FAX	+82-2-406-0042
Eメール	languagebooks@hanmail.net		
MP3無料ダウンロード	blog.naver.com/languagebook		

ISBN	979-11-5635-252-5 (13730)
値段	22,000ウォン

ⓒLanguagebooks, 2025

本書は著作権法により保護されている著作物であるため、無断で転載と複製を禁じ、
この本の内容の全部または一部を利用するには、必ず著作権者とLanguagebooksの書面同意を得なければなりません。
乱丁・落丁は購入先でお取り替えいたします。

이 책은 저작권법에 따라 보호받는 저작물이므로 무단 전재와 무단 복제를 금지하며,
이 책 내용의 전부 또는 일부를 이용하려면 반드시 저작권자와 랭귀지북스의 서면 동의를 받아야 합니다.
잘못된 책은 구입처에서 바꿔 드립니다.

韓国語の必須単語

日本語版

Language Books

はじめに

魅力に満ちた国、韓国、
「韓国語の必須単語」から始めましょう。

韓国文化の世界進出が活発になり、韓国語に対する関心もますます高まっています。韓流スターの活躍と韓国文化コンテンツの人気で、韓国文化を楽しむ外国人に出会うことが今では珍しいことではなくなりました。

韓国語は、日本語と文法構造が似ていて、発音が類似した単語も多く、同じ漢字文化圏であるため、日本人にとって学習しやすい外国語です。これに韓国語や韓国文化に対する興味と情熱が加われば、楽しく学べるでしょう。

「韓国語の必須単語」は、実際の会話でよく使われる単語を集めたもので、辞書の必須語彙から、目まぐるしい時代の変化をできるだけ反映した単語まで収録しています。そして、学習者の便宜のため、すべての韓国語の単語と例文にローマ字表記を付け、ネイティブスピーカーの正確な発音を確認できるMP3音源も付属しています。

頑張ってください！
本書の完成にあたり協力してくれた間杉綾乃さんに感謝の意を表します。

ザ・コーリング(The Calling)の**キム・ジョンヒ**

머리말

매력 가득한 나라 한국,
〈**레전드 한국어 필수단어**〉로 시작하세요.

한국 문화의 세계 진출이 활발해지면서, 한국어에 대한 관심도 갈수록 높아지고 있습니다. 한류 스타의 활약과 한국 문화 콘텐츠의 인기로, 한국 문화를 즐기는 외국인들을 만나는 것이 이제는 흔한 일이 되었습니다.

한국어는 일본어와 비슷한 문법 구조도 있고 유사한 발음의 단어들이 많으며, 같은 한자 문화권이라 일본인이 접근하기 쉬운 외국어입니다. 여기에 한국어와 한국 문화에 대한 관심과 열정이 더해지면 재미있게 학습할 수 있을 것입니다.

〈**레전드 한국어 필수단어**〉는 실제 회화에서 자주 사용되는 단어의 모음으로, 사전의 필수 어휘에서부터 급변하는 시대적 상황을 최대한 반영한 단어들까지 수록하였습니다. 그리고 학습자의 편의를 위해 모든 한국어 단어와 예문을 로마자로 표기하였고, 녹음을 듣고 원어민의 정확한 발음을 따라 할 수 있도록 MP3 음원이 있습니다.

열심히 하세요!

이 책이 완성될 수 있도록 도와준 마스기 아야노 씨에게 감사의 마음을 전합니다.

저자 더 콜링_김정희

本書の特徴

韓国で最もよく使われる必須単語を厳選して集めました。日常生活で必要な単語の学習を通して、さまざまな会話を使いこなす実力をつけましょう。

1. 韓国語の必須単語約3200個！

初心者から中級レベルの韓国語の学習者のための必須単語を収録しています。日常生活で必要な代表テーマ24個を選定し、13個のテーマを追加して、約3200個の単語を収録しています。

24のテーマ別の単語を学習した後、「有益な会話」でどのように応用されるのか確認しましょう。

そして各チャプターの最後には簡単な「練習問題」があり、テストもできます。

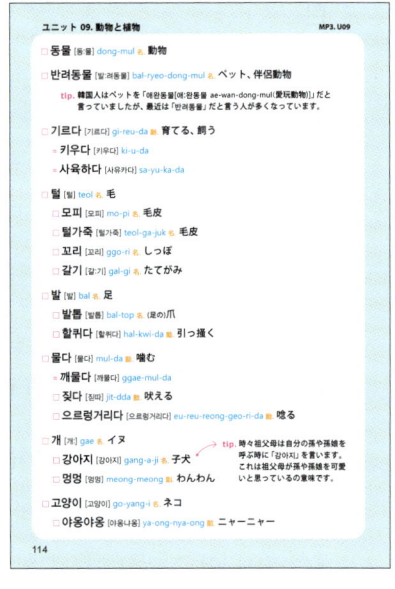

이 책의 특징

한국에서 가장 많이 쓰는 필수 어휘를 엄선하여 모았습니다. 일상생활에 필요한 어휘 학습을 통해, 다양한 회화 구사를 위한 기본 바탕을 다져 보세요.

1. 한국어 필수 어휘 약 3,200개!

왕초보부터 중급 수준의 한국어 학습자를 위한 필수 어휘를 수록하고 있습니다. 일상생활에서 필요한 대표 주제 24개를 선정하고, 13개 주제를 추가하여 약 3,200개의 어휘를 담았습니다.

24개 주제별 어휘를 학습한 후 '유익한 회화'에서 어떻게 응용되는지 확인해 보세요.

그리고 각 장의 마지막에는 간단한 '연습 문제'가 있어 테스트도 할 수 있습니다.

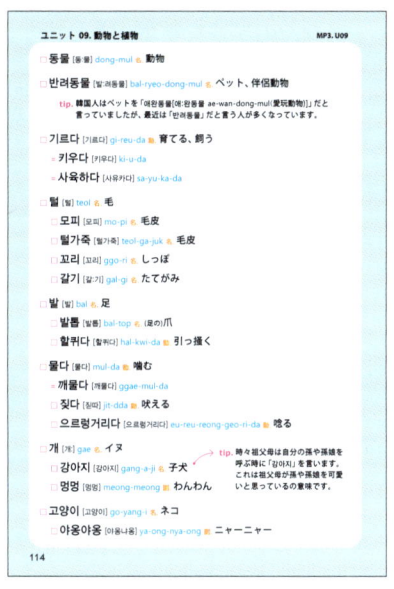

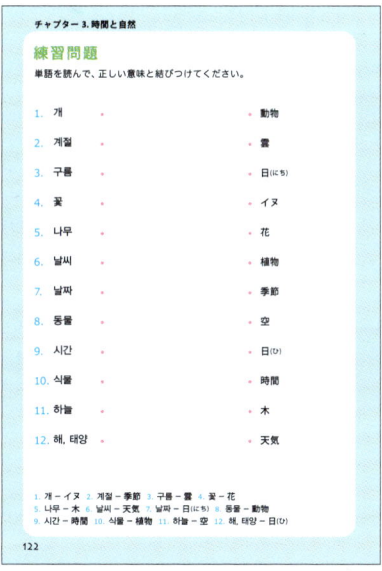

2. 目にすっと入るイラストで基本語彙を固めること！

1000カット以上のイラストが、あなたの学習をサポートします。楽しく生き生きとしたイラストと学ぶ基本単語は、記憶に長く残ります。

3. すぐに見つけてすぐに話せるローマ字で発音表記！

韓国語の基礎が不足している初心者が最も簡単に読む方法は、発音をローマ字で併記することです。韓国語の発音はローマ字と必ずしも一対一で対応していませんが、学習し易いよう『標準韓国語大辞典』にある標準発音にできる限り沿って表記しました。これにより、初心者でも自信を持って発音できます。

4. スピーキング集中訓練用MP3！

本書には、ハングルの子音・母音から基本単語とその他の追加単語に至るまで、韓国語のプロ声優による正確な発音で録音されたファイルを用意しました。

韓国語のみで構成された「韓国語」Kバージョンと、韓国語と日本語を続けて聞ける「韓国語+日本語」Jバージョンの二種類のファイルがあります。

学習者のレベルと目的に応じてファイルを選択してください。
繰り返し聞き、大きな声で真似することで、あなたの韓国語は流暢になります。

2. 눈에 쏙 들어오는 그림으로 기본 어휘 다지기!

1,000컷 이상의 일러스트가 당신의 학습을 도와줄 것입니다. 재미있고 생생한 그림과 함께 학습하는 기본 어휘는 기억이 오래 남습니다.

3. 바로 찾아 즉시 말할 수 있는 로마자로 발음 표기!

기초가 부족한 초보 학습자가 한국어를 읽을 수 있는 가장 쉬운 방법은 로마자로 발음을 표기하는 것입니다. 한국어 발음이 로마자와 일대일로 대응하지 않지만, 여러분의 학습에 편의를 드리고자 〈표준국어대사전〉에 있는 표준 발음과 최대한 가깝게 표기하였습니다. 그래서 초보자도 자신만만하게 발음할 수 있습니다.

4. 말하기 집중 훈련 MP3!

이 책에는 한글의 자음, 모음부터 기본 단어와 기타 추가 단어까지 한국어 전문 성우의 정확한 발음으로 녹음된 파일이 준비되어 있습니다.

한국어만으로 구성된 '한국어' K 버전과 한국어와 일본어를 이어서 들을 수 있는 '한국어+일본어' J 버전, 두 종류의 파일이 있습니다. 학습자 수준과 원하는 구성에 따라 파일을 선택하세요. 꾸준히 들으면서 큰 소리로 따라 하면, 당신의 한국어 실력이 유창해질 것입니다.

目次

基本学習
- 韓国語とハングル　　14

チャプター 1　あいさつ
ユニット 01	紹介とあいさつ	20
ユニット 02	お礼とおわび	32
	練習問題	42

チャプター 2　人々
ユニット 03	身体	44
ユニット 04	気分と性格	56
ユニット 05	愛	66
ユニット 06	家族	76
	練習問題	86

チャプター 3　時間と自然
ユニット 07	時間と日付	88
ユニット 08	天気と季節	98
ユニット 09	動物と植物	108
	練習問題	122

チャプター 4　毎日の生活
ユニット 10	家	124
ユニット 11	服	134
ユニット 12	食べ物	146
ユニット 13	趣味	160
ユニット 14	電話とインターネット	172
	練習問題	184

チャプター 5　社会生活
ユニット 15	学校	186
ユニット 16	仕事と職業	200
ユニット 17	レストランとカフェ	212
ユニット 18	商店	226
ユニット 19	病院と銀行	238
	練習問題	252

チャプター 6　旅行
ユニット 20	交通	254
ユニット 21	運転	266
ユニット 22	宿泊	278
ユニット 23	観光	288
ユニット 24	事件と事故	300
	練習問題	314

チャプター 7　その他
ユニット 25	数字	316
ユニット 26	韓国の通貨	319
ユニット 27	形	320
ユニット 28	色	322
ユニット 29	位置	325
ユニット 30	方向	327
ユニット 31	地図	328
ユニット 32	国家	330
ユニット 33	韓国語の品詞	338
ユニット 34	韓国語の語順	341
ユニット 35	敬語	342
ユニット 36	文章の終結法	344
ユニット 37	動詞の活用	347

検索
| 1 | カナダラ順 | 352 |
| 2 | ひらがな順 | 402 |

차례

기본 학습
- 한국어와 한글   14

1장 인사
1과 소개와 인사   20
2과 감사와 사과   32
연습 문제   42

2장 사람
3과 신체   44
4과 감정과 성격   56
5과 사랑   66
6과 가족   76
연습 문제   86

3장 시간과 자연
7과 시간과 날짜   88
8과 날씨와 계절   98
9과 동물과 식물   108
연습 문제   122

4장 일상생활
10과 집   124
11과 옷   134
12과 음식   146
13과 취미   160
14과 전화와 인터넷   172
연습 문제   184

5장 사회생활
15과 학교   186
16과 일과 직업   200
17과 음식점과 카페   212
18과 상점   226
19과 병원과 은행   238
연습 문제   252

6장 여행
20과 교통   254
21과 운전   266
22과 숙박   278
23과 관광   288
24과 사건과 사고   300
연습 문제   314

7장 기타
25과 숫자   316
26과 한국 돈   319
27과 모양   320
28과 색깔   322
29과 위치   325
30과 방위   327
31과 지도   328
32과 국가   330
33과 한국어 품사   338
34과 한국어 어순   341
35과 존댓말   342
36과 문장 종결법   344
37과 동사의 활용   347

찾아보기
1 가나다순   352
2 히라가나순   402

韓国について

- ✓ 国旗 **太極旗** (태극기 [태극끼] tae-geuk ggi)

- ✓ 国名 　**大韓民国** (대한민국 [대:한민국] dae-han-min-guk)
- ✓ 位置 　アジア
- ✓ 首都 　**ソウル** (서울 [서울] seo-ul)
- ✓ 公用言語 **韓国語** (한국어 [한:구거] han-gu-geo)
- ✓ 人口 　5,168万 (2025)
- ✓ 面積 　100,364㎢
- ✓ GDP 　1兆8千億ドル (2024)
- ✓ 通貨 　ウォン(KRW) (원 [원] won)

* 出処: www.korea.net, kosis.kr, www.worldometers.info/world-population/south-korea-population/

基本学習

・韓国語とハングル

韓国語とハングル 한국어와 한글 han-gu-geo-wa han-geul

MP3. U00

ハングル 한글 han-geul

ハングルは韓国のアルファベットです。朝鮮時代に世宗大王が創製して、1446年に公布しました。今日のハングルは19個の子音と21個の母音で構成されています。

1. 子音 자음 ja-eum

tip. 韓国語のアルファベットの子音は、音節の最初の文字か最後の文字かによって発音が異なる場合があります。子音の中には、音節の最初の位置または最後の位置のいずれかでのみ表示されるものがあります。

● 平音9個

字	字名	例		意味
ㄱ	기역 gi-yeok	가구	[가구] ga-gu	家具
ㄴ	니은 ni-eun	나비	[나비] na-bi	チョウ
ㄷ	디귿 di-geut	다리미	[다리미] da-ri-mi	アイロン
ㄹ	리을 ri-eul	라디오	[라디오] ra-di-o	ラジオ
ㅁ	미음 mi-eum	마차	[마:차] ma-cha	馬車
ㅂ	비읍 bi-eup	바지	[바지] ba-ji	ズボン
ㅅ	시옷 si-ot	사탕	[사탕] sa-tang	飴
ㅇ	이응 i-eung	아기	[아기] a-gi	赤ちゃん
ㅈ	지읒 ji-eut	자유	[자유] ja-yu	自由

- **激音5個**

字	字名	例	意味
ㅊ	치읓 chi-eut	차선 [차선] cha-seon	車線
ㅋ	키읔 ki-euk	카메라 [카메라] ka-me-ra	カメラ
ㅌ	티읕 ti-eut	타조 [타:조] ta-jo	ダチョウ
ㅍ	피읖 pi-eup	파도 [파도] pa-do	波
ㅎ	히읗 hi-eut	하마 [하마] ha-ma	カバ

- **硬音5個**

字	字名	例	意味
ㄲ	쌍기역 ssang-gi-yeok	까치 [까:치] gga-chi	カササギ
ㄸ	쌍디귿 ssang-di-geut	딸기 [딸:기] ddal-gi	いちご
ㅃ	쌍비읍 ssang-bi-eup	빨래 [빨래] bbal-rae	洗濯物
ㅆ	쌍시옷 ssang-si-ot	쌍둥이 [쌍둥이] ssang-dung-i	双子
ㅉ	쌍지읒 ssang-ji-eut	짜장면 [짜장면] jja-jang-myeon	ジャージャー麺

tip. 子音の中でパッチムとしてのみ使われる結合が11個ありますが、それは「ㄳ」、「ㄵ」、「ㄶ」、「ㄺ」、「ㄻ」、「ㄼ」、「ㄽ」、「ㄾ」、「ㄿ」、「ㅀ」、「ㅄ」です。

2. 母音 모음 mo-eum

tip. 母音「ㅇ [이응 i-eung]」は音価がなく、ただの形式です。

● 基本の母音10個
発音中に、口の形と舌の位置が変わらない母音です。

字	字名	例		意味
ㅏ	아 a	바나나	[바나나] ba-na-na	バナナ
ㅐ	애 ae	냄새	[냄:새] naem-sae	匂い
ㅓ	어 eo	어머니	[어머니] eo-meo-ni	母
ㅔ	에 e	세제	[세:제] se-je	洗剤
ㅗ	오 o	도로	[도:로] do-ro	道路
ㅚ	외 oe	외국	[외:국/웨:국] oe-guk/we-guk	外国
ㅜ	우 u	구두	[구두] gu-du	靴
ㅟ	위 wi	취미	[취:미] chwi-mi	趣味
ㅡ	으 eu	드레스	[드레스] deu-re-seu	ドレス
ㅣ	이 i	기린	[기린] gi-rin	キリン

● **二重母音11個**

発音中に、口の形と舌の位置が変わる母音です。

字	字名	例	意味
ㅑ	야 ya	야구 [야:구] ya-gu	野球
ㅒ	얘 yae	얘기 [얘:기] yae-gi	話
ㅕ	여 yeo	여자 [여자] yeo-ja	女
ㅖ	예 ye	예약 [예:약] ye-yak	予約
ㅘ	와 wa	과일 [과:일] gwa-il	果物
ㅙ	왜 wae	돼지 [돼:지] dwae-ji	ブタ
ㅛ	요 yo	교수 [교:수] gyo-su	教授
ㅝ	워 wo	권투 [권:투] gwon-tu	ボクシング
ㅞ	웨 we	웨이터 [웨이터] we-i-teo	ウェイター
ㅠ	유 yu	유리 [유리] yu-ri	ガラス
ㅢ	의 ui	의자 [의자] ui-ja	椅子

品詞体系 本書の中の品詞については、これらの表記を参照してください。

名.	名詞	動.	動詞	形.	形容詞
副.	副詞	接.	接尾辞	依存.	依存名詞
数.	数詞	冠.	冠形詞	助.	助詞

tip. 依存名詞は、日本語の形式名詞のように、単独では意味が薄く、必ず冠形詞の修飾を受けて用いられるものです。

チャプター1

あいさつ

ユニット 01. **紹介とあいさつ**
ユニット 02. **お礼とおわび**

ユニット 01.
紹介とあいさつ 소개와 인사 so-gae-wa in-sa

☐ **소개** [소개] so-gae
　名. 紹介

☐ **소개하다** [소개하다] so-gae-ha-da
　動. 紹介する

☐ **명함** [명함] myeong-ham
　名. 名刺

☐ **남자** [남자] nam-ja
　名. おとこ

☐ **남성** [남성] nam-seong
　名. 男性

☐ **아저씨** [아저씨] a-jeo-ssi
　= **아재** [아재] a-jae
　名. おじさん

☐ **이름** [이름] i-reum
　名. 名前

☐ **성명** [성:명] seong-myeong
　名. 姓名

☐ **성별** [성:별] seong-byeol
　名. 性別

☐ **여자** [여자] yeo-ja
　名. おんな

☐ **여성** [여성] yeo-seong
　名. 女性

☐ **아주머니** [아주머니] a-ju-meo-ni
　= **아줌마** [아줌마] a-jum-ma
　名. おばさん

☐ 나이 [나이] na-i
名. 年齢、年、歳

☐ 생일 [생일] saeng-il
名. 誕生日

☐ 국적 [국쩍] guk-jjeok
名. 国籍

☐ 국가 [국까] guk-gga
= 나라 [나라] na-ra
名. 国家、国

☐ 언어 [어너] eo-neo
名. 言語

☐ 직업 [지겁] ji-geop
名. 仕事、職業

☐ 주소 [주:소] ju-so
名. 住所

☐ 전화번호 [전:화번호] jeon-hwa-beon-ho
名. 電話番号

21

- 손님 [손님] son-nim
  名. お客さん、お客様

- 친구 [친구] chin-gu
  = 벗 [벋:] beot
  名. 友達

- 환영하다 [환영하다] hwan-yeong-ha-da
  動. 歓迎する

- 인사 [인사] in-sa
  名. あいさつ

- 초대하다 [초대하다] cho-dae-ha-da
  動. 招待する

- 인사하다 [인사하다] in-sa-ha-da
  動. あいさつする

- 안녕하세요! an-nyeong-ha-se-yo!
  こんにちは!

- 안녕히 주무세요. an-nyeong-hi ju-mu-se-yo
  おやすみなさい。

- 안녕! an-nyeong!
  おはよう!／ハロー!

- 잘 자. jal ja
  おやすみ。

- 만나서 반가워(요). man-na-seo ban-ga-wo(-yo)
  お会いできて嬉しいです。／
  お会いできて嬉しい。

- 잘 지내(요)? jal ji-nae(-yo)?
  お元気ですか。/ 元気?
- 어떻게 지내(요)?
  eo-ddeo-ke ji-nae(-yo)?
  いかがお過ごしですか。/
  どう過ごしているの?

- 안녕히 가세요. / 잘 가.
  an-nyeong-hi ga-se-yo / jal ga
  さようなら。/ バイバイ。
- 또 만나(요). ddo man-na(-yo)
  また会いましょう。/
  じゃあ、またね。

- 실례합니다. sil-rye-ham-ni-da
  失礼します。

- 감사합니다. / 고마워(요).
  gam-sa-ham-ni-da / go-ma-wo(-yo)
  ありがとうございます。/
  ありがとう。

- 미안해(요). mi-an-hae(-yo)
  = 죄송해요.
  joe-song-hae-yo/jwe-song-hae-yo
  ごめんなさい。/ ごめん。/
  申し訳ございません。

- 천만에(요). cheon-ma-ne(-yo)
  どういたしまして。/
  とんでもない。
- 괜찮아(요). gwaen-cha-na(-yo)
  大丈夫です。/ 大丈夫。

ユニット 01. 紹介とあいさつ

- **소개** [소개] so-gae 名. 紹介
  - **소개하다** [소개하다] so-gae-ha-da 動. 紹介する
  - **자기소개** [자기소개] ja-gi-so-gae 名. 自己紹介

  제 소개를 하겠습니다.
  je so-gae-reul ha-get-sseum-ni-da
  自己紹介をいたします。

- **이름** [이름] i-reum 名. 名前
  - **성명** [성:명] seong-myeong 名. 姓名、氏名
  - **성함** [성:함] seong-ham 名. お名前、ご芳名

    tip. 「성함」は「이름」の敬語です。「성함」は目上の人に使います。

  이름이 뭐예요?
  i-reu-mi mwo-ye-yo?
  お名前は何ですか。

- **성** [성:] seong 名. 姓、名字

  '김'은 성입니다.
  gi-meun seong-im-ni-da
  名字は「キム」です。

- **별명** [별명] byeol-myeong 名. ニックネーム、あだ名

- **명함** [명함] myeong-ham 名. 名刺

  명함 한 장 주시겠어요?
  myeong-ham han jang ju-si-ge-sseo-yo?
  お名刺をいただけますか。

- **성별** [성:별] seong-byeol 名. 性別

- **남자** [남자] nam-ja 名. おとこ
  - **남성** [남성] nam-seong 名. 男性

☐ **사나이** [사나이] sa-na-i 名. おとこ

= **사내** [사내] sa-nae

tip. 「사내」は「사나이」の略語です。

그는 멋진 사나이예요.
geu-neun meot-jjin sa-na-i-ye-yo
彼は素敵な男です。

☐ **아저씨** [아저씨] a-jeo-ssi 名. おじさん

= **아재** [아재] a-jae

tip. 「아재」は「아저씨」の略語です。

☐ **여자** [여자] yeo-ja 名. おんな

☐ **여성** [여성] yeo-seong 名. 女性

☐ **아주머니** [아주머니] a-ju-meo-ni 名. おばさん

= **아줌마** [아줌마] a-jum-ma

tip. 「아줌마」は「아주머니」の略語です。

☐ **나이** [나이] na-i 名. 年齢、年、歳

☐ **연세** [연세] yeon-se 名. お歳   →   **tip.** 「연세」は「나이」の敬語です。
「연세」は年長者に書きます。

☐ **생일** [생일] saeng-il 名. 誕生日

오늘은 내 생일이에요.
o-neu-reun nae saeng-i-ri-e-yo
今日は私の誕生日です。

☐ **국적** [국쩍] guk-jjeok 名. 国籍

국적은 무엇이에요?
guk-jjeo-geun mu-eo-si-e-yo?
国籍はなんですか。

25

- ☐ 국가 [국까] guk-gga 名. 国家、国
  - = 나라 [나라] na-ra
  - ☐ 고국 [고:국] go-guk 名. 故国、祖国

- ☐ 언어 [어너] eo-neo 名. 言語
  - ☐ 모국어 [모:구거] mo-gu-geo 名. 母国語
  - ☐ 외국어 [외:구거/웨:구거] oe-gu-geo/we-gu-geo 名. 外国語

- ☐ 한국어 [한:구거] han-gu-geo 名. 韓国語
  - ☐ 일본어 [일보너] il-bo-neo 名. 日本語
  - ☐ 영어 [영어] yeong-eo 名. 英語
  - ☐ 중국어 [중구거] jung-gu-geo 名. 中国語
  - ☐ 독일어 [도기러] do-gi-reo 名. ドイツ語
  - ☐ 프랑스어 [프랑스어] peu-rang-seu-eo 名. フランス語
  - ☐ 스페인어 [스페이너] seu-pe-i-neo 名. スペイン語、エスパニョール
  - = 에스파냐어 [에스파냐어] e-seu-pa-nya-eo

  나는 한국어를 잘하지 못해요.
  na-neun han-gu-geo-reul jal-ha-ji mo-tae-yo
  私は韓国語が上手ではありません。

- ☐ 직업 [지겁] ji-geop 名. 仕事、職業
  - ☐ 직장 [직짱] jik-jjang 名. 職場、勤め先
  - ☐ 업무 [엄무] eom-mu 名. 業務
  - ☐ 직급 [직끕] jik-ggeup 名. 役職、肩書き
  - = 직위 [지귀] ji-gwi

  직업은 무엇이에요?
  ji-geo-beun mu-eo-si-e-yo?
  お仕事はなんですか。

- ☐ 전공 [전공] jeon-gong 名. 専攻
  - ☐ 부전공 [부:전공] bu-jeon-gong 名. 副専攻
  - ☐ 복수 전공 [복쑤 전공] bok-ssu jeon-gong 名. 複数専攻
- ☐ 학년 [항년] hang-nyeon 名. 学年
- ☐ 종교 [종교] jong-gyo 名. 宗教
  - ☐ 기독교 [기독꾜] gi-dok-ggyo 名. キリスト教
  - ☐ 천주교 [천주교] cheon-ju-gyo 名. カトリック
  - ☐ 불교 [불교] bul-gyo 名. 仏教
  - ☐ 이슬람교 [이슬람교] i-seul-ram-gyo 名. イスラム教

  무슨 종교를 믿어요?
  mu-seun jong-gyo-reul mi-deo-yo?
  何の宗教を信じますか。

- ☐ 주소 [주:소] ju-so 名. 住所
  - ☐ 살다 [살:다] sal-da 動. 住む

  주소를 알려 주실래요?
  ju-so-reul al-ryeo ju-sil-rae-yo?
  住所を教えていただけますか。

- ☐ 전화번호 [전:화번호] jeon-hwa-beon-ho 名. 電話番号

- ☐ 가족 [가족] ga-jok 名. 家族
  - ☐ 식구 [식꾸] sik-ggu 名. 家族

- ☐ 안부 [안부] an-bu 名. 安否

  가족분에게 안부를 전해 주세요.
  ga-jok-bbu-ne-ge an-bu-reul jeon-hae ju-se-yo
  ご家族に、よろしくお伝えください。

ユニット 01. 紹介とあいさつ

- 손님 [손님] son-nim 名. お客さん、お客様

- 지인 [지인] ji-in 名. 知人
  - = 아는 사람 [아는 사람] a-neun sa-ram

- 친구 [친구] chin-gu 名. 友達
  - = 벗 [벋:] beot

  그는 제일 친한 친구입니다.
  geu-neun je-il chin-han chin-gu-im-ni-da
  彼は私の親友です。

- 환영 [화녕] hwa-nyeong 名. 歓迎
  - 환영하다 [화녕하다] hwa-nyeong-ha-da 動. 歓迎する

- 초대 [초대] cho-dae 名. 招待
  - 초대하다 [초대하다] cho-dae-ha-da 動. 招待する
  - 초대장 [초대짱] cho-dae-jjang 名. 招待状

- 인사 [인사] in-sa 名. あいさつ
  - 인사하다 [인사하다] in-sa-ha-da 動. あいさつする

  안녕하세요!
  an-nyeong-ha-se-yo!
  こんにちは!

  안녕!
  an-nyeong!
  おはよう! / ハロー!

  만나서 반가워(요).
  man-na-seo ban-ga-wo(-yo)
  お会いできて嬉しいです。 / お会いできて嬉しい。

  tip. 「〜요[-yo]」と「〜니다[-ni-da]」は年長者に使う敬語です。

안녕히 주무세요. / 잘 자.
an-nyeong-hi ju-mu-se-yo / jal ja

おやすみなさい。 / おやすみ。

잘 지내(요)?
jal ji-nae(-yo)?

お元気ですか。 / 元気?

어떻게 지내(요)?
eo-ddeo-ke ji-nae(-yo)?

いかがお過ごしですか。 / どう過ごしているの?

잘 지내(요).
jal ji-nae(-yo)

元気です。 / 元気だよ。

못 지내(요).
mot ji-nae(-yo)

元気ではありません。 / 元気じゃない。

별로(요).
byeol-ro(-yo)

あまり良くないです。 / あまり良くない。

그럭저럭(요).
geu-reok-jjeo-reok(-yo)

まあまあです。 / まあまあだよ。

식사하셨어요?
sik-ssa-ha-syeo-sseo-yo?

お食事は召し上がりましたか。 / ご飯を食べましたか。

밥 먹었니?
bap meo-geon-ni?

ご飯を食べたの?

tip. 「식사하셨어요?」と「밥 먹었니?」は安否を尋ねる表現でもあります。韓国文化の一つです。

29

오랜만이네(요).
o-raen-ma-ni-ne(-yo)

お久しぶりです。 / お久しぶり。

안녕히 가세요. / 잘 가.
an-nyeong-hi ga-se-yo / jal ga

さよなら。 / バイバイ。

또 만나(요).
ddo man-na(-yo)

また会いましょう。 / じゃあ、またね。

내일 만나(요).
nae-il man-na(-yo)

では、また明日。

실례합니다.
sil-rye-ham-ni-da

失礼します。

좋은 주말 되세요.
jo-eun ju-mal doe-se-yo

よい週末を。

어서 오세요. / 어서 와(요).
eo-seo o-se-yo / eo-seo wa(-yo)

いらっしゃいませ。 / いらっしゃい。

감사합니다. / 고마워(요).
gam-sa-ham-ni-da / go-ma-wo(-yo)

ありがとうございます。 / ありがとう。

천만에(요).
cheon-ma-ne(-yo)

どういたしまして。 / とんでもない。

미안해(요).
mi-an-hae(-yo)

ごめんなさい。 / ごめん。

죄송해요.
joe-song-hae-yo

tip. 「죄송해요」が「미안해요」よりもっと丁寧な表現です。

申し訳ございません。

괜찮아(요).
gwaen-cha-na(-yo)

大丈夫です。 / 大丈夫。

#01 あいさつ

有益な会話

キム・ミナ 안녕, 타카하시. 잘 지냈니?
an-nyeong, ta-ka-ha-si. jal ji-naet-ni?

高橋くん、こんにちは。元気だった?

高橋 잘 지냈어. 주말 어떻게 보냈니?
jal ji-nae-sseo. ju-mal eo-ddeo-ke bo-naet-ni?

元気だよ。週末はどうだった?

キム・ミナ 그럭저럭. 친구들과 나영이네 집에 갔었어.
geu-reok-jjeo-reok.
chin-gu-deul-gwa na-yeong-i-ne ji-be ga-sseo-sseo

まあまあだよ。友達とナヨンの家に遊びにいったの。

高橋 나영이는 잘 지내?
na-yeong-i-neun jal ji-nae?

ナヨンは元気?

キム・ミナ 걔는 잘 지내.
gyae-neun jal ji-nae

彼女は元気だよ。

ユニット 02.
お礼とおわび 감사와 사과 gam-sa-wa sa-gwa

- □ 감사 [감:사] gam-sa
  - 名. 感謝

- □ 친절 [친절] chin-jeol
  - 名. 親切

- □ 감사하다 [감:사하다] gam-sa-ha-da
  - 形. ありがたい 動. 感謝する

- □ 친절하다 [친절하다] chin-jeol-ha-da
  - 形. 親切だ

- □ 고맙다 [고:맙따] go-map-dda
  - 形. ありがとう

- □ 도움 [도움] do-um
  - 名. 助け、手助け

- □ 신세 [신세] sin-se
  - 名. 世話

- □ 돕다 [돕:따] dop-dda
  - 動. 助ける

- □ 은혜 [은혜/은헤] eun-hye/eun-he
  - 名. 恩恵、恵み

- □ 배려 [배:려] bae-ryeo
  - 名. 配慮、気配り

- □ 보살피다 [보살피다] bo-sal-pi-da
  - = 돌보다 [돌:보다] dol-bo-da
  - 動. 面倒を見る、世話する

- □ 격려 [경녀] gyeong-nyeo
  - 名. 励まし
- □ 격려하다 [경녀하다] gyeong-nyeo-ha-da
  - 動. 励ます

- □ 충고 [충고] chung-go
  - 名. アドバイス
- □ 충고하다 [충고하다] chung-go-ha-da
  - 動. アドバイスする

- □ 칭찬 [칭찬] ching-chan
  - 名. 賞賛
- □ 칭찬하다 [칭찬하다] ching-chan-ha-da
  - 動. ほめる

- □ 이해 [이ː해] i-hae
  - 名. 理解
- □ 이해하다 [이ː해하다] i-hae-ha-da
  - 動. 理解する

- □ 기다리다 [기다리다] gi-da-ri-da
  - 動. 待つ

- □ 기회 [기회/기훼] gi-hoe/gi-hwe
  - 名. 機会

- **사과** [사:과] sa-gwa
  - 名. 謝罪
- **사과하다** [사:과하다] sa-gwa-ha-da
  - 動. 謝る
- **미안하다** [미안하다] mi-an-ha-da
  - = **죄송하다** [죄:송하다/줴:송하다]
    joe-song-ha-da/jwe-song-ha-da
  - 形. すまない、申し訳ない

- **용서** [용서] yong-seo
  - 名. 許し
- **용서하다** [용서하다] yong-seo-ha-da
  - 動. 許す

- **잘못** [잘몯] jal-mot
  - 名. 間違い 副. 間違えて
- **잘못하다** [잘모타다] jal-mo-ta-da
  - 動. 間違える

- **실수** [실쑤] sil-ssu
  - 名. 誤り、失敗
- **실수하다** [실쑤하다] sil-ssu-ha-da
  - 動. 誤る、失敗する
- **틀리다** [틀리다] teul-ri-da
  - 動. 間違う、間違える

□ **착각** [착깍] chak-ggak
　名. 錯覚、誤解、勘違い

□ **착각하다** [착까카다] chak-gga-ka-da
　動. 錯覚する、誤解する

□ **곤란** [골:란] gol-ran
　名. 困難

□ **곤란하다** [골:란하다] gol-ran-ha-da
　形. 困る

□ **난처하다** [난:처하다] nan-cheo-ha-da
　形. 困る

□ **피해** [피:해] pi-hae
　名. 被害

□ **손해** [손:해] son-hae
　＝ **손실** [손:실] son-sil
　名. 損害、損失

□ **방해** [방해] bang-hae
　＝ **훼방** [훼:방] hwe-bang
　名. 邪魔、妨害

□ **방해하다** [방해하다] bang-hae-ha-da
　動. 邪魔する

□ **비난** [비:난] bi-nan
　名. 非難

□ **비난하다** [비:난하다] bi-nan-ha-da
　動. 非難する

□ **지각** [지각] ji-gak
　名. 遅刻

□ **지각하다** [지가카다] ji-ga-ka-da
　動. 遅刻する

ユニット 02. お礼とお詫び

- **감사** [감ː사] gam-sa 名. 感謝
  - **감사하다** [감ː사하다] gam-sa-ha-da 形. ありがたい 動. 感謝する

    감사합니다.
    gam-sa-ham-ni-da
    感謝します。

- **고마움** [고ː마움] go-ma-um 名. ありがたさ
  - **고맙다** [고ː맙따] go-map-dda 形. ありがとう

- **친절** [친절] chin-jeol 名. 親切
  - **친절하다** [친절하다] chin-jeol-ha-da 形. 親切だ

    당신은 참 친절해요.
    dang-si-neun cham chin-jeol-hae-yo
    あなたはとても親切です。

- **도움** [도움] do-um 名. 助け、手助け
  - **돕다** [돕ː따] dop-dda 動. 助ける

- **관심** [관심] gwan-sim 名. 関心

    당신 관심에 감사합니다.
    dang-sin gwan-si-me gam-sa-ham-ni-da
    あなたの関心に感謝します。

- **신세** [신세] sin-se 名. 世話
  - **은혜** [은혜/은헤] eun-hye/eun-he 名. 恩恵、恵み
  - **혜택** [혜ː택/헤ː택] hye-taek/he-taek 名. 恩恵、恵み

    당신에게 신세를 졌습니다.
    dang-si-ne-ge sin-se-reul jeot-sseum-ni-da
    お世話になりました。

- **베풀다** [베풀다] be-pul-da 動. 恵む、施す

□ **자비** [자비] ja-bi 名. 慈悲

□ **기쁨** [기쁨] gi-bbeum 名. 喜び

□ **걱정** [걱쩡] geok-jjeong 名. 心配

 □ **염려** [염:녀] yeom-nyeo 名. 心配

□ **관대하다** [관:대하다] gwan-dae-ha-da 形. 寛大だ

 그는 관대해요.
 geu-neun gwan-dae-hae-yo
 彼は寛大です。

□ **대접** [대:접] dae-jeop 名. 接待

 = **접대** [접때] jeop-ddae

 □ **한턱** [한턱] han-teok 名. おごり

 □ **한턱내다** [한텅내다] han-teong-nae-da 動. おごる

□ **배려** [배:려] bae-ryeo 名. 配慮、気配り

 □ **배려하다** [배:려하다] bae-ryeo-ha-da 動. 配慮する、気配りする

□ **보살핌** [보살핌] bo-sal-pim 名. 世話

 □ **보살피다** [보살피다] bo-sal-pi-da 動. 面倒を見る、世話する

 = **돌보다** [돌:보다] dol-bo-da

□ **이해** [이:해] i-hae 名. 理解

 □ **이해하다** [이:해하다] i-hae-ha-da 動. 理解する

 □ **양해** [양해] yang-hae 名. 了解

 당신은 그것을 이해할 수 있어요?
 dang-si-neun geu-geo-seul i-hae-hal ssu i-sseo-yo?
 あなたはそれを理解できますか。

ユニット 02. お礼とお詫び

☐ **격려** [경녀] gyeong-nyeo 名. 励まし

　☐ **격려하다** [경녀하다] gyeong-nyeo-ha-da 動. 励ます

　　그를 격려해 주세요.
　　geu-reul gyeong-nyeo-hae ju-se-yo
　　彼を励ましてあげてください。

☐ **충고** [충고] chung-go 名. アドバイス

　☐ **충고하다** [충고하다] chung-go-ha-da 動. アドバイスする

　☐ **타이르다** [타이르다] ta-i-reu-da 動. 言い諭す

　　충고 고마워요.
　　chung-go go-ma-wo-yo
　　アドバイス、ありがとうございます。

☐ **칭찬** [칭찬] ching-chan 名. 賞賛

　☐ **칭찬하다** [칭찬하다] ching-chan-ha-da 動. ほめる

☐ **기다리다** [기다리다] gi-da-ri-da 動. 待つ

☐ **기회** [기회/기훼] gi-hoe/gi-hwe 名. 機会

　　기회를 주셔서 감사합니다.
　　gi-hoe-reul ju-syeo-seo gam-sa-ham-ni-da
　　機会をくださって、ありがとうございます。

☐ **사과** [사:과] sa-gwa 名. 謝罪

　☐ **사과하다** [사:과하다] sa-gwa-ha-da 動. 謝る

　☐ **미안하다** [미안하다] mi-an-ha-da 形. すまない、申し訳ない

　= **죄송하다** [죄:송하다/줴:송하다] joe-song-ha-da/jwe-song-ha-da

　　당신에게 사과드립니다.
　　dang-si-ne-ge sa-gwa-deu-rim-ni-da
　　あなたに謝ります。

- **용서** [용서] yong-seo 名. 許し
  - **용서하다** [용서하다] yong-seo-ha-da 動. 許す
- **문제** [문:제] mun-je 名. 問題
- **잘못** [잘몯] jal-mot 名. 間違い 副. 間違えて
  - **잘못하다** [잘모타다] jal-mo-ta-da 動. 間違える

  제 잘못이었어요.
  je jal-mo-si-eo-sseo-yo
  私の間違いでした。

- **실수** [실쑤] sil-ssu 名. 誤り、失敗
  - **실수하다** [실쑤하다] sil-ssu-ha-da 動. 誤る、失敗する
  - **틀리다** [틀리다] teul-ri-da 動. 間違う、間違える

  제가 실수했어요.
  je-ga sil-ssu-hae-sseo-yo
  私が誤りました。

- **탓** [탇] tat 名. せい

  제 탓이었어요.
  je ta-si-eo-sseo-yo
  私のせいでした。

- **착각** [착깍] chak-ggak 名. 錯覚、誤解
  - **착각하다** [착까카다] chak-gga-ka-da 動. 錯覚する、誤解する
- **오해** [오해] o-hae 名. 誤解
  - **오해하다** [오해하다] o-hae-ha-da 動. 誤解する
- **비난** [비:난] bi-nan 名. 非難
  - **비난하다** [비:난하다] bi-nan-ha-da 動. 非難する

- ☐ 헐뜯다 [헐:뜯따] heol-ddeut-dda 動. けなす
  - = 흉보다 [흉보다] hyung-bo-da

- ☐ 방해 [방해] bang-hae 名. 邪魔、妨害
  - = 훼방 [훼:방] hwe-bang
  - ☐ 방해하다 [방해하다] bang-hae-ha-da 動. 邪魔する

  방해해서 미안해요.
  bang-hae-hae-seo mi-an-hae-yo
  邪魔してすみません。

- ☐ 곤란 [골:란] gol-ran 名. 困難
  - ☐ 곤란하다 [골:란하다] gol-ran-ha-da 形. 困る
  - ☐ 난처하다 [난:처하다] nan-cheo-ha-da 形. 困る

  곤란하게 해서 미안합니다.
  gol-ra-na-ge hae-seo mi-an-ham-ni-da
  困らせてすみません。

- ☐ 일부러 [일:부러] il-bu-reo 副. わざわざ、わざと
  - ☐ 고의 [고:의/고:이] go-ui/go-i 名. 故意

  일부러 하지 않았어요.
  il-bu-reo ha-ji a-na-sseo-yo
  わざとしませんでした。

- ☐ 의도 [의:도] ui-do 名. 意図
  - ☐ 선의 [서:늬/서:니] seo-nui/seo-ni 名. 善意
  - ☐ 악의 [아긔/아기] a-gui/a-gi 名. 悪意

- ☐ 피해 [피:해] pi-hae 名. 被害

- ☐ 손해 [손:해] son-hae 名. 損害、損失
  - = 손실 [손:실] son-sil

이건 나한테 많이 손해예요.
i-geon na-han-te ma-ni son-hae-ye-yo

これは私にとってかなり損害です。

- **지각** [지각] ji-gak 名. 遅刻
- **지각하다** [지가카다] ji-ga-ka-da 動. 遅刻する

지각해서 죄송합니다.
ji-ga-kae-seo joe-song-ham-ni-da

遅刻してすみません。

#02 お礼とお詫び

有益な会話

山本 실례지만, 이제 가야겠습니다.
sil-rye-ji-man, i-je ga-ya-get-sseum-ni-da

すみません、お先に失礼します。

田中 수고하셨습니다.
오늘 회의를 함께하게 되어 감사합니다.
su-go-ha-syeot-sseum-ni-da.
o-neul hwe-i-reul ham-gge-ha-ge doe-eo gam-sa-ham-ni-da

お疲れ様でした。
本日は打ち合わせしていただき、ありがとうございます。

山本 제가 감사합니다.
좋은 하루 되세요.
je-ga gam-sa-ham-ni-da. jo-eun ha-ru doe-se-yo

こちらこそありがとうございます。
良い一日をお過ごしください。

田中 야마모토씨도요.
ya-ma-mo-to-ssi-do-yo

山本さんも。

チャプター 1. あいさつ

練習問題

単語を読んで、正しい意味と結びつけてください。

1. 감사하다 • • 住所
2. 국가, 나라 • • 年齢、年、歳
3. 나이 • • 間違い、間違えて
4. 돕다 • • 許す
5. 미안하다 • • あいさつ
6. 소개 • • 助ける
7. 용서하다 • • 紹介
8. 이름 • • 親切だ
9. 인사 • • 名前
10. 잘못 • • 国家、国
11. 주소 • • すまない
12. 친절하다 • • ありがたい、感謝する

1. 감사하다 – ありがたい、感謝する 2. 국가, 나라 – 国家、国
3. 나이 – 年齢、年、歳 4. 돕다 – 助ける 5. 미안하다 – すまない
6. 소개 – 紹介 7. 용서하다 – 許す 8. 이름 – 名前 9. 인사 – あいさつ
10. 잘못 – 間違い、間違えて 11. 주소 – 住所 12. 친절하다 – 親切だ

チャプター2

人々

ユニット 03. **身体**
ユニット 04. **気分と性格**
ユニット 05. **愛**
ユニット 06. **家族**

ユニット 03.
身体 신체 sin-che

☐ **신체** [신체] sin-che
  = **몸** [몸] mom
  名. 身体

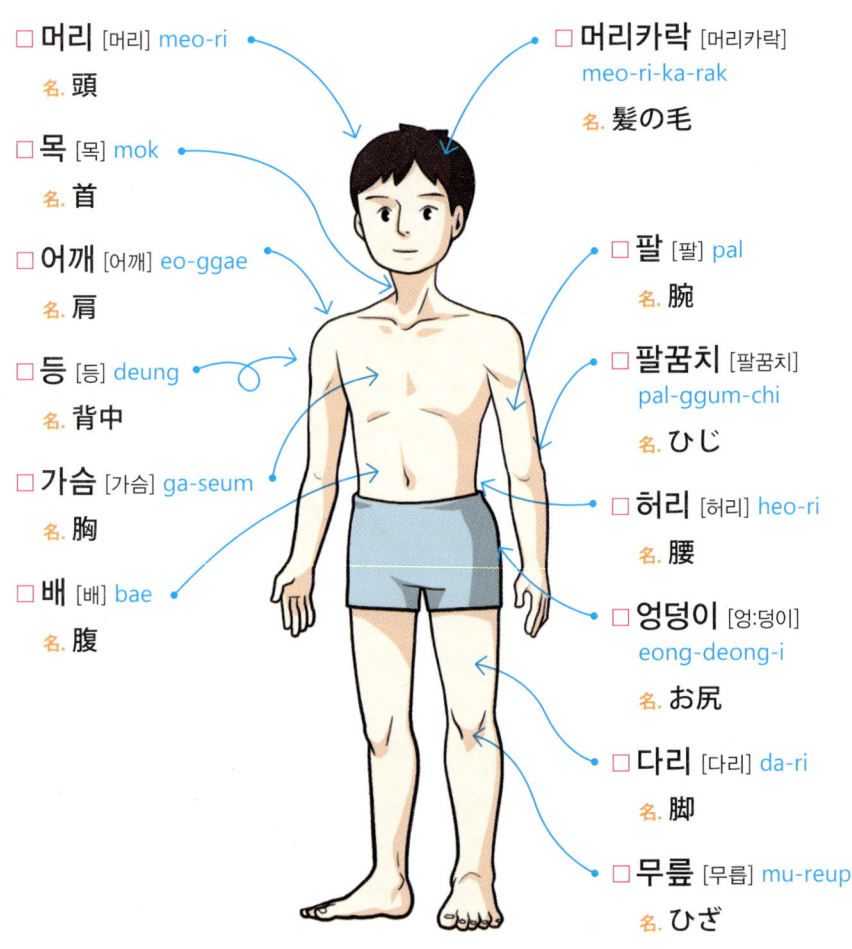

☐ **머리** [머리] meo-ri
  名. 頭

☐ **목** [목] mok
  名. 首

☐ **어깨** [어깨] eo-ggae
  名. 肩

☐ **등** [등] deung
  名. 背中

☐ **가슴** [가슴] ga-seum
  名. 胸

☐ **배** [배] bae
  名. 腹

☐ **머리카락** [머리카락] meo-ri-ka-rak
  名. 髪の毛

☐ **팔** [팔] pal
  名. 腕

☐ **팔꿈치** [팔꿈치] pal-ggum-chi
  名. ひじ

☐ **허리** [허리] heo-ri
  名. 腰

☐ **엉덩이** [엉:덩이] eong-deong-i
  名. お尻

☐ **다리** [다리] da-ri
  名. 脚

☐ **무릎** [무릅] mu-reup
  名. ひざ

ユニット 03. 身体

- 손 [손] son
  名. 手 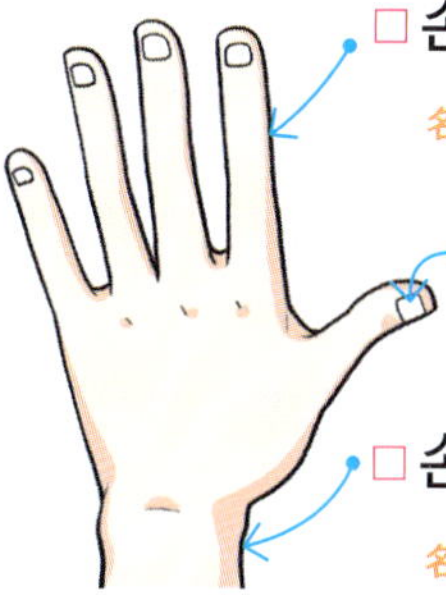
- 손가락 [손까락] son-gga-rak
  名. 指
- 손톱 [손톱] son-top
  名. (手の)爪
- 손목 [손목] son-mok
  名. 手首
- 발 [발] bal
  名. 足 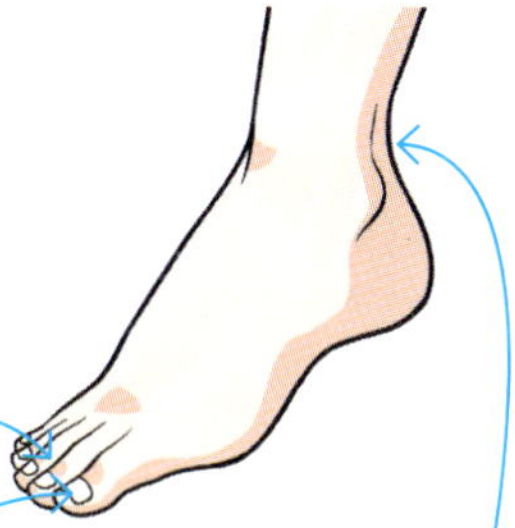
- 발가락 [발까락] bal-gga-rak
  名. 足指
- 발톱 [발톱] bal-top
  名. (足の)爪
- 발목 [발목] bal-mok
  名. 足首
- 얼굴 [얼굴] eol-gul
  名. 顔
- 눈썹 [눈썹] nun-sseop
  名. 眉
- 눈 [눈] nun
  名. 目
- 코 [코] ko
  名. 鼻
- 이마 [이마] i-ma
  名. 額、おでこ
- 귀 [귀] gwi
  名. 耳
- 볼 [볼] bol
  名. 頬
- 턱 [턱] teok
  名. あご

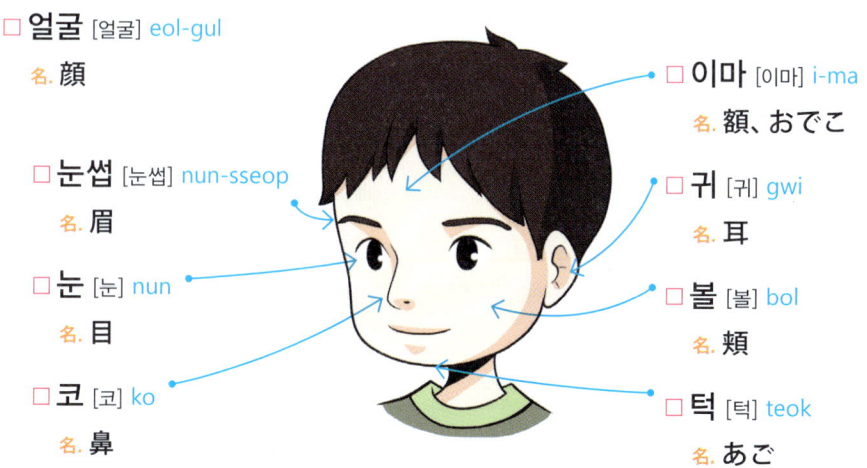

- 입 [입] ip
  - 名. 口
  - 입술 [입쑬] ip-ssul
    - 名. 唇
  - 혀 [혀] hyeo
    - 名. 舌

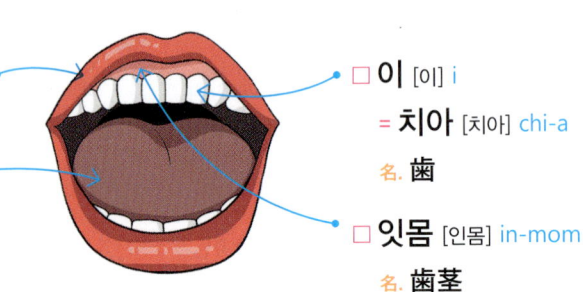

- 이 [이] i
  - = 치아 [치아] chi-a
  - 名. 歯
- 잇몸 [인몸] in-mom
  - 名. 歯茎

- 키 [키] ki
  - 名. 背
- 크다 [크다] keu-da
  - 形. (背が)高い
- 작다 [작:따] jak-da
  - 形. (背が)低い

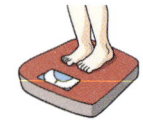

- 몸무게 [몸무게] mom-mu-ge
  - 名. 体重

- 뚱뚱하다 [뚱뚱하다] ddung-ddung-ha-da
  - 形. 太っている

- 날씬하다 [날씬하다] nal-ssin-ha-da
  - 形. 痩せている

- 비만 [비:만] bi-man
  - 名. 肥満

- 홀쭉하다 [홀쭈카다] hol-jju-ka-da
  - 形. げっそりしている、ほっそりしている

ユニット 03. 身体

☐ 피부 [피부] pi-bu
名. 肌、皮膚

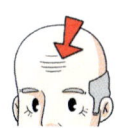
☐ 주름 [주름] ju-reum
名. しわ

☐ 보조개 [보조개] bo-jo-gae
名. えくぼ

☐ 점 [점] jeom
名. ほくろ

☐ 뾰루지 [뾰루지] bbyo-ru-ji
名. ニキビ

☐ 모공 [모공] mo-gong
名. 毛穴

☐ 외모 [외:모/웨:모] oe-mo/we-mo
名. 外見

☐ 잘생기다 [잘생기다] jal-saeng-gi-da
動. かっこいい

☐ 못생기다 [몯:쌩기다] mot-ssaeng-gi-da
動. 不細工だ、醜い

☐ 아름답다 [아름답따] a-reum-dap-dda
形. 美しい

☐ 예쁘다 [예:쁘다] ye-bbeu-da
形. きれいだ

☐ 귀엽다 [귀:엽따] gwi-yeop-dda
形. 可愛い

ユニット 03. 身体

- ☐ **신체** [신체] sin-che 名. 身体
  - = **몸** [몸] mom

- ☐ **머리** [머리] meo-ri 名. 頭

- ☐ **머리카락** [머리카락] meo-ri-ka-rak 名. 髪の毛

  당신의 머리카락은 무슨 색깔이에요?
  dang-si-ne meo-ri-ka-ra-geun mu-seun saek-gga-ri-e-yo?
  あなたの髪の毛は何色ですか。

- ☐ **긴 머리** [긴 머리] gin meo-ri ロングヘア

- ☐ **단발머리** [단:발머리] dan-bal-meo-ri 名. 短髪

- ☐ **짧은 머리** [짤븐 머리] jjal-beun meo-ri ショートヘア

  나는 짧은 머리예요.
  na-neun jjal-beun meo-ri-ye-yo
  私のヘアはショートヘアです。

- ☐ **곱슬머리** [곱쓸머리] gop-sseul-meo-ri 名. くせ毛

  그녀는 곱슬머리에 짧은 금발이에요.
  geu-nyeu-neun gop-sseul-meo-ri-e jjal-beun geum-ba-ri-e-yo
  彼女のヘアはくせ毛に短い金髪です。

- ☐ **생머리** [생:머리] saeng-meo-ri 名. ストレートヘア

- ☐ **목** [목] mok 名. 首

- ☐ **어깨** [어깨] eo-ggae 名. 肩

- ☐ **등** [등] deung 名. 背中

- ☐ **가슴** [가슴] ga-seum 名. 胸
  - ☐ **젖가슴** [젇까슴] jeot-gga-seum 名. 乳房

- ☐ **배** [배] bae 名. 腹

    tip.「배」には三つの意味がありますが、「腹」、「船」、「梨」です。

- ☐ **허리** [허리] heo-ri 名. 腰

    허리가 아파요.
    heo-ri-ga a-pa-yo
    腰が痛いです。

- ☐ **엉덩이** [엉:덩이] eong-deong-i 名. お尻

- ☐ **팔** [팔] pal 名. 腕

- ☐ **팔꿈치** [팔꿈치] pal-ggum-chi 名. ひじ

- ☐ **손목** [손목] son-mok 名. 手首

- ☐ **손** [손] son 名. 手

    - ☐ **손바닥** [손빠닥] son-bba-dak 名. 手のひら
    - ☐ **손등** [손뜽] son-ddeung 名. 手の甲

    손부터 씻으세요.
    son-bu-teo ssi-seu-se-yo
    手から洗いましょう。

- ☐ **오른손** [오른손] o-reun-son 名. 右手

    = **바른손** [바른손] ba-reun-son

    - ☐ **오른손잡이** [오른손자비] o-reun-son-ja-bi 名. 右利き

- ☐ **왼손** [왼:손/웬:손] oen-son/wen-son 名. 左手

    - ☐ **왼손잡이** [왼:손자비/웬:손자비] oen-son-ja-bi/wen-son-ja-bi 名. 左利き

    저는 왼손잡이예요.
    jeo-neun oen-son-ja-bi-ye-yo
    私は左利きです。

ユニット 03. 身体

49

- **손가락** [손까락] son-gga-rak 名. 指
  - **손톱** [손톱] son-top 名. (手の)爪

- **다리** [다리] da-ri 名. 脚
  - **허벅지** [허벅찌] heo-beok-jji 名. もも
  - **종아리** [종:아리] jong-a-ri 名. ふくらはぎ

- **무릎** [무릅] mu-reup 名. ひざ

- **발목** [발목] bal-mok 名. 足首

  발목을 삐었어요.
  bal-mo-geul bbi-eo-sseo-yo
  足首を挫きました。

- **발** [발] bal 名. 足
  - **발바닥** [발빠닥] bal-bba-dak 名. 足裏
  - **발등** [발뜽] bal-ddeung 名. 足の甲

  믿는 도끼에 발등 찍히다.
  min-neun do-ggi-e bal-ddeung jji-ki-da
  飼い犬に手をかまれる。

  tip.「믿는 도끼에 발등 찍히다」は韓国の伝統的なことわざです。

- **발가락** [발까락] bal-gga-rak 名. 足指
  - **발톱** [발톱] bal-top 名. (足の)爪

- **얼굴** [얼굴] eol-gul 名. 顔
  - **얼굴형** [얼굴형] eol-gul-hyeong 名. 顔型
  - **얼굴빛** [얼굴삗] eol-gul-bbit 名. 顔色
  = **안색** [안색] an-saek

- **이마** [이마] i-ma 名. 額、おでこ

- 귀 [귀] gwi 名. 耳

- 볼 [볼] bol 名. 頬

  - 보조개 [보조개] bo-jo-gae 名. えくぼ

    나는 양쪽 볼에 보조개가 있어요.
    na-neun yang-jjok bo-re bo-jo-gae-ga i-sseo-yo
    私は両頬にえくぼがあります。

- 턱 [턱] teok 名. あご

- 눈썹 [눈썹] nun-sseop 名. 眉

  - 속눈썹 [송ː눈썹] song-nun-sseop 名. まつ毛

    내 속눈썹은 길어.
    nae song-nun-sseo-beun gi-reo
    私は長い睫があるの。

- 눈 [눈] nun 名. 目　　　　→　tip. 「눈」は二つの意味がありますが、「目」と「雪」です。

  - 눈동자 [눈똥자] nun-ddong-ja 名. 瞳

  - 쌍꺼풀 [쌍꺼풀] ssang-ggeo-pul 名. 二重まぶた

    나는 쌍꺼풀이 있어요.
    na-neun ssang-ggeo-pu-ri i-sseo-yo
    私(の目)は二重まぶたです。

- 코 [코] ko 名. 鼻

  - 콧대 [코때/콛때] ko-ddae/kot-ddae 名. 鼻筋

  - 콧구멍 [코꾸멍/콛꾸멍] ko-ggu-meong/kot-ggu-meong 名. 鼻孔、鼻の穴

- 입 [입] ip 名. 口

  그는 입이 커요.
  geu-neun i-bi keo-yo
  彼の口は大きいです。

- ☐ **입술** [입쑬] ip-ssul 名. 唇

- ☐ **혀** [혀] hyeo 名. 舌
  - ☐ **혓바닥** [혀빠닥/혇빠닥] hyeo-bba-dak/hyeot-bba-dak 名. 舌の上面

- ☐ **이** [이] i 名. 歯
  - = **치아** [치아] chi-a
  - ☐ **이빨** [이빨] i-bbal 名. 歯
    tip.「이빨」は動物のことです。

- ☐ **잇몸** [인몸] in-mom 名. 歯茎

- ☐ **키** [키] ki 名. 背

  키는 얼마입니까?
  ki-neun eol-ma-im-ni-gga?
  背はどのくらいですか。

- ☐ **크다** [크다] keu-da 形. (背が)高い
  - ☐ **키다리** [키다리] ki-da-ri 名. 背の高い人

- ☐ **작다** [작:따] jak-da 形. (背が)低い
  - ☐ **작다리** [작따리] jak-dda-ri 名. 背の低い人

  그는 키가 좀 작아요.
  geu-neun ki-ga jom ja-ga-yo
  彼は背がちょっと低いです。

- ☐ **몸무게** [몸무게] mom-mu-ge 名. 体重

- ☐ **뚱뚱하다** [뚱뚱하다] ddung-ddung-ha-da 形. 太っている
  - ☐ **통통하다** [통통하다] tong-tong-ha-da 形. ぽっちゃりしている
  - ☐ **비만** [비:만] bi-man 名. 肥満

- ☐ **날씬하다** [날씬하다] nal-ssin-ha-da 形. 痩せている
  - ☐ **홀쭉하다** [홀쭈카다] hol-jju-ka-da
    形. げっそりしている、ほっそりしている

    그녀는 키가 크고 날씬해요.
    geu-nyeo-neun ki-ga keu-go nal-ssin-hae-yo
    彼女は背が高くて痩せています。

- ☐ **피부** [피부] pi-bu 名. 肌、皮膚

- ☐ **주름** [주름] ju-reum 名. しわ

    당신 얼굴에 주름이 많은데요.
    dang-sin eol-gu-re ju-reu-mi ma-neun-de-yo
    あなたの顔にしわが多いです。

- ☐ **점** [점] jeom 名. ほくろ

- ☐ **여드름** [여드름] yeo-deu-reum 名. ニキビ

    얼굴에 여드름이 났어요.
    eol-gu-re yeo-deu-reu-mi na-sseo-yo
    顔にニキビができました。

- ☐ **뾰루지** [뾰루지] bbyo-ru-ji 名. 吹き出物

- ☐ **주근깨** [주근깨] ju-geun-ggae 名. そばかす

- ☐ **기미** [기미] gi-mi 名. しみ

    경미의 얼굴은 기미투성이예요.
    gyeong-mi-e eol-gu-reun gi-mi-tu-seong-i-ye-yo
    キョンミの顔はしみだらけです。

- ☐ **잡티** [잡티] jap-ti 名. くすみ

- ☐ **모공** [모공] mo-gong 名. 毛穴

- **비듬** [비듬] bi-deum 名. ふけ

- **수염** [수염] su-yeom 名. ひげ
  - **턱수염** [턱쑤염] teok-ssu-yeom 名. あごひげ
  - **콧수염** [코쑤염/콛쑤염] ko-ssu-yeom/kot-ssu-yeom 名. 口ひげ

  우리 아빠는 콧수염이 있어요.
  u-ri a-bba-neun kot-ssu-yeo-mi i-sseo-yo
  私の父は口ひげがあります。

- **외모** [외:모/웨:모] oe-mo/we-mo 名. 外見
  = **모습** [모습] mo-seup

  외모에 속지 말아요.
  oe-mo-e sok-jji ma-ra-yo
  外見にだまされないようにしましょう。

- **잘생기다** [잘생기다] jal-saeng-gi-da 動. かっこいい
  = **잘나다** [잘라다] jal-ra-da

  그는 잘생겼어요.
  geu-neun jal-saeng-gyeo-sseo-yo
  彼はかっこいいです。

- **아름답다** [아름답따] a-reum-dap-dda 形. 美しい

- **예쁘다** [예:쁘다] ye-bbeu-da 形. きれいだ

- **귀엽다** [귀:엽따] gwi-yeop-dda 形. 可愛い
  = **깜찍하다** [깜찌카따] ggam-jji-ka-da

- **멋지다** [먿찌다] meot-jji-da 形. 素晴らしい、素敵だ、かっこいい

  저 남자 멋지지 않아요?
  jeo nam-ja meot-jji-ji a-na-yo?
  あの男性、素敵ですよね？

- 근사하다 [근:사하다] geun-sa-ha-da 形. 素敵だ
- 우아하다 [우아하다] u-a-ha-da 形. 優雅だ
- 세련되다 [세:련되다/세:련뒈다] se-ryeon-doe-da/se-ryeon-dwe-da 形. オシャレだ
- 못생기다 [몯:쌩기다] mot-ssaeng-gi-da 動. 不細工だ、醜い
  = 못나다 [몬:나다] mon-na-da
  - 추하다 [추하다] chu-ha-da 形. 醜い

#03 外見

有益な会話

イ・ジュンソ 코바야시는 어머니를 많이 닮았어.
ko-ba-ya-si-neun eo-meo-ni-reul ma-ni dal-ma-sseo
小林さんはお母さんによく似てるよ。

キム・ミナ 그래. 그 애는 자기 어머니처럼 머리가 검은색이잖아.
geu-rae. geo ae-neun ja-gi eo-meo-ni-cheo-reom meo-ri-ga geo-meun-sae-gi-ja-na
そうだね。
彼女は自分のお母さんのように髪が黒いから。

イ・ジュンソ 그런데 며칠 전에 머리를 노랗게 염색했더라고.
geu-reon-de myeo-chil jeo-ne meo-ri-reul no-ra-ke yeom-sae-kaet-ddeo-ra-go
でも、数日前に髪を金色に染めたね。

キム・ミナ 정말? 난 그 애를 지난달 이후로 못 봤어.
jeong-mal? nan geu ae-reul ji-nan-dal i-hu-ro mot bwa-sseo
本当？私は彼女に、先月から会ってないよ。

ユニット 04.
気分と性格 감정과 성격 gam-jeong-gwa seong-gyeok

☐ 기쁘다 [기쁘다] gi-bbeu-da
形. 嬉しい、喜ぶ

☐ 즐겁다 [즐겁따] jeul-geop-dda
形. 楽しい

☐ 재미있다 [재미읻따] jae-mi-it-dda
形. 面白い

☐ 흥미진진하다 [흥:미진진하다] heung-mi-jin-jin-ha-da
形. 興味津々だ

☐ 흥분하다 [흥분하다] heung-bun-ha-da
動. 興奮する

☐ 행복하다 [행:보카다] haeng-bo-ka-da
形. 幸せだ

☐ 만족하다 [만조카다] man-jo-ka-da
形. 満足だ 動. 満足する

☐ 편안하다 [펴난하다] pyeo-nan-ha-da
形. 安らかだ

☐ 믿다 [믿따] mit-dda
動. 信じる

□ 슬프다 [슬프다] seul-peu-da

形. 悲しい

□ 우울하다 [우울하다] u-ul-ha-da

形. 憂鬱だ

□ 괴롭다 [괴롭따/궤롭따]
goe-rop-dda/gwe-rop-dda

形. 苦しい

□ 비참하다 [비:참하다] bi-cham-ha-da

形. 悲惨だ

□ 실망하다 [실망하다] sil-mang-ha-da

動. がっかりする

□ 부끄럽다 [부끄럽따] bu-ggeu-reop-dda

形. 恥ずかしい

□ 짜증 [짜증] jja-jjeung

名. いらだち

□ 짜증이 나다 [짜증이 나다]
jja-jeung-i na-da

いらいらする

□ 화 [화:] hwa

名. 怒り

□ 화나다 [화:나다] hwa-na-da

動. 怒る

- 무섭다 [무섭따] mu-seop-dda
  形. 怖い

- 불안하다 [부란하다] bu-ran-ha-da
  形. 不安だ

- 두렵다 [두렵따] du-ryeop-dda
  形. 恐ろしい

- 긴장하다 [긴장하다] gin-jang-ha-da
  動. 緊張する

- 겁나다 [겁나다] geop-na-da
  動. 怖くなる

- 초조하다 [초조하다] cho-jo-ha-da
  形. 焦る

- 착하다 [차카다] cha-ka-da
  形. 優しい、おとなしい

- 친절하다 [친절하다] chin-jeol-ha-da
  形. 親切だ

- 다정하다 [다정하다] da-jeong-ha-da
  形. 優しい

- 공손하다 [공손하다] gong-son-ha-da
  形. 丁寧だ

- 정직하다 [정:지카다] jeong-ji-ka-da
  形. 正直だ

- 침착하다 [침차카다] chim-cha-ka-da
  形. 落ち着いている

□ **과묵하다** [과:무카다] gwa-mu-ka-da
　形. 寡黙だ

□ **비관** [비:관] bi-gwan
　名. 悲観

□ **적극** [적끅] jeok-ggeuk
　名. 積極

□ **소극** [소극] so-geuk
　名. 消極

□ **외향** [외:향/웨:향] oe-hyang/we-hyang
　名. 外向

□ **내향** [내:향] nae-hyang
　名. 内向

□ **나쁘다** [나쁘다] na-bbeu-da
　形. 悪い

□ **게으르다** [게으르다] ge-eu-reu-da
　形. 怠惰だ

□ **사납다** [사:납따] sa-nap-dda
　形. 荒っぽい

□ **거만하다** [거:만하다] geo-man-ha-da
　= **건방지다** [건방지다] geon-bang-ji-da
　形. 偉そうだ、傲慢だ

ユニット 04. 気分と性格

- **기쁘다** [기쁘다] gi-bbeu-da 形. 嬉しい

    그 소식을 들으니 기뻐요.
    geu so-si-geul deu-reu-ni gi-bbeo-yo
    その知らせを聞いて嬉しいです。

- **즐겁다** [즐겁따] jeul-geop-dda 形. 楽しい

- **유쾌하다** [유쾌하다] yu-kwae-ha-da 形. 愉快だ

- **흐뭇하다** [흐무타다] heu-mu-ta-da 形. ほほえましい

- **재미있다** [재미읻따] jae-mi-it-dda 形. 面白い

- **흥미진진하다** [흥:미진진하다] heung-mi-jin-jin-ha-da 形. 興味津々だ

    이것은 매우 흥미진진해요.
    i-geo-seun mae-u heung-mi-jin-jin-hae-yo
    これにはとても興味津々です。

- **흥분하다** [흥분하다] heung-bun-ha-da 動. 興奮する

- **행복하다** [행:보카다] haeng-bo-ka-da 形. 幸せだ

    나는 아주 행복해요.
    na-neun a-ju haeng-bo-kae-yo
    私はとても幸せです。

- **만족하다** [만조카다] man-jo-ka-da 形. 満足だ 動. 満足する

    - **흡족하다** [흡쪼카다] heup-jjo-ka-da 形. 十分だ

- **편안하다** [펴난하다] pyeo-nan-ha-da 形. 安らかだ

- **믿다** [믿따] mit-dda 動. 信じる

    - **신뢰** [실:뢰/실:뤠] sil-roe/sil-rwe 名. 信頼

    - **안심** [안심] an-sim 名. 安心

- ☐ **슬프다** [슬프다] seul-peu-da 形. 悲しい

    그것은 슬픈 영화예요.
    geu-geo-seun seul-peun yeong-hwa-ye-yo
    それは悲しい映画です。

- ☐ **비통하다** [비:통하다] bi-tong-ha-da 形. 悲痛だ

- ☐ **우울하다** [우울하다] u-ul-ha-da 形. 憂鬱だ

- ☐ **괴롭다** [괴롭따/궤롭따] goe-rop-dda/gwe-rop-dda 形. 苦しい

    - ☐ **고통스럽다** [고통스럽따] go-tong-seu-reop-dda 形. 苦しい

- ☐ **비참하다** [비:참하다] bi-cham-ha-da 形. 悲惨だ

- ☐ **실망하다** [실망하다] sil-mang-ha-da 動. がっかりする

    실망하지 마세요.
    sil-mang-ha-ji ma-se-yo
    がっかりしないでください。

- ☐ **부끄럽다** [부끄럽따] bu-ggeu-reop-dda 形. 恥ずかしい

    - ☐ **수치스럽다** [수치스럽따] su-chi-seu-reop-dda 形. 恥ずかしい

- ☐ **짜증** [짜증] jja-jjeung 名. いらだち

    - ☐ **짜증이 나다** [짜증이 나다] jja-jeung-i na-da いらいらする
    - ☐ **짜증스럽다** [짜증스럽따] jja-jeung-seu-reop-dda 形. いらいらしい

- ☐ **귀찮다** [귀찬타] gwi-chan-ta 形. 面倒くさい

    = **성가시다** [성가시다] seong-ga-si-da

    = **번거롭다** [번거롭따] beon-geo-rop-dda

- ☐ **화** [화:] hwa 名. 怒り

    - ☐ **화나다** [화:나다] hwa-na-da 動. 怒る

ユニット 04. 気分と性格

- □ 무섭다 [무섭따] mu-seop-dda 形. 怖い
  - □ 두렵다 [두렵따] du-ryeop-dda 形. 恐ろしい
  - □ 겁나다 [겸나다] geop-na-da 動. 怖くなる

- □ 불안하다 [부란하다] bu-ran-ha-da 形. 不安だ

- □ 긴장하다 [긴장하다] gin-jang-ha-da 動. 緊張する

- □ 초조하다 [초조하다] cho-jo-ha-da 形. 焦る

- □ 조마조마하다 [조마조마하다] jo-ma-jo-ma-ha-da 形. はらはらする

- □ 어색하다 [어:새카다] eo-sae-ka-da 形. 気まずい、不自然な
  - = 서먹서먹하다 [서먹써머카다] seo-meok-sseo-meo-ka-da

- □ 걱정스럽다 [걱쩡스럽따] geok-jjeong-seu-reop-dda 形. 心配だ、不安だ
  - = 근심스럽다 [근심스럽따] geun-sim-seu-reup-dda
  - = 염려스럽다 [염:녀스럽따] yeom-nyeo-seu-reop-dda

- □ 거북하다 [거:부카다] geo-bu-ka-da 形. 気まずい、ぎこちない

- □ 예민하다 [예:민하다] ye-min-ha-da 形. 敏感だ、神経質だ

    피부가 예민해요.
    pi-bu-ga ye-min-hae-yo
    肌が敏感です。

- □ 섭섭하다 [섭써파다] seop-sseo-pa-da 形. 寂しい
  - = 서운하다 [서운하다] seo-un-ha-da
  - = 아쉽다 [아쉽따] a-swip-dda

- □ 안타깝다 [안타깝따] an-ta-ggap-dda 形. 残念だ
  - = 딱하다 [따카다] dda-ka-da

- 착하다 [차카다] cha-ka-da 形. 優しい

- 친절하다 [친절하다] chin-jeol-ha-da 形. 親切だ

  그는 친절한 사람이에요.
  geu-neun chin-jeol-han sa-ra-mi-e-yo
  彼は親切な人です。

- 다정하다 [다정하다] da-jeong-ha-da 形. 優しい

  = 정겹다 [정겹따] jeong-gyeop-dda

- 상냥하다 [상냥하다] sang-nyang-ha-da 形. 優しい

  - 싹싹하다 [싹싸카다] ssak-ssa-ka-da 形. 気さくだ

  = 사근사근하다 [사근사근하다] sa-geun-sa-geun-ha-da

  우리 며느리는 싹싹해요.
  u-ri myeo-neu-ri-neun ssak-ssa-kae-yo
  私の嫁は気さくです。

- 공손하다 [공손하다] gong-son-ha-da 形. 丁寧だ、礼儀正しい

  = 정중하다 [정:중하다] jeong-jung-ha-da

- 고분고분하다 [고분고분하다] go-bun-go-bun-ha-da 形. 従順だ

- 겸손하다 [겸손하다] gyeom-son-ha-da 形. 腰が低い、謙遜だ

- 정직하다 [정:지카다] jeong-ji-ka-da 形. 正直だ

- 세심하다 [세:심하다] se-sim-ha-da 形. 丁寧だ、細心だ

- 침착하다 [침차카다] chim-cha-ka-da 形. 落ち着いている

  = 차분하다 [차분하다] cha-bun-ha-da

  침착하세요.
  chim-cha-ka-se-yo
  落ち着いてください。

ユニット04. 気分と性格

- 과묵하다 [과:무카다] gwa-mu-ka-da 形. 寡黙だ

- 신중하다 [신:중하다] sin-jung-ha-da 形. 慎重だ

- 무뚝뚝하다 [무뚝뚜카다] mu-dduk-ddu-ka-da 形. 無愛想だ

  우리 아빠는 무뚝뚝하세요.
  u-ri a-bba-neun mu-dduk-ddu-ka-se-yo
  私の父は無愛想です。

- 대담하다 [대:담하다] dae-dam-ha-da 形. 大胆だ

- 적극 [적끅] jeok-ggeuk 名. 積極

  - 외향 [외:향/웨:향] oe-hyang/we-hyang 名. 外向

- 우호 [우:호] u-ho 名. 友好

- 소극 [소극] so-geuk 名. 消極

  - 내향 [내:향] nae-hyang 名. 内向

- 수동 [수동] su-dong 名. 受け身

- 비관 [비:관] bi-gwan 名. 悲観

- 소심하다 [소:심하다] so-sim-ha-da 形. 気が小さい、気が弱い

  - 수줍다 [수줍따] su-jup-dda 形. 恥ずかしい

  - 숫기 [숟끼] sut-ggi 名. はにかまない気持ち

  - 숫기가 없다 [숟끼가 업:따] sut-ggi-ga eop-dda 恥ずかしがり屋だ

- 나쁘다 [나쁘다] na-bbeu-da 形. 悪い

- 무례하다 [무례하다] mu-rye-ha-da 形. ぶしつけだ

- 이기 [이:기] i-gi 名. 自分勝手、わがまま

- 게으르다 [게으르다] ge-eu-reu-da 形. 怠惰だ

- ☐ **신경질** [신경질] sin-gyeong-jil 名. 神経質

- ☐ **사납다** [사:납따] sa-nap-dda 形. 荒っぽい

- ☐ **심술궂다** [심술굳따] sim-sul-gut-dda 形. 意地悪い

- ☐ **거만하다** [거:만하다] geo-man-ha-da 形. 偉そうだ、傲慢だ

  = **교만하다** [교만하다] gyo-man-ha-da

  = **건방지다** [건방지다] geon-bang-ji-da

#04 交通渋滞

有益な会話

キム・ミナ 나는 서울이 싫어.
na-neun seo-u-ri si-reo
私はソウルが嫌いだよ。

イ・ジュンソ 왜? 서울의 교통 시스템이 편리하다고 했잖아?
wae? seo-u-re gyo-tong si-seu-te-mi pyeol-ri-ha-da-go haet-jja-na?
なぜ? ソウルの交通システムが便利だと言ってたじゃない?

キム・ミナ 그래.
하지만 오늘 아침 교통 체증 때문에 회사에 지각했거든.
geu-rae. ha-ji-man o-neul a-chim gyo-tong che-jeung
ddae-mu-ne hoe-sa-e ji-ga-kae-ggeo-deun
そうだね。
でも、今朝交通渋滞のせいで会社に遅れたんだ。

イ・ジュンソ 그렇구나. 교통 체증 때문에 짜증이 나는 거야?
geu-reo-ku-na.
gyo-tong che-jeung ddae-mu-ne jja-jeung-i na-neun geo-ya?
なるほど。交通渋滞のせいでいらいらしているの?

ユニット 05.
愛 사랑 sa-rang

☐ 만남 [만남] man-nam
  名. 出会い

☐ 만나다 [만나다] man-na-da
  動. 会う

☐ 데이트 [데이트] de-i-teu
  = 교제 [교제] gyo-je
  名. デート、交際

☐ 사귀다 [사귀다] sa-gwi-da
  動. 付き合う

☐ 좋아하다 [조:아하다] jo-a-ha-da
  動. 好きだ

☐ 사랑 [사랑] sa-rang
  名. 愛

☐ 사랑하다 [사랑하다] sa-rang-ha-da
  動. 愛する

☐ 남자 친구 [남자 친구] nam-ja chin-gu
  彼氏、ボーイフレンド

☐ 여자 친구 [여자 친구] yeo-ja chin-gu
  彼女、ガールフレンド

- □ 유혹하다 [유호카다] yu-ho-ka-da
  動. 誘う、誘惑する

- □ 반하다 [반:하다] ban-ha-da
  動. 惚れる

- □ 꾀다 [꾀:다/꿰:다] ggoe-da/ggwe-da
  動. 口説く

- □ 뽀뽀 [뽀뽀] bbo-bbo
  名. チュー、軽いキス

- □ 윙크 [윙크] wing-keu
  名. ウィンク

- □ 키스 [키스] ki-seu
  名. キス、口づけ

- □ 포옹 [포:옹] po-ong
  名. 抱擁

- □ 그립다 [그립따] geu-rip-dda
  形. 懐かしい

- □ 껴안다 [껴안따] ggyeo-an-dda
  動. 抱く

☐ **질투** [질투] jil-tu
名. 嫉妬

☐ **갈등** [갈뜽] gal-ddeung
名. もつれ、葛藤

☐ **거짓말** [거ː진말] geo-jin-mal
名. 嘘

☐ **속이다** [소기다] so-gi-da
動. 騙す、ごまかす

☐ **배신** [배ː신] bae-sin
名. 裏切り

☐ **이별** [이ː별] i-byeol
名. 別れ

☐ **이별하다** [이ː별하다] i-byeol-ha-da
動. 別れる

☐ **잊다** [읻따] it-dda
動. 忘れる

☐ **청혼** [청혼] cheong-hon
名. プロポーズ

☐ **약혼** [야콘] ya-kon
名. 婚約

- 결혼 [결혼] gyeol-hon
  名. 結婚

- 결혼식 [결혼식] gyeol-hon-sik
  名. 結婚式

- 청첩장 [청첩짱] cheng-cheop-jjang
  名. 招待状

- 신랑 [실랑] sil-rang
  名. 花婿

- 신부 [신부] sin-bu
  名. 花嫁

- 결혼반지 [결혼반지] gyeol-hon-ban-ji
  名. 結婚指輪

- 웨딩드레스 [웨딩드레스] we-ding-deu-re-seu
  名. ウェディングドレス

- 남편 [남편] nam-pyeon
  名. 夫

- 아내 [아내] a-nae
  名. 妻

ユニット 05. 愛

- **만남** [만남] man-nam 名. 出会い
  - **만나다** [만나다] man-na-da 動. 会う
- **데이트** [데이트] de-i-teu 名. デート、交際
  - = **교제** [교제] gyo-je

  데이트 어땠어요?
  de-i-teu eo-ddae-sseo-yo?
  デート、どうでしたか。

- **소개팅** [소개팅] so-gae-ting 名. 合コン
  - **맞선** [맏썬] mat-sseon 名. お見合い
  - = **선** [선:] seon

  소개팅을 주선해 주세요.
  so-gae-ting-eul ju-seon-hae ju-se-yo
  合コンをセッティングしてください。

- **사귀다** [사귀다] sa-gwi-da 動. 付き合う

- **좋아하다** [조:아하다] jo-a-ha-da 動. 好きだ

- **사랑** [사랑] sa-rang 名. 愛
  - **애정** [애:정] ae-jeong 名. 愛情
  - **사랑하다** [사랑하다] sa-rang-ha-da 動. 愛する

  당신을 사랑해요.
  dang-si-neul sa-rang-hae-yo
  あなたを愛しています。

- **이상형** [이:상형] i-sang-hyeong 名. 理想のタイプ

- **공감대** [공:감대] gong-gam-dae 名. 共通の理解

- **케미** [케미] ke-mi 名. ケミ、ケミストリー、お似合い

ユニット 05. 愛

- □ **애인** [애:인] ae-in 名. 恋人
  - = **연인** [여:닌] yeo-nin

    애인 있어요?
    ae-in i-sseo-yo?
    恋人はいますか。

- □ **친구** [친구] chin-gu 名. 友達
  - □ **남자 친구** [남자 친구] nam-ja chin-gu 彼氏、ボーイフレンド
  - □ **여자 친구** [여자 친구] yeo-ja chin-gu 彼女、ガールフレンド

    tip. 最近の若者はよく「남사친」と「여사친」と言いますが、この意味は男友達と女友達です。

- □ **매력** [매력] mae-ryeok 名. 魅力

    그녀는 매력적인 여자죠.
    geu-nyeo-neun mae-ryeok-jjeo-gin yeo-ja-jyo
    彼女は魅力的な女です。

- □ **유혹하다** [유호카다] yu-ho-ka-da 動. 誘う、誘惑する
  - □ **꾀다** [꾀:다/꿰:다] ggoe-da/ggwe-da 動. 口説く
  - = **꼬시다** [꼬시다] ggo-si-da

    tip. 「꼬시다」は「꾀다」の俗語です。

- □ **반하다** [반:하다] ban-ha-da 動. 惚れる
  - □ **홀리다** [홀리다] hol-ri-da 動. ほれこむ

    나는 민주에게 반했어요.
    na-neun min-ju-e-ge ban-hae-sseo-yo
    私はミンジュに惚れました。

- □ **뽀뽀** [뽀뽀] bbo-bbo 名. チュー、軽いキス
  - □ **키스** [키스] ki-seu 名. キス、口づけ
  - = **입맞춤** [임맏춤] im-mat-chum

- □ **윙크** [윙크] wing-keu 名. ウィンク
  - □ **눈짓** [눈찓] nun-jjit 名. 目配せ

- □ 포옹 [포:옹] po-ong 名. 抱擁
  - □ 껴안다 [껴안따] ggyeo-an-dda 動. 抱く
- □ 그립다 [그립따] geu-rip-dda 形. 懐かしい
  - □ 그리워하다 [그리워하다] geu-ri-wo-ha-da 動. 懐かしむ
- □ 질투 [질투] jil-tu 名. 嫉妬
- □ 갈등 [갈뜽] gal-ddeung 名. もつれ、葛藤
  - □ 고민 [고민] go-min 名. 悩み
- □ 거짓말 [거:진말] geo-jin-mal 名. 嘘
  - □ 속이다 [소기다] so-gi-da 動. 騙す、ごまかす
- □ 배신 [배:신] bae-sin 名. 裏切り
- □ 이별 [이:별] i-byeol 名. 別れ
  - □ 이별하다 [이:별하다] i-byeol-ha-da 動. 別れる
  - = 헤어지다 [헤어지다] he-eo-ji-da
- □ 잊다 [읻따] it-dda 動. 忘れる
- □ 미혼 [미:혼] mi-hon 名. 未婚
  - □ 독신 [독씬] dok-ssin 名. 独身
- □ 청혼 [청혼] cheong-hon 名. プロポーズ
- □ 약혼 [야콘] ya-kon 名. 婚約
  - □ 약혼식 [야콘식] ya-kon-sik 名. 婚約式
  - □ 약혼자 [야콘자] ya-kon-ja 名. 婚約者(性別を限定しない)
  - □ 약혼녀 [야콘녀] ya-kon-nyeo 名. 婚約者、フィアンセ(女性に対して使う)

- 결혼 [결혼] gyeol-hon 名. 結婚

- 결혼식 [결혼식] gyeol-hon-sik 名. 結婚式

    = 혼례 [홀례] hol-rye

- 신랑 [실랑] sil-rang 名. 花婿

- 신부 [신부] sin-bu 名. 花嫁

    신부가 참 아름다워요!
    sin-bu-ga cham a-reum-da-wo-yo!
    花嫁がとてもきれいですね!

- 청첩장 [청첩짱] cheng-cheop-jjang 名. 招待状

- 결혼반지 [결혼반지] gyeol-hon-ban-ji 名. 結婚指輪

- 혼례복 [홀례복] hol-rye-bok 名. 婚礼服

    = 예복 [예복] ye-bok

- 웨딩드레스 [웨딩드레스] we-ding-deu-re-seu 名. ウェディングドレス

    - 면사포 [면:사포] myeon-sa-po 名. ベール

    - 부케 [부케] bu-ke 名. ブーケ

- 피로연 [피로연] pi-ro-yeon 名. 披露宴

- 축하 [추카] chu-ka 名. 祝賀、祝い

    - 축의금 [추괴금/추기금] chu-gui-geum/chu-gi-geum 名. 祝儀

    - 축가 [축까] chuk-gga 名. 祝い歌

- 신혼여행 [신혼녀행] sin-hon-nyeo-haeng 名. 新婚旅行

    신혼여행은 어디로 가나요?
    sin-hon-nyeo-haeng-eun eo-di-ro ga-na-yo?
    新婚旅行はどこに行きますか。

- ☐ 결혼기념일 [결혼기념밀] gyeol-hon-gi-nyeo-mil 名. 結婚記念日
- ☐ 부부 [부부] bu-bu 名. 夫婦
  - ☐ 남편 [남편] nam-pyeon 名. 夫
  - ☐ 아내 [아내] a-nae 名. 妻
  - ☐ 부인 [부인] bu-in 名. 妻、奥さん — **tip.**「부인」は他人の妻について話す時に使います。自分の妻のことを話す時は「아내」とだけ言います。
- ☐ 배우자 [배:우자] bae-u-ja 名. 配偶者
  - ☐ 반려자 [발:려자] bal-ryeo-ja 名. 伴侶
- ☐ 시부모 [시부모] si-bu-mo 名. 夫の両親
  - ☐ 시아버지 [시아버지] si-a-beo-ji 名. 舅
  - ☐ 시어머니 [시어머니] si-eo-meo-ni 名. 姑
- ☐ 처부모 [처부모] cheo-bu-mo 名. 妻の両親
  - ☐ 장인 [장:인] jang-in 名. 舅
  - ☐ 장모 [장:모] jang-mo 名. 姑
- ☐ 시아주버니 [시아주버니] si-a-ju-beo-ni 名. 夫の兄
  - ☐ 시동생 [시동생] si-dong-saeng 名. 夫の弟
  - ☐ 시누이 [시누이] si-nu-i 名. 夫の姉妹
- ☐ 동서 [동서] dong-seo 名. 夫・妻の兄弟の妻
  - ☐ 올케 [올케] ol-ke 名. 兄弟の妻
- ☐ 처남 [처남] cheo-nam 名. 妻の兄弟
  - ☐ 처형 [처형] cheo-hyeong 名. 妻の姉
  - ☐ 처제 [처제] cheo-je 名. 妻の妹
- ☐ 매부 [매부] mae-bu 名. 男性の姉妹の夫
  - ☐ 매형 [매형] mae-hyeong 名. 男性の姉の夫

- **매제** [매제] mae-je 名. 男性の妹の夫

- **형부** [형부] hyeong-bu 名. 女性の姉の夫

- **제부** [제:부] je-bu 名. 女性の妹の夫

  tip. 韓国には家族のための呼び方がたくさんあります。
  これらは複雑であり、韓国の家族文化の影響を受けます。

#05 デート

有益な会話

チェ·ジフン 어제 경진이라는 애를 만났는데, 내 이상형이야.
eo-je gyeong-ji-ni-ra-neun ae-reul man-nat-neun-de,
nae i-sang-hyeong-i-ya

昨日、キョンジンさんという人にで会ったんだけど、
彼女は僕の理想のタイプだ。

イ·ジュンソ 이번 주말에 데이트하자고 했어?
i-beon ju-ma-re de-i-teu-ha-ja-go hae-sseo?

今週末にデートしようって言った？

チェ·ジフン 아니, 아직. 하지만 그러고 싶어.
a-jik. ha-ji-man geu-reo-go si-peo

いや、まだ。でも、そうしたい。

イ·ジュンソ 그러면 데이트하자고 말해 봐. 손해 볼 거 없잖아.
geu-reo-myeon de-i-teu-ha-ja-go mal-hae bwa.
son-hae bol geo eop-jja-na

それなら、彼女にデートしようと言ってみて。
損はしないでしょ。

ユニット 06.
家族 가족 ga-jok

□ **가족** [가족] ga-jok
名. 家族

□ **친척** [친척] chin-cheok
名. 親戚

□ **부모** [부모] bu-mo
名. 両親

□ **아버지** [아버지] a-beo-ji
名. 父

□ **어머니** [어머니] eo-meo-ni
名. 母

□ **아빠** [아빠] a-bba
名. パパ

□ **엄마** [엄마] eom-ma
名. ママ

□ **자녀** [자녀] ja-nyeo
= **자식** [자식] ja-sik
名. 子ども

□ **아들** [아들] a-deul 名. 息子

□ **딸** [딸] ddal 名. 娘

□ **형** [형] hyeong 名. (男性が呼ぶ) 兄

□ **누나** [누:나] nu-na 名. (男性が呼ぶ) 姉

□ **오빠** [오빠] o-bba 名. (女性が呼ぶ) 兄

□ **언니** [언니] eon-ni 名. (女性が呼ぶ) 姉

□ **남동생** [남동생] nam-dong-saeng
名. 弟

□ **여동생** [여동생] yeo-dong-saeng
名. 妹

□ 남편 [남편] nam-pyeon
名. 夫

□ 아내 [아내] a-nae
名. 妻

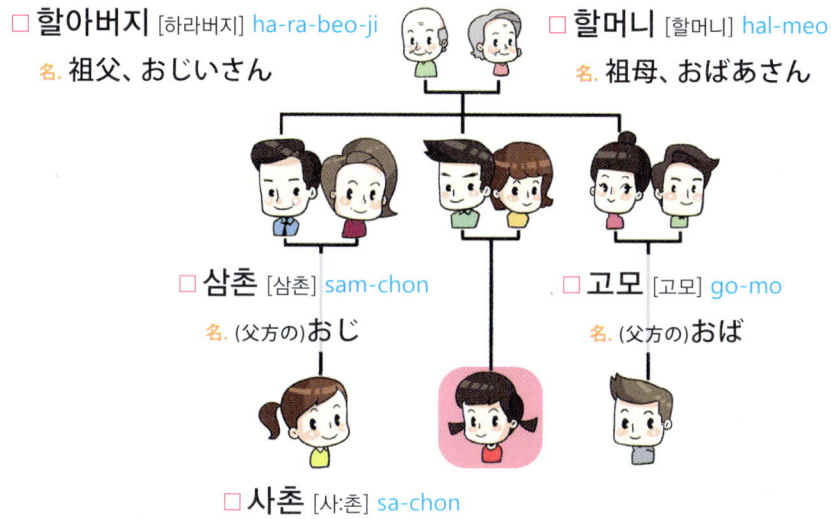

□ 할아버지 [하라버지] ha-ra-beo-ji
名. 祖父、おじいさん

□ 할머니 [할머니] hal-meo-ni
名. 祖母、おばあさん

□ 삼촌 [삼촌] sam-chon
名. (父方の)おじ

□ 고모 [고모] go-mo
名. (父方の)おば

□ 사촌 [사:촌] sa-chon
名. いとこ

□ 손녀 [손녀] son-nyeo
名. 孫娘

□ 손자 [손자] son-ja
名. 孫

□ 조카 [조캐] jo-ka
名. 姪

□ 조카 [조캐] o-ka
名. 甥

☐ 노인 [노:인] no-in

= 늙은이 [늘그니] neul-geu-ni

名. 年寄り、老人

☐ 어른 [어:른] eo-reun

= 성인 [성인] seong-in

名. 大人

☐ 청년 [청년] cheong-nyeon

= 젊은이 [절므니] jeol-meu-ni

名. 若者、青年

☐ 청소년 [청소년] cheong-so-nyeon

名. 青少年

☐ 어린이 [어리니] eo-ri-ni

= 아이 [아이] a-i

名. 子ども

☐ 아기 [아기] a-gi

名. 赤ちゃん

☐ 임신 [임:신] im-sin

名. 妊娠

☐ 임부 [임:부] im-bu

名. 妊婦

☐ 출산 [출싼] chul-ssan

名. 出産

□ **수유** [수유] su-yu
名. 授乳

□ **모유** [모:유] mo-yu
名. 母乳

□ **기저귀** [기저귀] gi-jeo-gwi
名. おむつ

□ **기르다** [기르다] gi-reu-da
= **키우다** [키우다] ki-u-da
動. 育てる、飼う

□ **보모** [보:모] bo-mo
名. ベビーシッター

□ **유모** [유모] yu-mo
名. 乳母

□ **분유** [부뉴] bu-nyu
名. 粉ミルク

□ **젖병** [젇뼝] jeot-bbyeong
名. 哺乳瓶

□ **유모차** [유모차] yu-mo-cha
名. ベビーカー

□ **보살피다** [보살피다] bo-sal-pi-da
= **돌보다** [돌:보다] dol-bo-da
動. 面倒を見る、世話する

□ **닮다** [담:따] dam-dda
動. 似ている

ユニット06. 家族

ユニット 06. 家族

- **가족** [가족] ga-jok 名. 家族
  - **식구** [식꾸] sik-ggu 名. 家族

    우리 가족은 다섯 식구입니다.
    u-ri ga-jo-geun da-seot sik-ggu-im-ni-da
    私の家族は五人です。

- **부모** [부모] bu-mo 名. 両親

- **아버지** [아버지] a-beo-ji 名. 父
  - **아빠** [아빠] a-bba 名. パパ

    이 분은 우리 아버지예요.
    i bu-neun u-ri a-beo-ji-ye-yo
    こちらは私の父です。

- **어머니** [어머니] eo-meo-ni 名. 母
  - **엄마** [엄마] eom-ma 名. ママ

- **조부모** [조부모] jo-bu-mo 名. 祖父母
  - **할아버지** [하라버지] ha-ra-beo-ji 名. 祖父、おじいさん
  - **할머니** [할머니] hal-meo-ni 名. 祖母、おばあさん

- **외조부모** [외:조부모/웨:조부모] oe-jo-bu-mo/we-jo-bu-mo

  名. 外祖父母、母方の祖父母
  - **외할아버지** [외:하라버지/웨:하라버지] oe-ha-ra-beo-ji/we-ha-ra-beo-ji

    名. 母方の祖父
  - **외할머니** [외:할머니/웨:할머니] oe-hal-meo-ni/we-hal-meo-ni

    名. 母方の祖母

    나는 외할머니가 좋아요.
    na-neun oe-hal-meo-ni-ga jo-a-yo
    私は母方の祖母が好きです。

☐ 남매 [남매] nam-mae 名. 兄と妹、姉と弟
　☐ 형제 [형제] hyeong-je 名. 兄弟
　☐ 자매 [자매] ja-mae 名. 姉妹

☐ 형 [형] hyeong 名. (男性が呼ぶ)兄
　☐ 오빠 [오빠] o-bba 名. (女性が呼ぶ)兄

☐ 누나 [누:나] nu-na 名. (男性が呼ぶ)姉
　☐ 언니 [언니] eon-ni 名. (女性が呼ぶ)姉

☐ 동생 [동생] dong-saeng 名. 弟、妹
　☐ 남동생 [남동생] nam-dong-saeng 名. 弟
　☐ 여동생 [여동생] yeo-dong-saeng 名. 妹

　나도 동생이 생기면 좋겠어요.
　na-do dong-saeng-i saeng-gi-myeon jo-ke-sseo-yo
　私もいつか弟や妹ができたらいいなと思います。

☐ 부부 [부부] bu-bu 名. 夫婦
　☐ 남편 [남편] nam-pyeon 名. 夫
　☐ 아내 [아내] a-nae 名. 妻

☐ 자녀 [자녀] ja-nyeo 名. 子ども
　= 자식 [자식] ja-sik
　☐ 아들 [아들] a-deul 名. 息子
　☐ 딸 [딸] ddal 名. 娘

　무자식이 상팔자.
　mu-ja-si-gi sang-pal-ja
　子を持てば七十五度泣く。

　tip.「무자식이 상팔자」は韓国の伝統的なことわざです。
　　　直訳は、「子どもがいないのは良い人生だ」という意味ですが、
　　　子どもがいると、その分心配事が多いという意味になります。

ユニット06. 家族

- □ **사위** [사위] sa-wi 名. 婿

- □ **며느리** [며느리] myeo-neu-ri 名. 嫁

- □ **손주** [손주] son-ju 名. 孫

  - □ **손자** [손자] son-ja 名. 孫

  - □ **손녀** [손녀] son-nyeo 名. 孫娘

- □ **친척** [친척] chin-cheok 名. 親戚

- □ **삼촌** [삼촌] sam-chon 名. (父方の)おじ

  - □ **외삼촌** [외:삼촌/웨:삼촌] oe-sam-chon/we-sam-chon 名. (母方の)おじ

- □ **고모** [고모] go-mo 名. (父方の)おば

  - □ **이모** [이모] i-mo 名. (母方の)おば

  - □ **숙모** [숭모] sung-mo 名. おば(父方のおじの妻)

  - □ **외숙모** [외:숭모/웨:숭모] oe-sung-mo/we-sung-mo 名. おば(母方のおじの妻)

- □ **사촌** [사:촌] sa-chon 名. いとこ

- □ **조카** [조카] jo-ka 名. 甥、姪

- □ **어른** [어:른] eo-reun 名. 大人

  - = **성인** [성인] seong-in

- □ **노인** [노:인] no-in 名. 年寄り、老人

  - = **늙은이** [늘그니] neul-geu-ni

  노인을 공경해야 합니다.
  no-i-neul gong-gyeong-hae-ya ham-ni-da
  老人を敬わなければなりません。

- □ **청년** [청년] cheong-nyeon 名. 若者、青年

  - = **젊은이** [절므니] jeol-meu-ni

□ **청소년** [청소년] cheong-so-nyeon 名. **青少年**

□ **어린이** [어리니] eo-ri-ni 名. **子ども**

= **아이** [아이] a-i

> **tip.** 「어린이」は「어린아이[eo-ri-na-i]」の略語です。
> 「애[ae]」は「아이」の略語です。

□ **아기** [아기] a-gi 名. **赤ちゃん**

> 아기는 내가 돌볼게요.
> a-gi-neun nae-ga dol-bol-gge-yo
> 赤ちゃんは、私が面倒を見ます。

□ **임신** [임:신] im-sin 名. **妊娠**

□ **임산부** [임:산부] im-san-bu 名. **妊産婦**

　□ **임부** [임:부] im-bu 名. **妊婦**

　= **임신부** [임:신부] im-sin-bu

　□ **산부** [산:부] san-bu 名. **産婦**

　= **산모** [산:모] san-mo

> **tip.** 「임산부」は「임부」と「산부」を意味します。

□ **입덧** [입떧] ip-ddeot 名. **つわり**

□ **출산** [출싼] chul-ssan 名. **出産**

　□ **해산** [해:산] hae-san 名. **お産**

□ **수유** [수유] su-yu 名. **授乳**

　□ **모유** [모:유] mo-yu 名. **母乳**

□ **분유** [부뉴] bu-nyu 名. **粉ミルク**

　□ **젖병** [젇뼝] jeot-bbyeong 名. **哺乳瓶**

ユニット 06. 家族

- ☐ **기저귀** [기저귀] gi-jeo-gwi 名. **おむつ**

    기저귀 좀 갈아 줄래요?
    gi-jeo-gwi jom ga-ra jul-rae-yo?
    おむつを替えてもらえますか。

- ☐ **유모차** [유모차] yu-mo-cha 名. **ベビーカー**

- ☐ **기르다** [기르다] gi-reu-da 動. **育てる、飼う**

    = **키우다** [키우다] ki-u-da

    = **양육하다** [양:유카다] yang-yu-ka-da

- ☐ **보살피다** [보살피다] bo-sal-pi-da 動. **面倒を見る、世話する**

    = **돌보다** [돌:보다] dol-bo-da

    아기 돌볼 사람을 찾았어요.
    a-gi dol-bol sa-ra-meul cha-ja-sseo-yo
    赤ちゃんの面倒を見る人を見つけました。

- ☐ **보모** [보:모] bo-mo 名. **ベビーシッター**

    ☐ **유모** [유모] yu-mo 名. **乳母**

- ☐ **닮다** [담:따] dam-dda 動. **似ている**

    당신은 어머니를 닮았어요 아버지를 닮았어요?
    dang-si-neun eo-meo-ni-reul dal-ma-sseo-yo a-beo-ji-reul dal-ma-sseo-yo?
    あなたはお母さんに似ていますか、お父さんに似ていますか。

- ☐ **입양** [이방] i-byang 名. **養子縁組**

- ☐ **입양아** [이방아] i-byang-a 名. **養子**

    ☐ **양자** [양:자] yang-ja 名. **養子**

    ☐ **양녀** [양:녀] yang-nyeo 名. **養女**

- ☐ **화목** [화목] hwa-mok 名. **和睦、仲の良いこと**

- ☐ **불화** [불화] bul-hwa 名. 不和

- ☐ **동거** [동거] dong-geo 名. 同居

- ☐ **별거** [별거] byeol-geo 名. 別居

    별거 중입니다.
    byeol-geo jung-im-ni-da
    別居中です。

- ☐ **이혼** [이:혼] i-hon 名. 離婚

- ☐ **재혼** [재:혼] jae-hon 名. 再婚

#06 家族の紹介

有益な会話

キム・ミナ 지훈아, 너는 형제나 자매가 있니?
ji-hu-na, neo-neun hyeong-je-na ja-mae-ga in-ni?
ジフンくん、あなたは兄弟や姉妹がいるの?

チェ・ジフン 남동생이 한 명 있어. 나보다 여덟 살이 어려.
nam-dong-saeng-i han myeong i-sseo.
na-bo-da yeo-deol sa-ri eo-ryeo
弟が一人いるよ。私より8歳下です。

キム・ミナ 네 남동생과 사이가 좋으니?
ne nam-dong-saeng-gwa sa-i-ga jo-eu-ni?
弟とは仲がいいの?

チェ・ジフン 응, 그런데 그 애는 좀 장난꾸러기야.
eung, geu-reon-de geu ae-neun jom jang-nan-ggu-reo-gi-ya
うん、でも、あの子はちょっといたずらっ子なんだ。

チャプター 2. 人々

練習問題

単語を読んで、正しい意味と結びつけてください。

1. 가족 • • 赤ちゃん
2. 결혼 • • 身体
3. 사랑 • • 顔
4. 슬프다 • • 家族
5. 신체, 몸 • • 父
6. 아기 • • 幸せだ
7. 아버지 • • 好きだ
8. 어머니 • • 愛
9. 얼굴 • • 結婚
10. 예쁘다 • • 母
11. 좋아하다 • • きれいだ
12. 행복하다 • • 悲しい

1. 가족 − 家族 2. 결혼 − 結婚 3. 사랑 − 愛 4. 슬프다 − 悲しい
5. 신체, 몸 − 身体 6. 아기 − 赤ちゃん 7. 아버지 − 父 8. 어머니 − 母
9. 얼굴 − 顔 10. 예쁘다 − きれいだ 11. 좋아하다 − 好きだ 12. 행복하다 − 幸せだ

チャプター3

時間と自然

ユニット 07. **時間と日付**
ユニット 08. **天気と季節**
ユニット 09. **動物と植物**

ユニット 07.
時間と日付 시간과 날짜 si-gan-gwa nal-jja

☐ **시간** [시간] si-gan
名. 時間

☐ **시각** [시각] si-gak
名. 時刻

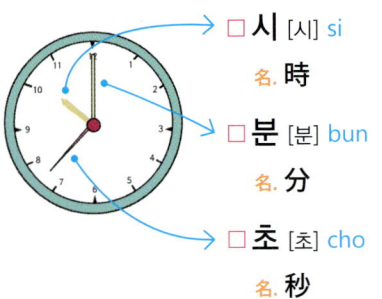

☐ **시** [시] si
名. 時

☐ **분** [분] bun
名. 分

☐ **초** [초] cho
名. 秒

☐ **반(半)** [반ː] ban
名. 半

☐ **시계** [시계/시게] si-gye/si-ge
名. 時計

☐ **손목시계** [손목씨계/손목씨게] son-mok-ssi-gye/son-mok-ssi-ge
名. 腕時計

☐ **새벽** [새벽] sae-byeok
名. 早朝、夜明け

☐ **아침** [아침] a-chim
名. 朝

☐ **오전** [오ː전] o-jeon
名. 午前

☐ **낮** [낟] nat
名. 昼

☐ **점심** [점ː심] jeom-sim
名. 昼、昼頃

☐ **오후** [오ː후] o-hu
名. 午後

☐ **저녁** [저녁] jeo-nyeok
名. 夕方

☐ **밤** [밤] bam
名. 夜

□ 일어나다 [이러나다]
i-reo-na-da
動. 起きる

□ 깨다 [깨:다] ggae-da
動. 覚める

□ 씻다 [씯따] ssit-dda
動. 洗う

□ 세수 [세:수] se-su
名. 洗顔、手洗い

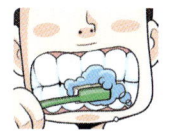
□ 양치하다 [양치하다] yang-chi-ha-da
動. 歯を磨く

□ 아침 식사 [아침 식싸]
a-chim sik-ssa
朝食

□ 점심 식사 [점:심 식싸]
jeom-sim sik-ssa
昼食

□ 저녁 식사 [저녁 식싸]
jeo-nyeok sik-ssa
夕食

□ 자다 [자다] ja-da
動. 寝る

□ 잠 [잠] jam
名. 眠り

□ 꿈 [꿈] ggum
名. 夢

- 날짜 [날짜] nal-jja 名. 日にち
- 달력 [달력] dal-ryeok 名. カレンダー
- 일(日) [일] il 名./依名. 日
- 주(週) [주] ju 名./依名. 週
- 요일 [요일] yo-il 名. 曜日
    = 주일 [주일] ju-il
- 주말 [주말] ju-mal 名. 週末

- 월요일 [워료일] wo-ryo-il 名. 月曜日
- 화요일 [화요일] hwa-yo-il 名. 火曜日
- 수요일 [수요일] su-yo-il 名. 水曜日
- 목요일 [모교일] mo-gyo-il 名. 木曜日
- 일요일 [이료일] i-ryo-il 名. 日曜日
- 금요일 [그묘일] geu-myo-il 名. 金曜日
- 토요일 [토요일] to-yo-il 名. 土曜日

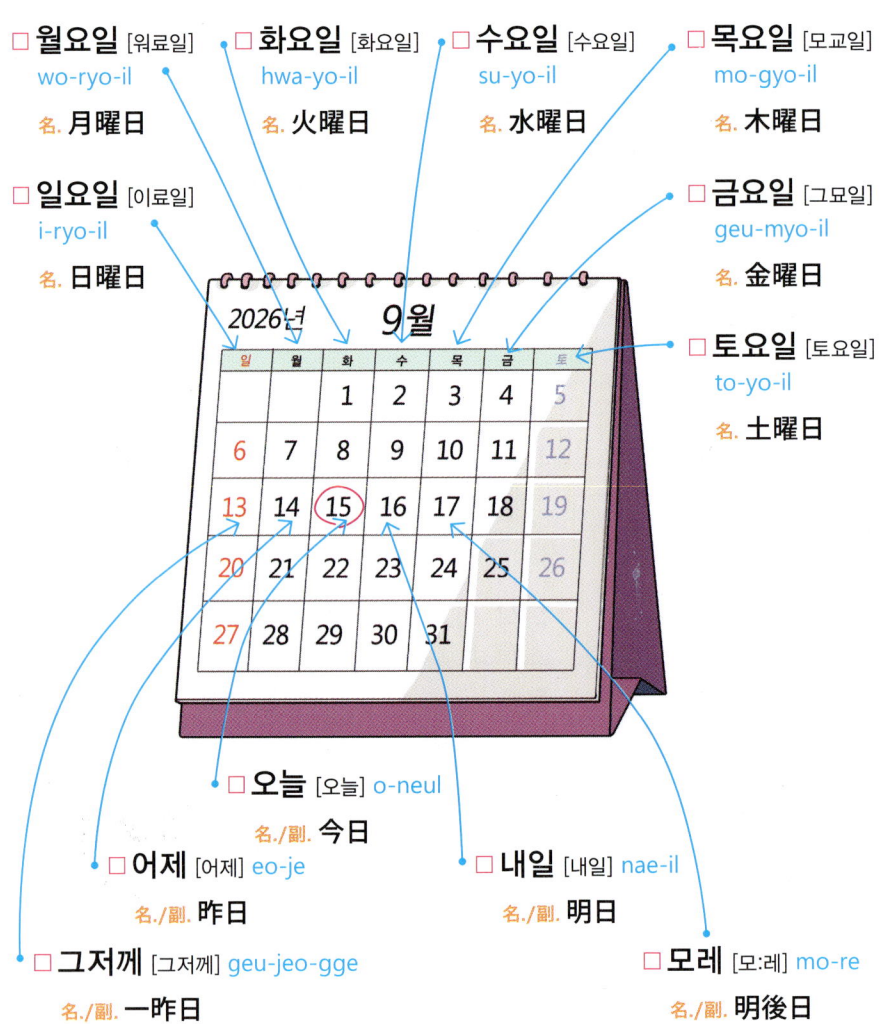

- 오늘 [오늘] o-neul 名./副. 今日
- 어제 [어제] eo-je 名./副. 昨日
- 내일 [내일] nae-il 名./副. 明日
- 그저께 [그저께] geu-jeo-gge 名./副. 一昨日
- 모레 [모:레] mo-re 名./副. 明後日

- 월(月) [월] wol 名./依名. 月
  - = 달 [달] dal

- 1월 [이뤌] i-rwol 名. 一月
- 2월 [이:월] i-wol 名. 二月
- 3월 [사뭘] sa-mwol 名. 三月
- 4월 [사:월] sa-wol 名. 四月
- 5월 [오:월] o-wol 名. 五月
- 6월 [유월] yu-wol 名. 六月
- 7월 [치뤌] chi-rwol 名. 七月
- 8월 [파뤌] pa-rwol 名. 八月
- 9월 [구월] gu-wol 名. 九月
- 10월 [시월] si-wol 名. 十月
- 11월 [시비뤌] si-bi-rwol 名. 十一月
- 12월 [시비월] si-bi-wol 名. 十二月

- 년(年) [년] nyeon 依名. 年
  - 연 [연] yeon 名. 年

- 공휴일 [공휴일] gong-hyu-il
  - 名. 祝日
- 국경일 [국경일] guk-ggyeong-il
  - 名. 国民の祝日

- 명절 [명절] myeong-jeol
  - 名. 祝祭日、節句
- 설날 [설:랄] seol-ral
  - 名. ソルラル(韓国の旧暦のお正月)
- 추석 [추석] chu-seok
  - 名. チュソク(秋夕、韓国の旧暦の盆休み)

- 과거 [과:거] gwa-geo
  - 名. 過去
- 현재 [현:재] hyeon-jae
  - 名./副. 現在
- 미래 [미:래] mi-rae
  - 名. 未来

ユニット 07. 時間と日付

MP3. U07

- □ **시간** [시간] si-gan 名. 時間
  - □ **때** [때] ddae 名. 時
- □ **시각** [시각] si-gak 名. 時刻 → **tip.** 「시간」はある時から別の時の間の意味で、「시각」は連続する時間のある一点の意味です。
  - □ **시** [시] si 名. 時
  - □ **분** [분] bun 名. 分
  - □ **초** [초] cho 名. 秒
  - □ **반(半)** [반:] ban 名. 半

  몇 시예요?　　　　　　　　지금은 2시 반이에요.
  myeot si-ye-yo?　　　　　　ji-geu-meun du-si ba-ni-e-yo
  何時ですか。　　　　　　　今は二時半です。

- □ **시계** [시계/시게] si-gye/si-ge 名. 時計
  - □ **손목시계** [손목씨계/손목씨게] son-mok-ssi-gye/son-mok-ssi-ge 名. 腕時計
- □ **새벽** [새벽] sae-byeok 名. 早朝、夜明け
- □ **아침** [아침] a-chim 名. 朝
- □ **오전** [오:전] o-jeon 名. 午前
- □ **정오** [정:오] jeong-o 名. 正午
- □ **낮** [낟] nat 名. 昼
- □ **점심** [점:심] jeom-sim 名. 昼、昼頃
- □ **오후** [오:후] o-hu 名. 午後
- □ **저녁** [저녁] jeo-nyeok 名. 夕方
- □ **밤** [밤] bam 名. 夜
- □ **일어나다** [이러나다] i-reo-na-da 動. 起きる、起床する
  - = **기상하다** [기상하다] gi-sang-ha-da

- 깨다 [깨:다] ggae-da 動. 覚める
- 씻다 [씯따] ssit-dda 動. 洗う
  - 닦다 [닥따] dak-dda 動. 拭く
- 세수 [세:수] se-su 名. 洗顔、手洗い
  - 세수하다 [세:수하다] se-su-ha-da 動. 洗顔する、手洗いする

    세수했어요?
    se-su-hae-sseo-yo?
    洗顔しましたか。

- 양치 [양치] yang-chi 名. 歯磨き
  = 양치질 [양치질] yang-chi-jil
  - 양치하다 [양치하다] yang-chi-ha-da 動. 歯を磨く
  - 이를 닦다 [이를 닥따] i-reul dak-dda 歯を磨く
- 머리를 감다 [머리를 감:따] meo-ri-reul gam-dda 髪を洗う
- 샤워 [샤워] sya-wo 名. シャワー
- 목욕 [모곡] mo-gyok 名. 風呂

  tip. 韓国のドラマでよく見かける「대중목욕탕[대:중모교탕 dae-jung-mo-gyo-tang](銭湯)」と「찜질방[찜질방 jjim-jil-bang] (チムジルバン)」は外国人に人気のスポットです。

- 식사 [식싸] sik-ssa 名. 食事
  - 식사를 하다 [식싸를 하다] sik-ssa-reul ha-da 食事をする、ご飯を食べる
  = 밥을 먹다 [바블 먹따] ba-beul meok-dda
- 아침 식사 [아침 식싸] a-chim sik-ssa 朝食
  - 점심 식사 [점:심 식싸] jeom-sim sik-ssa 昼食
  - 저녁 식사 [저녁 식싸] jeo-nyeok sik-ssa 夕食
- 간식 [간:식] gan-sik 名. おやつ、間食

- 자다 [자다] ja-da 動. 寝る
  - 졸다 [졸:다] jol-da 動. 居眠りする
- 잠 [잠] jam 名. 眠り、睡眠
  - = 수면 [수면] su-myeon
  - 낮잠 [낟짬] nat-jjam 名. 昼寝
  - 늦잠 [늗짬] neut-jjam 名. 寝坊
  - 불면증 [불면쯩] bul-myeon-jjeung 名. 不眠症
- 꿈 [꿈] ggum 名. 夢
- 날짜 [날짜] nal-jja 名. 日にち
- 그저께 [그저께] geu-jeo-gge 名./副. 一昨日
  - 어제 [어제] eo-je 名./副. 昨日
- 오늘 [오늘] o-neul 名./副. 今日
- 내일 [내일] nae-il 名./副. 明日
  - 모레 [모:레] mo-re 名./副. 明後日
  - 글피 [글피] geul-pi 名. 明々後日
- 달력 [달력] dal-ryeok 名. カレンダー
  - 양력 [양녁] yang-nyeok 名. 新暦、太陽暦
  - 음력 [음녁] eum-nyeok 名. 旧暦、太陰太陽暦
- 일(日) [일] il 名./依名. 日
  - 날 [날] nal 名./依名. 日
- 주(週) [주] ju 名./依名. 週
  - = 주일 [주일] ju-il
  - 주말 [주말] ju-mal 名. 週末

tip.「주말」は土曜日と日曜日を意味します。

□ **요일** [요일] yo-il 名. 曜日

　□ **월요일** [워료일] wo-ryo-il 名. 月曜日 → **tip.** 韓国では一週間の始まりが月曜日です。

　□ **화요일** [화요일] hwa-yo-il 名. 火曜日

　□ **수요일** [수요일] su-yo-il 名. 水曜日

　□ **목요일** [모교일] mo-gyo-il 名. 木曜日

　□ **금요일** [그묘일] geu-myo-il 名. 金曜日

　□ **토요일** [토요일] to-yo-il 名. 土曜日

　□ **일요일** [이료일] i-ryo-il 名. 日曜日

□ **월(月)** [월] wol 名./依名. 月

　= **달** [달] dal

　□ **1월** [이뤌] i-rwol 名. 一月

　= **정월** [정월] jeong-wol → **tip.**「정월」は旧暦の最初の月です。

　□ **2월** [이:월] i-wol 名. 二月

　□ **3월** [사뭘] sa-mwol 名. 三月

　□ **4월** [사:월] sa-wol 名. 四月

　□ **5월** [오:월] o-wol 名. 五月

　□ **6월** [유월] yu-wol 名. 六月

　□ **7월** [치뤌] chi-rwol 名. 七月

　□ **8월** [파뤌] pa-rwol 名. 八月

　□ **9월** [구월] gu-wol 名. 九月

　□ **10월** [시월] si-wol 名. 十月

　□ **11월** [시비뤌] si-bi-rwol 名. 十一月

　□ **12월** [시비월] si-bi-wol 名. 十二月

　　생일이 몇 월 며칠이에요?
　　saeng-i-ri myeot wol meo-chi-ri-e-yo?
　　お誕生日は何月何日ですか。

- □ 년(年) [년] nyeon 依名. 年   **tip.**「년」は形式名詞なので、「년」だけでは使えません。
  - □ 연 [연] yeon 名. 年

- □ 세기(世紀) [세:기] se-gi 名. 世紀

- □ 공휴일 [공휴일] gong-hyu-il 名. 祝日
  - □ 국경일 [국경일] guk-ggyeong-il 名. 国民の祝日
  - □ 명절 [명절] myeong-jeol 名. 祝祭日、節句

- □ 설날 [설:랄] seol-ral 名. ソルラル(韓国の旧暦のお正月)

  tip.「설날」は旧暦の1月1日です。

  설날은 한국에서 가장 큰 명절이에요.
  seol-ra-reun han-gu-ge-seo ga-jang keun myeong-jeo-ri-e-yo
  ソルラルは韓国で一番大きな祝祭日です。

- □ 삼일절 [사밀쩔] sa-mil-jjeol 名. サミルジョル(三一節)

- □ 석가 탄신일 [석까 탄:시닐] seok-gga tan-si-nil 釈迦の誕生日

- □ 어린이날 [어리니날] eo-ri-ni-nal 名. 子どもの日

- □ 추석 [추석] chu-seok 名. チュソク(秋夕、韓国の旧暦の盆休み)

  tip.「삼일절」は3月1日、「석가탄신일」は旧暦の4月8日、「어린이날」は5月5日、「추석」は旧暦の8月15日です。

- □ 광복절 [광복쩔] gwang-bok-jjeol 名. クァンボクチョル(光復節)

- □ 개천절 [개천절] gae-cheon-jeol 名. ケチョンジョル(開天節)

- □ 한글날 [한:글랄] han-geul-ral 名. ハングルの日

  tip.「광복절」は8月15日、「개천절」は10月3日、「한글날」は10月9日です。

- □ 성탄절 [성:탄절] seong-tan-jeol 名. クリスマス
  - = 크리스마스 [크리스마스] keu-ri-seu-ma-seu

- □ 부활절 [부:활쩔] bu-hwal-jjeol 名. 復活祭、イースター
  - □ 추수 감사절 [추수 감사절] chu-su gam-sa-jeol 感謝祭

- 생일 [생일] saeng-il 名. 誕生日
- 과거 [과:거] gwa-geo 名. 過去
  - 옛날 [옌:날] yen-nal 名. 昔
  - 현재 [현:재] hyeon-jae 名./副. 現在
  - 미래 [미:래] mi-rae 名. 未来
- 요즈음 [요즈음] yo-jeu-eum 名. 最近
  = 요즘 [요즘] yo-jeum → **tip.**「요즘」は「요즈음」の略語です。
  - 최근 [최:근/췌:근] choe-geun/chwe-geun 名. 最近

#07 クリスマス

有益な会話

イ・ジュンソ 크리스마스에 뭐 하니?
keu-ri-seu-ma-seu-e mwo ha-ni?
クリスマスに何するの？

キム・ミナ 교회에 예배 드리러 가. 너는?
gyo-hoe-e ye-bae deu-ri-reo ga. neo-neun?
私は教会に礼拝に行くつもりなの。あなたは？

イ・ジュンソ 집에서 친구들과 크리스마스 파티를 하려고 하는데, 너도 올래?
ji-be-seo chin-gu-deul-gwa keu-ri-seu-ma-seu pa-ti-reul ha-ryeo-go ha-neun-de, neo-do ol-rae?
僕は家で友達と一緒にクリスマスパーティーをしようと思っているんだけど、あなたも来る？

キム・ミナ 가고 싶지만, 그날 다른 약속이 있어.
ga-go sip-jji-man, geu-nal da-reun yak-sso-gi i-sseo
行きたいんだけど、その日に他の予定があるのよ。

ユニット 08.
天気と季節 날씨와 계절 nal-ssi-wa gye-jeol

☐ 날씨 [날씨] nal-ssi
名. 天気

☐ 일기 예보 [일기 예보] il-gi ye-bo
天気予報

☐ 맑다 [막따] mak-dda
形. 晴れる

☐ 따뜻하다 [따뜨타다] dda-ddeu-ta-da
形. 暖かい

☐ 덥다 [덥:따] deop-dda 形. 暑い
☐ 더위 [더위] deo-wi 名. 暑さ

☐ 폭염 [포겸] po-gyeom
= 불볕더위 [불볃떠위] bul-byeot-ddeo-wi
名. 猛暑

☐ 시원하다 [시원하다] si-won-ha-da
形. 涼しい

☐ 춥다 [춥따] chup-dda 形. 寒い
☐ 추위 [추위] chu-wi 名. 寒さ

ユニット08. 天気と季節

- 하늘 [하늘] ha-neul
  - 名. 空

- 해 [해] hae
  - = 태양 [태양] tae-yang
  - 名. 日、太陽

- 구름 [구름] gu-reum
  - 名. 雲

- 바람 [바람] ba-ram
  - 名. 風

- 가뭄 [가뭄] ga-mum
  - 名. 日照り

- 안개 [안:개] an-gae
  - 名. 霧

- 비 [비] bi
  - 名. 雨

- 소나기 [소나기] so-na-gi
  - 名. にわか雨、夕立

- 홍수 [홍수] hong-su
  - 名. 洪水

- 태풍 [태풍] tae-pung
  - 名. 台風
- 폭풍 [폭풍] pok-pung
  - 名. 暴風

- 천둥 [천둥] cheon-dung
  - 名. 雷
- 번개 [번개] beon-gae
  - 名. 稲妻

- 얼음 [어름] eo-reum
  - 名. 氷

99

☐ 계절 [계:절/게:절] gye-jeol/ge-jeol
　名. 季節

☐ 봄 [봄] bom
　名. 春

☐ 무지개 [무지개] mu-ji-gae
　名. 虹

☐ 여름 [여름] yeo-reum
　名. 夏

☐ 열대야 [열때야] yeol-ddae-ya
　名. 熱帯夜

☐ 습하다 [스파다] seu-pa-da
　形. じめじめする、湿る

☐ 우산 [우:산] u-san
　名. 傘

☐ 가을 [가을] ga-eul
　名. 秋

☐ 단풍 [단풍] dan-pung
　名. 紅葉

☐ 낙엽 [나겹] na-gyeop
名. 落ち葉

☐ 추수 [추수] chu-su
= 수확 [수확] su-hwak
名. 収穫、秋の刈入れ

☐ 겨울 [겨울] gyeo-ul
名. 冬

☐ 눈 [눈ː] nun
名. 雪

☐ 눈송이 [눈ː쏭이] nun-ssong-i
名. 雪の結晶

☐ 눈사람 [눈ː싸람] nun-ssa-ram
名. 雪だるま

☐ 온도 [온도] on-do
= 기온 [기온] gi-on
名. 温度、気温

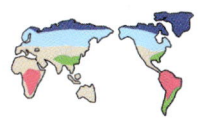

☐ 기후 [기후] gi-hu
名. 気候

ユニット 08. 天気と季節

- □ **날씨** [날씨] nal-ssi 名. 天気

    오늘 날씨가 어때요?
    o-neul nal-ssi-ga eo-ddae-yo?
    今日の天気がどうですか。

- □ **일기 예보** [일기 예보] il-gi ye-bo 天気予報

- □ **맑다** [막따] mak-dda 形. 晴れる
    - □ **맑아지다** [말가지다] mal-ga-ji-da 動. 晴れる
    - □ **맑은 날씨** [말근 날씨] mal-geun nal-ssi 晴天、お天気
    - □ **개다** [개:다] gae-da 動. 晴れる

- □ **흐리다** [흐리다] heu-ri-da 形. くもる
    - □ **궂다** [굳따] gut-dda 形. 天気が悪い

- □ **따뜻하다** [따뜨타다] dda-ddeu-ta-da 形. 暖かい

- □ **덥다** [덥:따] deop-dda 形. 暑い
    - □ **더위** [더위] deo-wi 名. 暑さ

- □ **무덥다** [무덥따] mu-deop-dda 形. 蒸し暑い
    - □ **무더위** [무더위] mu-deo-wi 名. 蒸し暑さ

- □ **폭염** [포겸] po-gyeom 名. 猛暑
    - = **불볕더위** [불볃떠위] bul-byeot-ddeo-wi

- □ **시원하다** [시원하다] si-won-ha-da 形. 涼しい
    - □ **서늘하다** [서늘하다] seo-neul-ha-da 形. 涼しい

- □ **쌀쌀하다** [쌀쌀하다] ssal-ssal-ha-da 形. 肌寒い
    - □ **썰렁하다** [썰렁하다] sseol-reong-ha-da 形. 冷ややかだ

- □ **춥다** [춥따] chup-dda 形. 寒い

- ☐ 추위 [추위] chu-wi 名. 寒さ
  - ☐ 꽃샘추위 [꼳쌤추위] ggot-ssaem-chu-wi 名. 花冷え

☐ 하늘 [하늘] ha-neul 名. 空

☐ 해 [해] hae 名. 日、太陽
  - = 태양 [태양] tae-yang

☐ 햇빛 [해삗/핻삗] hae-bbit/haet-bbit 名. 日差し
  - ☐ 햇볕 [해뼏/핻뼏] hae-bbyeot/haet-bbyeot 名. 日差し

  고양이가 따뜻한 햇볕 아래 쉬고 있어요.
  go-yang-i-ga dda-ddeu-tan hae-bbyeot a-rae swi-go i-sseo-yo
  猫が暖かい日差しの下で休んでいます。

☐ 구름 [구름] gu-reum 名. 雲
  - ☐ 먹구름 [먹꾸름] meok-ggu-reum 名. 黒雲

☐ 바람 [바람] ba-ram 名. 風
  - ☐ 산들바람 [산들바람] san-deul-ba-ram 名. そよ風
  - ☐ 강풍 [강풍] gang-pung 名. 強風
  - = 센바람 [센ː바람] sen-ba-ram

☐ 가뭄 [가뭄] ga-mum 名. 日照り、干ばつ
  - ☐ 건조하다 [건조하다] geon-jo-ha-da 形./動. 乾く

☐ 안개 [안ː개] an-gae 名. 霧

☐ 비 [비] bi 名. 雨
  - ☐ 빗방울 [비빵울/빋빵울] bi-bbang-ul/bit-bbang-ul 名. 雨粒

  지금 비가 와요.
  ji-geum bi-ga wa-yo
  今は雨が降っています。

- ☐ 강수량 [강ː수량] gang-su-ryang 名. 降水量

- ☐ 소나기 [소나기] so-na-gi 名. にわか雨、夕立

- ☐ 이슬비 [이슬비] i-seul-bi 名. 霧雨

- ☐ 가랑비 [가랑비] ga-rang-bi 名. 小雨

- ☐ 장마 [장마] jang-ma 名. 梅雨

- ☐ 홍수 [홍수] hong-su 名. 洪水

- ☐ 우산 [우ː산] u-san 名. 傘

  - ☐ 양산 [양산] yang-san 名. 日傘

  비가 올 것 같으니 우산을 가지고 가세요.
  bi-ga ol geot ga-teu-ni u-sa-neul ga-ji-go ga-se-yo
  雨が降りそうだから、傘を持って行ってください。

- ☐ 태풍 [태풍] tae-pung 名. 台風

- ☐ 허리케인 [허리케인] heo-ri-ke-in 名. ハリケーン

- ☐ 폭풍 [폭풍] pok-pung 名. 暴風

- ☐ 천둥 [천둥] cheon-dung 名. 雷

  - ☐ 벼락 [벼락] byeo-rak 名. 雷

- ☐ 번개 [번개] beon-gae 名. 稲妻

- ☐ 이슬 [이슬] i-seul 名. 露

- ☐ 우박 [우ː박] u-bak 名. 雹

- ☐ 서리 [서리] seo-ri 名. 霜

- ☐ 동상 [동ː상] dong-sang 名. 凍傷

- ☐ 얼음 [어름] eo-reum 名. 氷
  - ☐ 빙판 [빙판] bing-pan 名. 水や雪が凍って滑りやすくなった路面
  - ☐ 빙판길 [빙판낄] bing-pan-ggil 名. 水や雪が凍りついて滑りやすくなった道
- ☐ 공기 [공기] gong-gi 名. 空気
  - = 대기 [대:기] dae-gi
- ☐ 계절 [계:절/게:절] gye-jeol/ge-jeol 名. 季節
- ☐ 봄 [봄] bom 名. 春
- ☐ 황사 [황사] hwang-sa 名. 黄砂
  - ☐ 미세 먼지 [미세 먼지] mi-se meon-ji 粒子状物質
- ☐ 무지개 [무지개] mu-ji-gae 名. 虹
- ☐ 씨 [씨] ssi 名. 種
  - = 씨앗 [씨앋] ssi-at
  - ☐ 싹트다 [싹트다] ssak-teu-da 動. 芽生える
  - ☐ 꽃봉오리 [꼳뽕오리] ggot-bbong-o-ri 名. つぼみ
- ☐ 여름 [여름] yeo-reum 名. 夏
  - ☐ 한여름 [한녀름] han-nyeo-reum 名. 真夏
- ☐ 눅눅하다 [눙누카다] nung-nu-ka-da 形. 湿っぽい
  - ☐ 습하다 [스파다] seu-pa-da 形. じめじめする、湿っている
  - ☐ 습기 [습끼] seup-ggi 名. 湿気
- ☐ 열사병 [열싸뼝] yeol-ssa-bbyeong 名. 熱中症
- ☐ 열대야 [열때야] yeol-ddae-ya 名. 熱帯夜
  - **tip.** 夜、気温が25度以上維持される時に「열대야」と言います。

ユニット 08. 天気と季節

- 가을 [가을] ga-eul 名. 秋
- 단풍 [단풍] dan-pung 名. 紅葉
  - 단풍놀이 [단풍노리] dan-pung-no-ri 名. 紅葉狩り
  - 단풍나무 [단풍나무] dan-pung-na-mu 名. 楓
  - 은행나무 [은행나무] eun-haeng-na-mu 名. 銀杏
- 낙엽 [나겹] na-gyeop 名. 落ち葉
- 추수 [추수] chu-su 名. 収穫、秋の刈入れ
  - = 수확 [수확] su-hwak
- 겨울 [겨울] gyeo-ul 名. 冬
  - 한겨울 [한겨울] han-gyeo-ul 名. 真冬
- 눈 [눈ː] nun 名. 雪
  - 눈송이 [눈ː쏭이] nun-ssong-i 名. 雪の結晶
  - 눈사람 [눈ː싸람] nun-ssa-ram 名. 雪だるま
  - 눈싸움 [눈ː싸움] nun-ssa-um 名. 雪合戦
- 온도 [온도] on-do 名. 温度、気温
  - = 기온 [기온] gi-on
  - 도 [도ː] do 依存. 度
    - 오늘 몇 도예요?
      o-neul myeot do-ye-yo?
      今日は何度ですか。
- 섭씨 [섭씨] seop-ssi 名. 摂氏
  - 화씨 [화씨] hwa-ssi 名. 華氏
- 영상 [영상] yeong-sang 名. 零度以上
  - 영하 [영하] yeong-ha 名. 零下

- ☐ 기후 [기후] gi-hu 名. 気候

- ☐ 기압 [기압] gi-ap 名. 気圧
  - ☐ 고기압 [고기압] go-gi-ap 名. 高気圧
  - ☐ 저기압 [저:기압] jeo-gi-ap 名. 低気圧

- ☐ 지구 온난화 [지구 온난화] ji-gu on-nan-hwa 地球温暖化

    지구 온난화 때문에, 날씨가 더워지고 있어요.
    ji-gu on-nan-hwa ddae-mu-ne, nal-ssi-ga deo-wo-ji-go i-sseo-yo
    地球温暖化なので、天気が暑くなっています。

- ☐ 자외선 [자:외선/자:웨선]
    ja-oe-seon/ja-we-seon 名. 紫外線

- ☐ 적외선 [저괴선/저궤선]
    jeo-goe-seon/jeo-gwe-seon 名. 赤外線

#08 熱帯夜

有益な会話

チェ・ジフン 더위 때문에, 지난밤에는 한숨도 못 잤어.
deo-wi ddae-mu-ne, ji-nan-ba-me han-sum-do mot ja-sseo
暑さのせいで、昨夜は一睡もできなかった。

イ・ジュンソ 나도 그래. 더워서 죽을 것 같아.
na-do geu-rae. deo-wo-seo ju-geul geot ga-ta
俺もだ。暑くて死にそうだよ。

チェ・ジフン 언제까지 이 더위가 계속될까?
eon-je-gga-ji i deo-wi-ga gye-sok-ddoel-gga?
いつまでこの暑さが続くんだろうね。

イ・ジュンソ 그게 바로 내가 알고 싶은 거야.
geu-ge ba-ro nae-ga al-go si-peun geo-ya
それはまさに俺が知りたいところだよ。

ユニット 09.
動物と植物 동물과 식물 dong-mul-gwa sing-mul

☐ 동물 [동ː물] dong-mul
名. 動物

☐ 반려동물 [발ː려동물] bal-ryeo-dong-mul
名. ペット

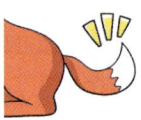

☐ 꼬리 [꼬리] ggo-ri
名. しっぽ

☐ 발 [발] bal
名. 足

☐ 물다 [물다] mul-da
動. 噛む

☐ 짖다 [짇따] jit-dda
動. 吠える

☐ 개 [개ː] gae
名. イヌ

☐ 고양이 [고양이] go-yang-i
名. ネコ

☐ 소 [소] so
名. ウシ

☐ 염소 [염소] yeom-so
名. ヤギ

☐ 돼지 [돼ː지] dwae-ji
名. ブタ

☐ 토끼 [토끼] to-ggi
名. ウサギ

☐ 양 [양] yang
名. ヒツジ

☐ 말 [말] mal
名. ウマ

☐ 얼룩말 [얼룩말] eol-rung-mal
名. シマウマ

□ **사자** [사자] sa-ja
名. ライオン

□ **호랑이** [호:랑이] ho-rang-i
名. トラ

□ **곰** [곰:] gom
名. クマ

□ **여우** [여우] yeo-u
名. キツネ

□ **늑대** [늑때] neuk-ddae
名. オオカミ

□ **원숭이** [원:숭이] won-sung-i
名. サル

□ **코끼리** [코끼리] ko-ggi-ri
名. ゾウ

□ **기린** [기린] gi-rin
名. キリン

□ **하마** [하마] ha-ma
名. カバ

□ **사슴** [사슴] sa-seum
名. シカ

□ **너구리** [너구리] neo-gu-ri
名. タヌキ

□ **다람쥐** [다람쥐] da-ram-jwi
名. リス

□ **쥐** [쥐] jwi
名. ネズミ

□ **박쥐** [박:쮜] bak-jjwi
名. コウモリ

□ **고래** [고래] go-rae
名. クジラ

ユニット 09. 動物と植物

☐ 새 [새ː] sae
名. 鳥

☐ 날개 [날개] nal-gae
名. 翼

☐ 부리 [부리] bu-ri
名. くちばし

☐ 닭 [닥] dak
名. ニワトリ

☐ 오리 [오ː리] o-ri
名. カモ

☐ 참새 [참새] cham-sae
名. スズメ

☐ 비둘기 [비둘기] bi-dul-gi
名. ハト

☐ 까치 [까ː치] gga-chi
名. カササギ

☐ 까마귀 [까마귀] gga-ma-gwi
名. カラス

☐ 갈매기 [갈매기] gal-mae-gi
名. カモメ

☐ 제비 [제ː비] je-bi
名. ツバメ

☐ 칠면조 [칠면조] chil-myeon-jo
名. シチメンチョウ

☐ 타조 [타ː조] ta-jo
名. ダチョウ

☐ 올빼미 [올빼미] ol-bbae-mi
名. ミミズク

☐ 펭귄 [펭귄] peng-gwin
名. ペンギン

☐ 물고기 [물꼬기]
mul-ggo-gi
名. 魚

☐ 아가미 [아가미]
a-ga-mi
名. えら

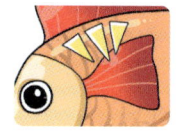
☐ 지느러미 [지느러미]
ji-neu-reo-mi
名. ひれ

☐ 열대어 [열때어]
yeol-ddae-eo
名. 熱帯魚

☐ 금붕어 [금붕어]
geum-bung-eo
名. 金魚

☐ 어항 [어항] eo-hang
名. 金魚鉢

☐ 상어 [상어] sang-eo
名. サメ

☐ 문어 [무너] mu-neo
名. タコ

☐ 오징어 [오징어] o-jing-eo
名. イカ

☐ 가오리 [가오리] ga-o-ri
名. エイ

☐ 거북 [거북] geo-buk
名. カメ

☐ 악어 [아거] a-geo
名. ワニ

☐ 용 [용] yong
名. ドラゴン、竜

☐ 뱀 [뱀ː] baem
名. ヘビ

☐ 개구리 [개구리] gae-gu-ri
名. カエル

☐ **곤충** [곤충] gon-chung
名. 昆虫

☐ **벌** [벌:] beol 名. ハチ

☐ **꿀벌** [꿀벌] ggul-beol
名. ミツバチ

☐ **나비** [나비] na-bi
名. チョウ

☐ **잠자리** [잠자리] jam-ja-ri
名. トンボ

☐ **개미** [개:미] gae-mi
名. アリ

☐ **파리** [파:리] pa-ri
名. ハエ

☐ **모기** [모:기] mo-gi
名. 力(蚊)

☐ **바퀴벌레** [바퀴벌레] ba-kwi-beol-re
名. ゴキブリ

☐ **거미** [거미] geo-mi
名. クモ

☐ **식물** [싱물] sing-mul
名. 植物

☐ **심다** [심:따] sim-dda
動. 植える

☐ **나무** [나무] na-mu
名. 木

☐ **가지** [가지] ga-ji
名. 枝

☐ **잎** [입] ip
名. 葉

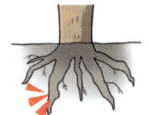
☐ **뿌리** [뿌리] bbu-ri
名. 根

☐ **풀** [풀] pul 名. 草
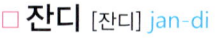
☐ **잔디** [잔디] jan-di
名. 芝

☐ **꽃** [꼳] ggot
名. 花

☐ **피다** [피다] pi-da
動. 咲く

☐ **열매** [열매] yeol-mae
名. 実

☐ **장미** [장미] jang-mi
名. バラ

☐ **무궁화** [무궁화] mu-gung-hwa
名. ムクゲ

☐ **해바라기** [해바라기] hae-ba-ra-gi
名. ヒマワリ

☐ **벚꽃** [벋꼳] beot-ggot
名. サクラ

☐ **난** [난] nan
= **난초** [난초] nan-cho
名. ラン

ユニット 09. 動物と植物

- **동물** [동:물] dong-mul 名. 動物
- **반려동물** [발:려동물] bal-ryeo-dong-mul 名. ペット、伴侶動物

  tip. 韓国人はペットを「애완동물[애:완동물 ae-wan-dong-mul（愛玩動物）]」だと言っていましたが、最近は「반려동물」だと言う人が多くなっています。

- **기르다** [기르다] gi-reu-da 動. 育てる、飼う
  - = **키우다** [키우다] ki-u-da
  - = **사육하다** [사유카다] sa-yu-ka-da

- **털** [털] teol 名. 毛
  - **모피** [모피] mo-pi 名. 毛皮
  - **털가죽** [털가죽] teol-ga-juk 名. 毛皮
  - **꼬리** [꼬리] ggo-ri 名. しっぽ
  - **갈기** [갈:기] gal-gi 名. たてがみ

- **발** [발] bal 名. 足
  - **발톱** [발톱] bal-top 名. (足の)爪
  - **할퀴다** [할퀴다] hal-kwi-da 動. 引っ掻く

- **물다** [물다] mul-da 動. 噛む
  - = **깨물다** [깨물다] ggae-mul-da
  - **짖다** [짇따] jit-dda 動. 吠える
  - **으르렁거리다** [으르렁거리다] eu-reu-reong-geo-ri-da 動. 唸る

- **개** [개:] gae 名. イヌ
  - **강아지** [강아지] gang-a-ji 名. 子犬
  - **멍멍** [멍멍] meong-meong 副. わんわん

  tip. 時々祖父母は自分の孫や孫娘を呼ぶ時に「강아지」を言います。これは祖父母が孫や孫娘を可愛いと思っているの意味です。

- **고양이** [고양이] go-yang-i 名. ネコ
  - **야옹야옹** [야옹냐옹] ya-ong-nya-ong 副. ニャーニャー

ユニット09. 動物と植物

- ☐ **소** [소] so 名. ウシ
  - ☐ **송아지** [송아지] song-a-ji 名. 子牛
  - ☐ **황소** [황소] hwang-so 名. 雄牛
  - ☐ **암소** [암소] am-so 名. 雌牛
  - ☐ **젖소** [젇쏘] jeot-sso 名. 乳牛
  - ☐ **한우** [하:누] ha-nu 名. 韓牛、韓国在来種のウシ
- ☐ **염소** [염소] yeom-so 名. ヤギ
- ☐ **돼지** [돼:지] dwae-ji 名. ブタ
- ☐ **토끼** [토끼] to-ggi 名. ウサギ
- ☐ **양** [양] yang 名. ヒツジ
- ☐ **말** [말] mal 名. ウマ
  - ☐ **망아지** [망아지] mang-a-ji 名. 子馬
- ☐ **조랑말** [조랑말] jo-rang-mal 名. 子馬、ポニー
- ☐ **얼룩말** [얼룽말] eol-rung-mal 名. シマウマ
- ☐ **사자** [사자] sa-ja 名. ライオン
- ☐ **호랑이** [호:랑이] ho-rang-i 名. トラ

  tip. 子動物の特別な単語(たとえば、「강아지, 송아지, 망아지」)がなければ、「새끼[sae-ggi]」だけ付ければいいです。
  たとえば、「새끼 호랑이[sae-ggi ho-rang-i]」は子虎です。

- ☐ **곰** [곰:] gom 名. クマ
- ☐ **여우** [여우] yeo-u 名. キツネ
- ☐ **늑대** [늑때] neuk-ddae 名. オオカミ
  - = **이리** [이리] i-ri

- **원숭이** [원:숭이] won-sung-i 名. サル

- **침팬지** [침팬지] chim-paen-ji 名. チンパンジー

- **고릴라** [고릴라] go-ril-ra 名. ゴリラ

- **오랑우탄** [오랑우탄] o-rang-u-tan 名. オランウータン

- **코끼리** [코끼리] ko-ggi-ri 名. ゾウ

- **기린** [기린] gi-rin 名. キリン

- **하마** [하마] ha-ma 名. カバ

- **사슴** [사슴] sa-seum 名. シカ
    - **꽃사슴** [꼳싸슴] ggot-ssa-seum 名. エゾシカ
    - **순록** [술록] sul-rok 名. トナカイ

- **코뿔소** [코뿔쏘] ko-bbul-sso 名. サイ

- **너구리** [너구리] neo-gu-ri 名. タヌキ

- **두더지** [두더지] du-deo-ji 名. モグラ

- **쥐** [쥐] jwi 名. ネズミ
    - **생쥐** [생:쥐] saeng-jwi 名. ハツカネズミ、マウス

- **햄스터** [햄스터] haem-seu-teo 名. ハムスター

    내 햄스터는 양배추를 즐겨 먹어요.
    nae haem-seu-teo-neun yang-bae-chu-reul jeul-gyeo meo-geo-yo
    私のハムスターはキャベツをよく食べます。

- **다람쥐** [다람쥐] da-ram-jwi 名. リス

- **박쥐** [박:쮜] bak-jjwi 名. コウモリ

- 고래 [고래] go-rae 名. クジラ
  - 돌고래 [돌고래] dol-go-rae 名. イルカ
- 새 [새ː] sae 名. 鳥
  - 날개 [날개] nal-gae 名. 翼
  - 깃털 [긷털] git-teol 名. 羽
  - 부리 [부리] bu-ri 名. くちばし
  - 날다 [날다] nal-da 動. 飛ぶ
- 알 [알] al 名. タマゴ
  - 품다 [품ː따] pum-dda 動. 抱く
  - 둥지 [둥지] dung-ji 名. 巣
  - = 보금자리 [보금자리] bo-geum-ja-ri
- 닭 [닥] dak 名. ニワトリ
  - 암탉 [암탁] am-tak 名. めんどり
  - 수탉 [수탁] su-tak 名. おんどり
  - 병아리 [병아리] byeong-a-ri 名. ひよこ
- 오리 [오ː리] o-ri 名. カモ
- 거위 [거위] geo-wi 名. ガチョウ
- 참새 [참새] cham-sae 名. スズメ
- 비둘기 [비둘기] bi-dul-gi 名. ハト
- 까치 [까ː치] gga-chi 名. カササギ
- 까마귀 [까마귀] gga-ma-gwi 名. カラス
- 독수리 [독쑤리] dok-ssu-ri 名. ワシ
- 매 [매ː] mae 名. タカ

ユニット 09. 動物と植物

- 갈매기 [갈매기] gal-mae-gi 名. カモメ
- 제비 [제:비] je-bi 名. ツバメ
- 칠면조 [칠면조] chil-myeon-jo 名. シチメンチョウ
- 공작 [공:작] gong-jak 名. 孔雀
- 타조 [타:조] ta-jo 名. ダチョウ
- 부엉이 [부엉이] bu-eong-i 名. ミミズク
- 올빼미 [올빼미] ol-bbae-mi 名. フクロウ
- 펭귄 [펭귄] peng-gwin 名. ペンギン
- 물고기 [물꼬기] mul-ggo-gi 名. 魚
  - 아가미 [아가미] a-ga-mi 名. えら
  - 지느러미 [지느러미] ji-neu-reo-mi 名. ひれ
  - 비늘 [비늘] bi-neul 名. うろこ
  - 헤엄치다 [헤엄치다] he-eom-chi-da 動. 泳ぐ
- 열대어 [열때어] yeol-ddae-eo 名. 熱帯魚
  - 금붕어 [금붕어] geum-bung-eo 名. 金魚
  - 어항 [어항] eo-hang 名. 金魚鉢
- 상어 [상어] sang-eo 名. サメ
- 문어 [무너] mu-neo 名. タコ
- 오징어 [오징어] o-jing-eo 名. イカ
- 가오리 [가오리] ga-o-ri 名. エイ
- 뱀장어 [뱀:장어] baem-jang-eo 名. ウナギ
  - = 장어 [장어] jang-eo

- 거북 [거북] geo-buk 名. カメ
- 악어 [아거] a-geo 名. ワニ
- 용 [용] yong 名. ドラゴン、竜
- 뱀 [뱀:] baem 名. ヘビ
- 도마뱀 [도마뱀] do-ma-baem 名. トカゲ
- 개구리 [개구리] gae-gu-ri 名. カエル
  - 올챙이 [올챙이] ol-chaeng-i 名. オタマジャクシ
- 곤충 [곤충] gon-chung 名. 昆虫
  - 벌레 [벌레] beol-re 名. 虫
  - 더듬이 [더드미] deo-deu-mi 名. 触角
- 벌 [벌:] beol 名. ハチ
  - 꿀벌 [꿀벌] ggul-beol 名. ミツバチ
  - 말벌 [말벌] mal-beol 名. スズメバチ
- 나비 [나비] na-bi 名. チョウ
- 잠자리 [잠자리] jam-ja-ri 名. トンボ
- 개미 [개:미] gae-mi 名. アリ
- 파리 [파:리] pa-ri 名. ハエ
- 모기 [모:기] mo-gi 名. カ(蚊)
- 바퀴벌레 [바퀴벌레] ba-kwi-beol-re 名. ゴキブリ
- 딱정벌레 [딱쩡벌레] ddak-jjeong-beol-re 名. カブトムシ
- 거미 [거미] geo-mi 名. クモ

ユニット 09. 動物と植物

- ☐ 식물 [싱물] sing-mul 名. 植物
  - ☐ 심다 [심:따] sim-dda 動. 植える
- ☐ 가지 [가지] ga-ji 名. 枝 → tip. 「가지」は二つの意味があります。「枝」と「茄子」です。
  - ☐ 줄기 [줄기] jul-gi 名. 茎、幹
  - ☐ 잎 [입] ip 名. 葉
  - ☐ 뿌리 [뿌리] bbu-ri 名. 根
- ☐ 나무 [나무] na-mu 名. 木
- ☐ 풀 [풀] pul 名. 草
  - ☐ 잔디 [잔디] jan-di 名. 芝
  - ☐ 잡초 [잡초] jap-cho 名. 雑草
- ☐ 꽃 [꼳] ggot 名. 花
  - ☐ 꽃잎 [꼰닙] ggon-nip 名. 花びら
  - ☐ 피다 [피다] pi-da 動. 咲く
- ☐ 열매 [열매] yeol-mae 名. 実
  - ☐ 맺다 [맫따] maet-dda 動. 実る
- ☐ 장미 [장미] jang-mi 名. バラ
- ☐ 무궁화 [무궁화] mu-gung-hwa 名. ムクゲ → tip. 「무궁화」は韓国の国花です。
- ☐ 튤립 [튤립] tyul-rip 名. チューリップ
- ☐ 해바라기 [해바라기] hae-ba-ra-gi 名. ヒマワリ
- ☐ 민들레 [민들레] min-deul-re 名. タンポポ
- ☐ 백합 [배캅] bae-kap 名. ユリ(百合)
- ☐ 데이지 [데이지] de-i-ji 名. デイジー

- □ 붓꽃 [붇꼳] but-ggot 名. アヤメ
- □ 벚꽃 [벋꼳] beot-ggot 名. サクラ
- □ 수선화 [수선화] su-seon-hwa 名. スイセン
- □ 난 [난] nan 名. ラン
  - = 난초 [난초] nan-cho
- □ 나팔꽃 [나팔꼳] na-pal-ggot 名. アサガオ
- □ 개나리 [개:나리] gae-na-ri 名. レンギョウ
- □ 진달래 [진달래] jin-dal-rae 名. ツツジ

#09 ペット

有益な会話

キム・ミナ 반려동물을 키우고 있니?
bal-reo-dong-mu-reul ki-u-go in-ni?
あなたはペットを飼っている？

ソン・ハヨン 응, 개를 키운 지 3년 됐어.
eung, gae-reul ki-un ji sam-nyeon dwae-sseo
うん、イヌを飼って三年になるよ。

キム・ミナ 집에 개가 있는 게 편하니?
ji-be gae-ga in-neun ge pyeon-ha-ni?
家にイヌがいると居心地がいい？

ソン・ハヨン 물론이지, 우리 개는 교육이 잘 되어 있거든.
햄스터 두 마리도 있어.
mul-ro-ni-ji, u-ri gae-neun gyo-yu-gi jal doe-eo it-ggeo-deun.
haem-seu-teo du ma-ri-do i-sseo
もちろん、私のイヌはちゃんとしつけができているから。
ハムスターも二匹いるよ。

チャプター 3. 時間と自然

練習問題

単語を読んで、正しい意味と結びつけてください。

1. 개　　　•　　　　　　• 動物

2. 계절　•　　　　　　• 雲

3. 구름　•　　　　　　• 日 (にち)

4. 꽃　　•　　　　　　• イヌ

5. 나무　•　　　　　　• 花

6. 날씨　•　　　　　　• 植物

7. 날짜　•　　　　　　• 季節

8. 동물　•　　　　　　• 空

9. 시간　•　　　　　　• 日 (ひ)

10. 식물　•　　　　　　• 時間

11. 하늘　•　　　　　　• 木

12. 해, 태양　•　　　　　• 天気

1. 개 – イヌ　2. 계절 – 季節　3. 구름 – 雲　4. 꽃 – 花
5. 나무 – 木　6. 날씨 – 天気　7. 날짜 – 日 (にち)　8. 동물 – 動物
9. 시간 – 時間　10. 식물 – 植物　11. 하늘 – 空　12. 해, 태양 – 日 (ひ)

チャプター 4. 毎日の生活

チャプター4

毎日の生活

ユニット 10. 家
ユニット 11. 服
ユニット 12. 食べ物
ユニット 13. 趣味
ユニット 14. 電話とインターネット

ユニット 10.
家 집 jip

- 집 [집] jip
  名. 家

- 방 [방] bang
  名. 部屋

- 서재 [서재] seo-jae
  名. 書斎

- 거실 [거실] geo-sil
  名. リビング

- 부엌 [부엌] bu-eok
  = 주방 [주방] ju-bang
  名. 台所、キッチン

- 욕실 [욕씰] yok-ssil
  名. 風呂場、浴室

- 화장실 [화장실] hwa-jang-sil
  名. お手洗い

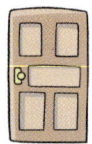
- 문 [문] mun
  名. ドア

- 창문 [창문] chang-mun
  名. 窓

- 마당 [마당] ma-dang
  名. 庭

- 정원 [정원] jeong-won
  名. 庭、庭園

- 현관 [현관] hyeon-gwan
  名. 玄関

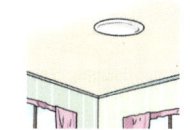
□ 천장 [천장] cheon-jang
名. 天井

□ 벽 [벽] byeok
名. 壁

□ 바닥 [바닥] ba-dak
= 마루 [마루] ma-ru
名. 床

□ 다락 [다락] da-rak
名. 屋根裏部屋

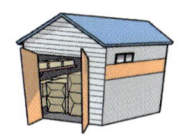
□ 창고 [창고] chang-go
名. 倉庫

□ 지하실 [지하실] ji-ha-sil
名. 地下室

□ 차고 [차고] cha-go
名. 車庫、ガレージ

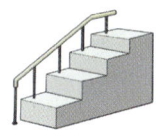
□ 계단 [계단/게단]
gye-dan/ge-dan
名. 階段

□ 엘리베이터 [엘리베이터]
el-ri-be-i-teo
名. エレベーター

□ 가구 [가구] ga-gu
名. 家具

□ 침대 [침:대] chim-dae
名. ベッド

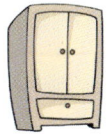
□ 옷장 [옫짱] ot-jjang
名. タンス

125

☐ 의자 [의자] ui-ja
名. 椅子

☐ 소파 [소파] so-pa
名. ソファー

☐ 탁자 [탁짜] tak-jja
名. テーブル

☐ 텔레비전 [텔레비전]
tel-re-bi-jeon
名. テレビ

☐ 책상 [책쌍] chaek-ssang
名. 机

☐ 책장 [책짱] chaek-jjang
名. 本棚

☐ 전기 레인지 [전기 레인지]
jeon-gi re-in-ji
IH調理器

☐ 전자레인지 [전자레인지]
jeon-ja-re-in-ji
名. 電子レンジ

☐ 오븐 [오븐] o-beun
名. オーブン

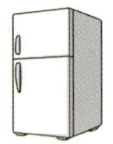
☐ 냉장고 [냉:장고]
naeng-jang-go
名. 冷蔵庫

☐ 믹서 [믹써] mik-sseo
名. ミキサー

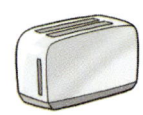
☐ 토스터 [토스터]
to-seu-teo
名. オーブントースター

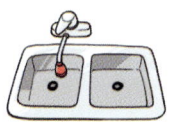
☐ 싱크대 [싱크대]
sing-keu-dae
名. 流し台、シンク

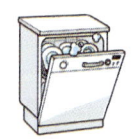
☐ 식기세척기 [식끼세척끼]
sik-ggi-se-cheok-ggi
名. 食洗機

☐ 세면대 [세:면대]
se-myeon-dae
名. 洗面台

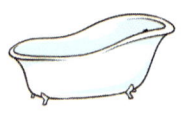
☐ 욕조 [욕쪼] yok-jjo
名. 風呂

☐ 샤워기 [샤워기] sya-wo-gi
名. シャワー

☐ 수도꼭지 [수도꼭찌]
su-do-ggok-jji
名. 蛇口

☐ 변기 [변기] byeon-gi
名. 便器

☐ 쓰레기통 [쓰레기통] sseu-re-gi-tong
= 휴지통 [휴지통] hyu-ji-tong
名. ごみ箱

☐ 청소 [청소] cheong-so
名. 掃除

☐ 청소기 [청소기]
cheong-so-gi
名. 掃除機

☐ 세탁기 [세:탁끼]
se-tak-ggi
名. 洗濯機

ユニット 10. 家

ユニット 10. 家

- **집** [집] jip 名. **家**
  - **가정** [가정] ga-jeong 名. **家庭**

  집 청소하는 것 좀 도와줘요.
  jip cheong-so-ha-neun geot jom do-wa-jwo-yo
  家の掃除をするのを手伝ってくれますか。

- **방** [방] bang 名. **部屋**
  - **안방** [안빵] an-bbang 名. **奥の間**
  - **작은방** [자근방] ja-geun-bang 名. **小座敷、小部屋**
  - **침실** [침:실] chim-sil 名. **寝室**

- **서재** [서재] seo-jae 名. **書斎**

- **거실** [거실] geo-sil 名. **リビング**

- **부엌** [부억] bu-eok 名. **台所、キッチン**
  = **주방** [주방] ju-bang

- **식당** [식땅] sik-ddang 名. **ダイニング、食堂**

- **욕실** [욕씰] yok-ssil 名. **風呂場、浴室**
  - **화장실** [화장실] hwa-jang-sil 名. **お手洗い**

  화장실은 어디예요?
  hwa-jang-si-reun eo-di-ye-yo?
  お手洗いはどこですか。

- **문** [문] mun 名. **ドア**
  - **열다** [열:다] yeol-da 動. **開ける**
  - **닫다** [닫따] dat-dda 動. **閉める**

  문을 열어 주세요.
  mu-neul yeo-reo ju-se-yo
  ドアを開けてください。

- ☐ **창문** [창문] chang-mun 名. 窓
  - ☐ **커튼** [커튼] keo-teun 名. カーテン
- ☐ **발코니** [발코니] bal-ko-ni 名. バルコニー
  - ☐ **베란다** [베란다] be-ran-da 名. ベランダ
- ☐ **마당** [마당] ma-dang 名. 庭
- ☐ **정원** [정원] jeong-won 名. 庭、庭園
  - = **뜰** [뜰] ddeul
  - ☐ **텃밭** [터빧/턷빧] teo-bbat/tteot-bbat 名. 家庭菜園
- ☐ **울타리** [울타리] ul-ta-ri 名. フェンス
- ☐ **현관** [현관] hyeon-gwan 名. 玄関
  - ☐ **초인종** [초인종] cho-in-jong 名. 玄関チャイム
- ☐ **열쇠** [열:쐬/열:쒜] yeol-ssoe/yeol-sswe 名. 鍵
  - ☐ **자물쇠** [자물쐬/자물쒜] ja-mul-ssoe/ja-mul-sswe 名. 錠、ロック

  내 열쇠는 어디 있어요?
  nae yeol-ssoe-neun eo-di i-sseo-yo?
  私の鍵はどこにありますか。

- ☐ **천장** [천장] cheon-jang 名. 天井
- ☐ **벽** [벽] byeok 名. 壁
- ☐ **바닥** [바닥] ba-dak 名. 床
  - = **마루** [마루] ma-ru
  - ☐ **온돌** [온돌] on-dol 名. オンドル

    tip. 「온돌」は火、または湯や電気などで床を暖める装置です。

- ☐ **다락** [다락] da-rak 名. 屋根裏部屋

ユニット 10. 家

- 창고 [창고] chang-go 名. 倉庫
  - 지하실 [지하실] ji-ha-sil 名. 地下室
- 차고 [차고] cha-go 名. 車庫、ガレージ
  - 주차장 [주:차장] ju-cha-jang 名. 駐車場
- 층 [층] cheung 名. 階
  - 계단 [계단/게단] gye-dan/ge-dan 名. 階段
- 엘리베이터 [엘리베이터] el-ri-be-i-teo 名. エレベーター
  = 승강기 [승강기] seung-gang-gi
- 지붕 [지붕] ji-bung 名. 屋根
  - 굴뚝 [굴:뚝] gul-dduk 名. 煙突
- 가구 [가구] ga-gu 名. 家具
- 침대 [침:대] chim-dae 名. ベッド
- 옷장 [옫짱] ot-jjang 名. タンス
  - 벽장 [벽짱] byeok-jjang 名. 押し入れ
  - 붙박이장 [붇빠기장] but-bba-gi-jang 名. 作り付の戸棚
  - 옷걸이 [옫꺼리] ot-ggeo-ri 名. ハンガー
- 서랍장 [서랍짱] seo-rap-jjang 名. タンス、チェスト
  - 서랍 [서랍] seo-rap 名. 引き出し
- 의자 [의자] ui-ja 名. 椅子
  - 안락의자 [알라긔자/알라기자] al-ra-gui-ja/al-ra-gi-ja
    名. リクライニングチェア
  - 흔들의자 [흔드리자/흔드리자] heun-deu-rui-ja/heun-deu-ri-ja
    名. ゆりいす、ロッキングチェア

- ☐ 소파 [소파] so-pa 名. ソファー

    소파에 앉으세요.
    so-pa-e an-jeu-se-yo
    ソファーにお座りください。

- ☐ 탁자 [탁짜] tak-jja 名. テーブル
    = 테이블 [테이블] te-i-beul

- ☐ 식탁 [식탁] sik-tak 名. 食卓

- ☐ 화장대 [화장대] hwa-jang-dae 名. 化粧台

- ☐ 거울 [거울] geo-ul 名. 鏡

- ☐ 전등 [전:등] jeon-deung 名. 電灯

- ☐ 텔레비전 [텔레비전] tel-re-bi-jeon 名. テレビ
    = 티브이 [티브이] ti-beu-i

- ☐ 책상 [책쌍] chaek-ssang 名. 机

- ☐ 책장 [책짱] chaek-jjang 名. 本棚

- ☐ 책꽂이 [책꼬지] chaek-ggo-ji 名. 本立て

- ☐ 장식장 [장식짱] jang-sik-jjang 名. 飾り棚
    - ☐ 진열장 [지:녈짱] ji-nyeol-jjang 名. ショーケース、陳列棚
    - ☐ 선반 [선반] seon-ban 名. 棚

- ☐ 전기 레인지 [전기 레인지] jeon-gi re-in-ji IH調理器
    - ☐ 가스레인지 [가스레인지] ga-seu-re-in-ji 名. ガスレンジ
    - ☐ 전자레인지 [전자레인지] jeon-ja-re-in-ji 名. 電子レンジ

- ☐ 오븐 [오븐] o-beun 名. オーブン

- 냉장고 [냉:장고] naeng-jang-go 名. 冷蔵庫
  - 김치냉장고 [김치냉:장고] gim-chi-naeng-jang-go 名. キムチ用冷蔵庫
  - 냉동고 [냉:동고] naeng-dong-go 名. 冷凍庫
- 믹서 [믹써] mik-sseo 名. ミキサー
- 토스터 [토스터] to-seu-teo 名. オーブントースター
- 싱크대 [싱크대] sing-keu-dae 名. 流し台
  - = 개수대 [개수대] gae-su-dae
  - 수세미 [수세미] su-se-mi 名. たわし
  - 행주 [행주] haeng-ju 名. ふきん
- 식기세척기 [식끼세척끼] sik-ggi-se-cheok-ggi 名. 食洗機
- 욕조 [욕쪼] yok-jjo 名. 風呂
- 샤워기 [샤워기] sya-wo-gi 名. シャワー
- 세면대 [세:면대] se-myeon-dae 名. 洗面台
  - 수도꼭지 [수도꼭찌] su-do-ggok-jji 名. 蛇口
- 변기 [변기] byeon-gi 名. 便器
- 쓰레기통 [쓰레기통] sseu-re-gi-tong 名. ごみ箱
  - = 휴지통 [휴지통] hyu-ji-tong
- 청소 [청소] cheong-so 名. 掃除
  - 청소기 [청소기] cheong-so-gi 名. 掃除機
  - 진공청소기 [진공청소기] jin-gong-cheong-so-gi 名. 真空掃除機
- 빗자루 [비짜루/빋짜루] bi-jja-ru/bit-jja-ru 名. ほうき
  - = 비 [비] bi

- ☐ 쓰레받기 [쓰레받끼] sseu-re-bat-ggi 名. ちり取り

- ☐ 걸레 [걸레] geol-re 名. 雑巾
  - ☐ 걸레질 [걸레질] geol-re-jil 名. 雑巾がけ

- ☐ 빨래 [빨래] bbal-rae 名. 洗濯物
  - = 세탁 [세:탁] se-tak
  - ☐ 세탁기 [세:탁끼] se-tak-ggi 名. 洗濯機

- ☐ 의류 건조기 [의류 건조기]
  ui-ryu geon-jo-gi 衣類乾燥機

- ☐ 공기 청정기 [공기 청정기]
  gong-gi cheong-jeong-gi 空気清浄機

#10 お皿洗い

有益な会話

キム・ミナ 준서야, 설거지 좀 도와줄 수 있어?
jun-seo-ya, seol-geo-ji jom do-wa-jul ssu i-sseo?
ジュンソくん、お皿洗い、手伝ってくれる?

イ・ジュンソ 싫은데! 오늘 내가 방 전체를 청소했다고.
si-reun-de! o-neul nae-ga bang jeon-che-reul cheong-so-haet-dda-go
嫌だよ!今日僕、お部屋全部を掃除したよ。

キム・ミナ 그런데, 내가 지금 나가야 되거든.
geu-reon-de, nae-ga ji-geum na-ga-ya doe-geo-deun
でも、私が今出かけなきゃいけないの。

イ・ジュンソ 알겠어, 하지만 이번 한 번뿐이야.
al-ge-sseo, ha-ji-man i-beon han beon-bbu-ni-ya
わかった。でも、今回一度だけだよ。

ユニット 11.
服 옷 ot

☐ 옷 [옫] ot
名. 服

☐ 입다 [입따] ip-dda
動. 着る

☐ 쓰다 [쓰다] sseu-da
動. 被る

☐ 한복 [한:복] han-bok
名. ハンボク、チマチョゴリ

☐ 양복 [양복] yang-bok
名. 洋服、スーツ

☐ 바지 [바지] ba-ji
名. ズボン

☐ 반바지 [반:바지] ban-ba-ji
名. 半ズボン

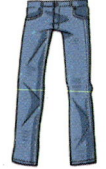
☐ 청바지 [청바지] cheong-ba-ji
名. ジーンズ

☐ 치마 [치마] chi-ma
名. スカート

☐ 셔츠 [셔츠] syeo-cheu
名. シャツ

☐ 티셔츠 [티셔츠] ti-syeo-cheu
名. Tシャツ

☐ 와이셔츠 [와이셔츠] wa-i-syeo-cheu
名. Yシャツ

ユニット 11. 服

□ 블라우스 [블라우스]
beul-ra-u-seu
名. ブラウス

□ 스웨터 [스웨터]
seu-we-teo
名. セーター

□ 카디건 [카디건]
ka-di-geon
名. カーディガン

□ 조끼 [조끼] jo-ggi
名. チョッキ、ベスト

□ 재킷 [재킫] jae-kit
名. ジャケット

□ 점퍼 [점퍼] jeom-peo
名. ジャンパー

□ 패딩 점퍼 [패딩 점퍼]
pae-ding jeom-peo
ダウンジャケット

□ 외투 [외ː투/웨ː투]
oe-tu/we-tu
名. コート

□ 속옷 [소ː곧] so-got
名. インナー、下着

□ 잠옷 [자몯] ja-mot
名. 寝巻き

□ 비옷 [비옫] bi-ot
名. レインコート

□ 운동복 [운ː동복]
un-dong-bok
名. スポーツウェア、体操服、ジャージ

☐ 목도리 [목또리]
mok-ddo-ri
名. マフラー

☐ 스카프 [스카프]
seu-ka-peu
名. スカーフ

☐ 숄 [숄] syol
名. ショール

☐ 멜빵 [멜·빵]
mel-bbang
名. サスペンダー

☐ 허리띠 [허리띠]
heo-ri-ddi
名. ベルト

☐ 장갑 [장:갑] jang-gap
名. 手袋

☐ 모자 [모자] mo-ja
名. 帽子、キャップ

☐ 넥타이 [넥타이]
nek-ta-i
名. ネクタイ

☐ 양말 [양말] yang-mal
名. 靴下

☐ 신발 [신발] sin-bal
名. 靴、革靴

☐ 구두 [구두] gu-du
名. 靴

☐ 운동화 [운:동화]
un-dong-hwa
名. 運動靴、スニーカー

ユニット 11. 服

☐ 부츠 [부츠] bu-cheu
名. ブーツ

☐ 샌들 [샌들] saen-deul
名. サンダル

☐ 슬리퍼 [슬리퍼]
seul-ri-peo
名. スリッパ

☐ 실내화 [실래화]
sil-rae-hwa
名. スリッパ、上履き

☐ 안경 [안ː경] an-gyeong
名. 眼鏡

☐ 가방 [가방] ga-bang
名. かばん

☐ 핸드백 [핸드백]
haen-deu-baek
名. ハンドバッグ

☐ 배낭 [배ː낭] bae-nang
名. リュックサック

☐ 트렁크 [트렁크]
teu-reong-keu
名. スーツケース

☐ 지갑 [지갑] ji-gap
名. 財布

☐ 목걸이 [목꺼리]
mok-ggeo-ri
名. ネックレス

☐ 반지 [반지] ban-ji
名. 指輪

ユニット 11. 服

- **옷** [옫] ot 名. **服**
  - **의류** [의류] ui-ryu 名. **衣類**

  그는 검은색 옷만 입어요.
  geu-neun geo-meun-saek on-man i-beo-yo
  彼は黒い服しか着ません。

- **입다** [입따] ip-dda 動. **着る**
  - **걸치다** [걸:치다] geol-chi-da 動. **まとう**
  - **쓰다** [쓰다] sseu-da 動. **被る**
  - **신다** [신:따] sin-dda 動. **履く**

  오늘 뭘 입으면 좋을까요?
  o-neul mwol i-beu-myeon jo-eul-gga-yo?
  今日、何を着ればいいですか。

- **한복** [한:복] han-bok 名. **ハンボク、チマチョゴリ**

  tip. 男性の「한복」は「바지」と「저고리」で、
  女性の「한복」は「치마」と「저고리」で構成されます。

  - **저고리** [저고리] jeo-go-ri 名. **チョゴリ**

    tip. 男性の「チョゴリ」は女性の「チョゴリ」より長いです。

  - **마고자** [마고자] ma-go-ja 名. **マゴジャ**

    tip. 「마고자」はチョゴリの上に重ねて着る襟のない防寒用の上着です。

  - **배자** [배:자] bae-ja 名. **ベジャ**

    tip. 「배자」はチョゴリの上に重ねて着るそでなしの短衣です。

  - **두루마기** [두루마기] du-ru-ma-gi 名. **トゥルマギ**

    tip. 「두루마기」は外套のような韓国特有の着物です。
    tip. 寒い時は「마고자、배자、두루마기」を羽織ります。

- **양복** [양복] yang-bok 名. **洋服、スーツ**

- ☐ 바지 [바지] ba-ji 名. ズボン
  - ☐ 반바지 [반:바지] ban-ba-ji 名. 半ズボン
- ☐ 청바지 [청바지] cheong-ba-ji 名. ジーンズ
- ☐ 치마 [치마] chi-ma 名. スカート
  - = 스커트 [스커트] seu-keo-teu
- ☐ 미니스커트 [미니스커트] mi-ni-seu-keo-teu 名. ミニスカート
  - = 짧은 치마 [짤븐 치마] jjal-beun chi-ma
- ☐ 원피스 [원피스] won-pi-seu 名. ワンピース
- ☐ 투피스 [투피스] tu-pi-seu 名. ツーピース
- ☐ 셔츠 [셔츠] syeo-cheu 名. シャツ
  - ☐ 티셔츠 [티셔츠] ti-syeo-cheu 名. Tシャツ
  - ☐ 와이셔츠 [와이셔츠] wa-i-syeo-cheu 名. Yシャツ
  - ☐ 폴로셔츠 [폴로셔츠] pol-ro-syeo-cheu 名. ポロシャツ
- ☐ 블라우스 [블라우스] beul-ra-u-seu 名. ブラウス
- ☐ 스웨터 [스웨터] seu-we-teo 名. セーター
  - ☐ 니트 [니트] ni-teu 名. ニット
- ☐ 카디건 [카디건] ka-di-geon 名. カーディガン
- ☐ 조끼 [조끼] jo-ggi 名. チョッキ、ベスト
- ☐ 재킷 [재킨] jae-kit 名. ジャケット
- ☐ 점퍼 [점퍼] jeom-peo 名. ジャンパー
  - = 잠바 [잠바] jam-ba
  - ☐ 패딩 점퍼 [패딩 점퍼] pae-ding jeom-peo ダウンジャケット

ユニット 11. 服

□ **외투** [외:투/웨:투] oe-tu/we-tu 名. コート

= **코트** [코트] ko-teu

= **겉옷** [거돋] geo-dot

□ **반코트** [반:코트] ban-ko-teu 名. ハーフコート

겨울을 맞아 코트를 한 벌 샀어요.
gyeo-u-reul ma-ja ko-teu-reul han beol sa-sseo-yo
冬になってコートを一着買いました。

□ **속옷** [소:곧] so-got 名. インナー、下着

= **내의** [내:의/내:이] nae-ui/nae-i

= **내복** [내:복] nae-bok

□ **팬티** [팬티] paen-ti 名. パンツ、ブリーフ

□ **러닝셔츠** [러닝셔츠] reo-ning-syeo-cheu 名. ランニングシャツ

= **러닝** [러닝] reo-ning

= **런닝** [런닝] reon-ning

tip. 一部の人は「난닝구[nan-ning-gu]」と言いますが、これは「キョンサンド」の方言です。

□ **란제리** [란제리] ran-je-ri 名. ランジェリー

□ **브래지어** [브래지어] beu-rae-ji-eo 名. ブラジャー

□ **잠옷** [자몯] ja-mot 名. 寝巻き

□ **우비** [우:비] u-bi 名. 雨具

□ **비옷** [비옫] bi-ot 名. レインコート

= **우의** [우:의/우:이] u-ui/u-i

= **레인코트** [레인코트] re-in-ko-teu

비옷 챙기는 거 잊지 마세요.
bi-ot chaeng-gi-neun geo it-jji ma-se-yo
レインコートを持ってくるのを忘れないでください。

- 운동복 [운ː동복] un-dong-bok 名. スポーツウェア、体操服、ジャージ
  - = 체육복 [체육뽁] che-yuk-bbok
  - = 추리닝 [추리닝] chu-ri-ning
- 수영복 [수영복] su-yeong-bok 名. 水着
  - 비키니 [비키니] bi-ki-ni 名. ビキニ
- 장화 [장화] jang-hwa 名. 長靴
- 목도리 [목또리] mok-ddo-ri 名. マフラー
  - = 머플러 [머플러] meo-peul-reo
- 스카프 [스카프] seu-ka-peu 名. スカーフ
  - 숄 [숄] syol 名. ショール
- 멜빵 [멜ː빵] mel-bbang 名. サスペンダー
- 허리띠 [허리띠] heo-ri-ddi 名. ベルト
  - = 벨트 [벨트] bel-teu
- 장갑 [장ː갑] jang-gap 名. 手袋
  - 벙어리장갑 [벙어리장갑] beong-eo-ri-jang-gap 名. ミトン手袋
- 모자 [모자] mo-ja 名. 帽子、キャップ
- 귀마개 [귀마개] gwi-ma-gae 名. みみあて、イヤーマフ
- 넥타이 [넥타이] nek-ta-i 名. ネクタイ
  - 나비넥타이 [나비넥타이] na-bi-nek-ta-i 名. 蝶ネクタイ、ボウタイ
- 양말 [양말] yang-mal 名. 靴下
- 스타킹 [스타킹] seu-ta-king 名. ストッキング
  - 레깅스 [레깅스] re-ging-seu 名. レギンス

- 신발 [신발] sin-bal 名. 靴、革靴
  - = 신 [신] sin

- 구두 [구두] gu-du 名. 靴

- 운동화 [운:동화] un-dong-hwa 名. 運動靴、スニーカー

- 부츠 [부츠] bu-cheu 名. ブーツ

- 하이힐 [하이힐] ha-i-hil 名. ハイヒール

- 단화 [단:화] dan-hwa 名. ローファー

- 샌들 [샌들] saen-deul 名. サンダル

- 가락 신 [가락 신] ga-rak sin 草履   tip. 実は韓国人は「가락 신」と言わないで、「쪼리[jjo-ri]」と言います。「쪼리」は砕けた言い方です。

- 슬리퍼 [슬리퍼] seul-ri-peo 名. スリッパ

- 실내화 [실래화] sil-rae-hwa 名. スリッパ、上履き

- 고무신 [고무신] go-mu-sin 名. ゴム靴

- 안경 [안:경] an-gyeong 名. 眼鏡
  - □ 선글라스 [선글라스] seon-geul-ra-seu 名. サングラス
    - = 색안경 [새간경] sae-gan-gyeong
  - □ 콘택트렌즈 [콘택트렌즈] kon-taek-teu-ren-jeu 名. コンタクトレンズ、コンタクト

- 가방 [가방] ga-bang 名. かばん
  - □ 핸드백 [핸드백] haen-deu-baek 名. ハンドバッグ
  - □ 숄더백 [숄더백] syol-deo-baek 名. ショルダーバッグ

- 배낭 [배:낭] bae-nang 名. リュックサック
  - □ 책가방 [책까방] chak-gga-bang 名. 通学かばん

- 트렁크 [트렁크] teu-reong-keu 名. スーツケース

  tip. 「트렁크」はスーツケースと車の後部を意味します。

- 지갑 [지갑] ji-gap 名. 財布

  최근에 지갑을 잃어버렸어요.
  choe-geu-ne ji-ga-beul i-reo-beo-ryeo-sseo-yo
  最近、財布をなくしました。

- 액세서리 [액쎄서리] aek-sse-seo-ri 名. アクセサリー
  - = 장신구 [장신구] jang-sin-gu
  - 목걸이 [목꺼리] mok-ggeo-ri 名. ネックレス
  - 팔찌 [팔찌] pal-jji 名. ブレスレット
  - 귀걸이 [귀거리] gwi-geo-ri 名. ピアス、イヤリング
  - 반지 [반지] ban-ji 名. 指輪
  - 브로치 [브로치] beu-ro-chi 名. ブローチ

- 머리핀 [머리핀] meo-ri-pin 名. ヘアピン
  - 머리띠 [머리띠] meo-ri-ddi 名. ヘアバンド

- 옷깃 [옫낃] ot-ggit 名. 襟
  - = 칼라 [칼라] kal-ra

- 터틀넥 [터틀넥] teo-teul-nek 名. タートルネック
  - 브이넥 [브이넥] beu-i-nek 名. Vネック

- 소매 [소매] so-mae 名. 袖
  - 긴소매 [긴:소매] gin-so-mae 名. 長袖
  - = 긴팔 [긴:팔] gin-pal
  - 반소매 [반:소매] ban-so-mae 名. 半袖
  - = 반팔 [반:팔] ban-pal
  - 민소매 [민소매] min-so-mae 名. 袖なし、ノースリーブ

ユニット 11. 服

- ☐ **호주머니** [호주머니] ho-ju-meo-ni 名. ポケット
    - = **주머니** [주머니] ju-meo-ni
- ☐ **지퍼** [지퍼] ji-peo 名. ファスナー
- ☐ **단추** [단추] dan-chu 名. ボタン
    - ☐ **단춧구멍** [단추꾸멍/단춛꾸멍] dan-chu-ggu-meong/dan-chut-ggu-meong 名. ボタン穴
- ☐ **천** [천:] cheon 名. 布
    - = **옷감** [옫깜] ot-ggam
- ☐ **면** [면] myeon 名. 綿、コットン
- ☐ **비단** [비:단] bi-dan 名. シルク
    - = **실크** [실크] sil-keu
- ☐ **삼베** [삼베] sam-be 名. 麻布
    - ☐ **모시** [모시] mo-si 名. 苧麻
- ☐ **모직** [모직] mo-jik 名. ウール
- ☐ **가죽** [가죽] ga-juk 名. 革
- ☐ **합성 섬유** [합썽 서뮤] hap-sseong seo-myu 合成繊維
- ☐ **줄무늬** [줄무니] jul-mu-ni 名. ストライプ
    - ☐ **체크무늬** [체크무니] che-keu-mu-ni 名. チェック柄
    - ☐ **격자무늬** [격짜무니] gyeok-jja-mu-ni 名. 格子縞
    - ☐ **꽃무늬** [꼰무니] ggon-mu-ni 名. 花柄
    - ☐ **물방울무늬** [물빵울무니] mul-bbang-ul-mu-ni 名. 水玉模様
    - ☐ **민무늬** [민무니] min-mu-ni 名. 無地

☐ **유행** [유행] yu-haeng 名. 流行

그녀는 최신 유행 옷만 입어요.
geu-nyeo-neun choe-sin yu-haeng on-man i-beo-yo
彼女は最新の流行の服しか着ません。

☐ **세련되다** [세:련되다/세:련뒈다] se-ryeon-doe-da/se-ryeon-dwe-da 形. オシャレだ

세련되어 보이는데요.
se-ryeon-doe-eo bo-i-neun-de-yo
オシャレに見えますが。

☐ **촌스럽다** [촌:쓰럽따] chon-sseu-reop-dda
形. 田舎臭い

#11 手袋

有益な会話

イ・ジュンソ 생일 선물로 뭐 받고 싶어?
saeng-il seon-mul-ro mwo bat-ggo si-peo?
誕生日のプレゼントに何が欲しいの？

チェ・ジフン 장갑이 필요해. 내 걸 잃어버렸거든.
jang-ga-bi pi-ryo-hae. nae geol i-reo-beo-ryeot-ggeo-deun
手袋が欲しいな。私のをなくしちゃったんだよ。

イ・ジュンソ 아, 그래? 지금 쇼핑하러 가자.
a, geu-rae? ji-geum syo-ping-ha-reo ga-ja
あ、そうなの？今買い物に出かけましょう。

チェ・ジフン 정말? 그럼 스웨터도 사야겠네.
jeong-mal? geu-reom seu-we-teo-do sa-ya-gen-ne
本当？それじゃあ、セーターも買わなくちゃ。

ユニット 12.
食べ物 음식 eum-sik

□ 음식 [음:식] eum-sik
名. 食べ物

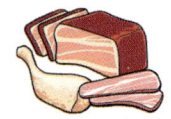
□ 고기 [고기] go-gi
名. 肉

□ 소고기 [소고기] so-go-gi
名. 牛肉

□ 돼지고기 [돼:지고기] dwae-ji-go-gi
名. 豚肉

□ 닭고기 [닥꼬기] dak-ggo-gi
名. 鶏肉

□ 양고기 [양고기] yang-go-gi
名. 羊肉

□ 해산물 [해:산물] hae-san-mul
= 해물 [해:물] hae-mul
名. 海産物

□ 생선 [생선] saeng-seon
名. 魚

□ 오징어 [오징어] o-jing-eo
名. イカ

□ 새우 [새우] sae-u
名. エビ

□ 전복 [전복] jeon-bok
名. アワビ

□ 김 [김:] gim
名. 海苔

☐ 쌀 [쌀] ssal 名. 米

☐ 밥 [밥] bap 名. ご飯

☐ 콩 [콩] kong

名. 豆

☐ 옥수수 [옥쑤수] ok-ssu-su

名. とうもろこし

☐ 채소 [채:소] chae-so
= 야채 [야:채] ya-chae
名. 野菜

☐ 오이 [오이] o-i

名. きゅうり

☐ 당근 [당근] dang-geun

名. にんじん

☐ 감자 [감자] gam-ja

名. じゃがいも

☐ 배추 [배:추] bae-chu

名. 白菜

☐ 양배추 [양배추] yang-bae-chu

名. キャベツ

☐ 상추 [상추] sang-chu

名. レタス

☐ 무 [무:] mu

名. 大根

☐ 고추 [고추] go-chu

名. 唐辛子

☐ 파 [파] pa

名. 長ねぎ

☐ 양파 [양파] yang-pa

名. 玉ねぎ

☐ 마늘 [마늘] ma-neul

名. にんにく

ユニット 12. 食べ物

147

☐ 과일 [과:일] gwa-il
名. 果物

☐ 딸기 [딸:기] ddal-gi
名. いちご

☐ 사과 [사과] sa-gwa
名. りんご

☐ 배 [배] bae
名. 梨

☐ 오렌지 [오렌지] o-ren-ji
名. オレンジ

☐ 귤 [귤] gyul
名. みかん

☐ 레몬 [레몬] re-mon
名. レモン

☐ 포도 [포도] po-do
名. ぶどう

☐ 바나나 [바나나] ba-na-na
名. バナナ

☐ 수박 [수:박] su-bak
名. すいか

☐ 파인애플 [파이내플] pa-i-nae-peul
名. パイナップル

☐ 복숭아 [복쑹아] bok-ssung-a
名. もも

☐ 음료 [음:뇨] eum-nyo
名. 飲み物

☐ 물 [물] mul 名. 水

☐ 식수 [식쑤] sik-ssu
名. お水

☐ 우유 [우유] u-yu
名. 牛乳

ユニット 12. 食べ物

□ 양념 [양념] yang-nyeom
名. 味付け

□ 소스 [소스] so-seu
名. ソース

□ 소금 [소금] so-geum
名. 塩

□ 설탕 [설탕] seol-tang
名. 砂糖

□ 후추 [후추] hu-chu
名. 胡椒

□ 간장 [간장] gan-jang
名. 醤油

□ 된장 [된:장/됀:장]
doen-jang/dwen-jang
名. 味噌

□ 고추장 [고추장]
go-chu-jang
名. コチュジャン

□ 식용유 [시굥뉴]
si-gyong-nyu
名. サラダ油

□ 볶다 [복따] bok-dda
動. 炒める、煎る

□ 튀기다 [튀기다] twi-gi-da
動. 揚げる

□ 굽다 [굽:따] gup-dda
動. 焼く

□ 냄비 [냄비] naem-bi
名. 鍋

□ 프라이팬 [프라이팬]
peu-ra-i-paen
名. フライパン

□ 그릇 [그륻] geu-reut
= 사발 [사발] sa-bal
名. 器

ユニット 12. 食べ物

- **음식** [음:식] eum-sik 名. **食べ物**

- **식사** [식싸] sik-ssa 名. **食事**
  - = **끼니** [끼니] ggi-ni

  간단하게 식사하고 싶은데요.
  gan-dan-ha-ge sik-ssa-ha-go si-peun-de-yo
  簡単に食事をしたいですが。

- **먹다** [먹따] meok-dda 動. **食べる**

- **요리** [요리] yo-ri 名. **料理**
  - **요리하다** [요리하다] yo-ri-ha-da 動. **料理する**
  - = **조리하다** [조리하다] jo-ri-ha-da

  나는 요리하는 것을 아주 좋아해요.
  na-neun yo-ri-ha-neun geo-seul a-ju jo-a-hae-yo
  私は料理することが大好きです。

- **고기** [고기] go-gi 名. **肉**
  - **소고기** [소고기] so-go-gi 名. **牛肉**
  - **돼지고기** [돼:지고기] dwae-ji-go-gi 名. **豚肉**
  - **닭고기** [닥꼬기] dak-ggo-gi 名. **鶏肉**
  - **양고기** [양고기] yang-go-gi 名. **羊肉**
  - **오리고기** [오:리고기] o-ri-go-gi 名. **鴨肉**

- **해산물** [해:산물] hae-san-mul 名. **海産物**
  - = **해물** [해:물] hae-mul

- **생선** [생선] saeng-seon 名. **魚**

  tip. 「생선」は食べ物としての魚で、「물고기[물꼬기 mul-ggo-gi]」は動物としての魚です。

  식사는 소고기와 생선 중 무엇으로 하시겠어요?
  sik-ssa-neun so-go-gi-wa saeng-seon jung mu-e-seu-ro ha-si-ge-sseo-yo?
  食事は牛肉と魚とどちらになさいますか。

ユニット12. 食べ物

- 멸치 [멸치] myeol-chi 名. 小魚、しらす
- 연어 [여너] yeo-neo 名. 鮭
- 참다랑어 [참다랑어] cham-da-rang-eo 名. マグロ
  = 참치 [참치] cham-chi
- 고등어 [고등어] go-deung-eo 名. 鯖
- 갈치 [갈치] gal-chi 名. 太刀魚
- 대구 [대구] dae-gu 名. 鱈
- 도미 [도:미] do-mi 名. 鯛
- 오징어 [오징어] o-jing-eo 名. イカ
- 문어 [무너] mu-neo 名. タコ
- 새우 [새우] sae-u 名. エビ
- 게 [게:] ge 名. カニ
  - 꽃게 [꼳께] ggot-gge 名. ワタリガニ
- 가재 [가:재] ga-jae 名. ザリガニ
  - 바닷가재 [바다까재/바닫까재] ba-da-gga-jae/ba-dat-gga-jae 名. ロブスター
  = 랍스터 [랍쓰터] rap-sseu-teo
- 조개 [조개] jo-gae 名. 貝
- 굴 [굴] gul 名. 牡蠣
- 전복 [전복] jeon-bok 名. アワビ
- 홍합 [홍합] hong-hap 名. ムール貝
- 꼬막 [꼬막] ggo-mak 名. ハイガイ

- 김 [김ː] gim 名. 海苔

- 곡물 [공물] gong-mul 名. 穀物

- 쌀 [쌀] ssal 名. 米

  - 밥 [밥] bap 名. ご飯 ●⸺⸺⸺→ **tip.** 「쌀」は韓国の主食ですが、「밥」は炊いたお米を指します。

    밥 더 줄까요?
    bap deo jul-gga-yo?
    ご飯のおかわりはいかがですか。

- 찹쌀 [찹쌀] chap-ssal 名. もち米

- 보리 [보리] bo-ri 名. 麦

- 콩 [콩] kong 名. 豆

  - 대두 [대ː두] dae-du 名. 大豆
  - 완두콩 [완두콩] wan-du-kong 名. エンドウ豆
  - 강낭콩 [강낭콩] gang-nang-kong 名. インゲン豆

- 팥 [팓] pat 名. 小豆

- 옥수수 [옥쑤수] ok-ssu-su 名. とうもろこし

- 채소 [채ː소] chae-so 名. 野菜

  = 야채 [야ː채] ya-chae

- 시금치 [시금치] si-geum-chi 名. ほうれん草

- 오이 [오이] o-i 名. きゅうり

- 당근 [당근] dang-geun 名. にんじん

- 감자 [감자] gam-ja 名. じゃがいも

  - 고구마 [고ː구마] go-gu-ma 名. さつまいも

- ☐ 배추 [배:추] bae-chu 名. 白菜
- ☐ 양배추 [양배추] yang-bae-chu 名. キャベツ
- ☐ 상추 [상추] sang-chu 名. レタス
- ☐ 깻잎 [깬닙] ggaen-nip 名. えごまの葉
- ☐ 무 [무:] mu 名. 大根
- ☐ 고추 [고추] go-chu 名. 唐辛子
- ☐ 피망 [피망] pi-mang 名. ピーマン
- ☐ 파프리카 [파프리카] pa-peu-ri-ka 名. パプリカ
- ☐ 가지 [가지] ga-ji 名. 茄子
- ☐ 호박 [호:박] ho-bak 名. カボチャ
  - ☐ 애호박 [애호박] ae-ho-bak 名. ズッキーニ
- ☐ 토마토 [토마토] to-ma-to 名. トマト
- ☐ 브로콜리 [브로콜리] beu-ro-kol-ri 名. ブロッコリー
- ☐ 콩나물 [콩나물] kong-na-mul 名. 豆もやし
  - ☐ 숙주나물 [숙쭈나물] suk-jju-na-mul 名. もやし
- ☐ 고사리 [고사리] go-sa-ri 名. わらび
- ☐ 파 [파] pa 名. 長ねぎ
- ☐ 양파 [양파] yang-pa 名. 玉ねぎ
- ☐ 마늘 [마늘] ma-neul 名. にんにく
- ☐ 생강 [생강] saeng-gang 名. 生姜

ユニット 12. 食べ物

- 과일 [과:일] gwa-il 名. 果物

- 딸기 [딸:기] ddal-gi 名. いちご
  - 산딸기 [산딸기] san-ddal-gi 名. ラズベリー
  - 블루베리 [블루베리] beul-ru-be-ri 名. ブルーベリー

- 사과 [사과] sa-gwa 名. りんご

- 배 [배] bae 名. 梨

- 오렌지 [오렌지] o-ren-ji 名. オレンジ

- 귤 [귤] gyul 名. みかん
  = 밀감 [밀감] mil-gam

- 감 [감:] gam 名. 柿
  - 홍시 [홍시] hong-si 名. 熟柿

- 레몬 [레몬] re-mon 名. レモン

- 포도 [포도] po-do 名. ぶどう

- 바나나 [바나나] ba-na-na 名. バナナ

- 수박 [수:박] su-bak 名. すいか

- 참외 [차뫼/차뭬] cha-moe/cha-mwe 名. まくわうり

- 멜론 [멜론] mel-ron 名. メロン

- 파인애플 [파이내플] pa-i-nae-peul 名. パイナップル

- 복숭아 [복쑹아] bok-ssung-a 名. 桃
  - 천도복숭아 [천도복쑹아] cheon-do-bok-ssung-a 名. ネクタリン

- 자두 [자두] ja-du 名. スモモ

ユニット 12. 食べ物

- 살구 [살구] sal-gu 名. あんず
- 앵두 [앵두] aeng-du 名. さくらんぼ
  = 체리 [체리] che-ri
- 망고 [망고] mang-go 名. マンゴー
- 리치 [리치] ri-chi 名. ライチ
- 무화과 [무화과] mu-hwa-gwa 名. いちじく
- 아보카도 [아보카도] a-bo-ka-do 名. アボカド
- 음료 [음:뇨] eum-nyo 名. 飲み物
  = 음료수 [음:뇨수] eum-nyo-su
- 마시다 [마시다] ma-si-da 動. 飲む
- 물 [물] mul 名. 水
  - 식수 [식쑤] sik-ssu 名. 水

  물 조금 더 주시겠어요?
  mul jo-geum deo ju-si-ge-sseo-yo?
  お水をもう少しいただけますか。

- 우유 [우유] u-yu 名. 牛乳
  - 두유 [두유] du-yu 名. 豆乳
- 술 [술] sul 名. お酒
  - 포도주 [포도주] po-do-ju 名. ワイン
  = 와인 [와인] wa-in
  - 맥주 [맥쭈] maek-jju 名. ビール
  - 소주 [소주] so-ju 名. 焼酎
  - 막걸리 [막껄리] mak-ggeol-ri 名. マッコリ

tip.「막걸리」は韓国の伝統的に伝わってきた庶民用の酒です。

- ☐ 탄산음료 [탄:사늠뇨] tan-sa-neum-nyo 名. 炭酸飲料
  - ☐ 콜라 [콜라] kol-ra 名. コーラ
  - ☐ 사이다 [사이다] sa-i-da 名. サイダー
- ☐ 커피 [커피] keo-pi 名. コーヒー

  커피는 나중에 갖다주세요.
  keo-pi-neun na-jung-e gat-dda-ju-se-yo
  コーヒーは食後に持ってきてください。

- ☐ 홍차 [홍차] hong-cha 名. 紅茶
  - ☐ 녹차 [녹차] nok-cha 名. 緑茶
- ☐ 후식 [후:식] hu-sik 名. デザート
  - = 디저트 [디저트] di-jeo-teu
- ☐ 양념 [양념] yang-nyeom 名. 味付け
  - ☐ 소스 [소스] so-seu 名. ソース
  - ☐ 드레싱 [드레싱] deu-re-sing 名. ドレッシング
- ☐ 간장 [간장] gan-jang 名. 醤油
  - ☐ 된장 [된:장/뒌:장] doen-jang/dwen-jang 名. 味噌
  - ☐ 고추장 [고추장] go-chu-jang 名. コチュジャン

  된장은 콩으로 만든 것이에요.
  doen-jang-eun kong-eu-ro man-deun geo-si-e-yo
  味噌は豆で作ったものです。

  tip.「간장、된장、고추장」は豆で作ったものです。これらは韓国の伝統的なソースです。

- ☐ 소금 [소금] so-geum 名. 塩
- ☐ 설탕 [설탕] seol-tang 名. 砂糖
- ☐ 후추 [후추] hu-chu 名. 胡椒
- ☐ 깨소금 [깨소금] ggae-so-geum 名. ゴマ塩

- 식초 [식초] sik-cho 名. 酢
- 식용유 [시공뉴] si-gyong-nyu 名. サラダ油
  - 올리브유 [올리브유] ol-ri-beu-yu 名. オリーブオイル
- 참기름 [참기름] cham-gi-reum 名. ゴマ油
  - 들기름 [들기름] deul-gi-reum 名. エゴマ油
- 버터 [버터] beo-teo 名. バター
- 마요네즈 [마요네즈] ma-yo-ne-jeu 名. マヨネーズ
  - 케첩 [케첩] ke-cheop 名. ケチャップ
  - 꿀 [꿀] ggul 名. 蜂蜜
  - 잼 [잼] jaem 名. ジャム
- 겨자 [겨자] gyeo-ja 名. からし、マスタード
  - 고추냉이 [고추냉이] go-chu-naeng-i 名. わさび
- 요리법 [요리뻡] yo-ri-bbeop 名. レシピ
  = 조리법 [조리뻡] jo-ri-bbeop
  = 레시피 [레시피] re-si-pi
- 다듬다 [다듬따] da-deum-dda 動. 下ごしらえする

  채소 다듬는 것을 도와주세요.
  chae-so da-deum-neun geo-seul do-wa-ju-se-yo
  野菜の下ごしらえを手伝ってください。

- 자르다 [자르다] ja-reu-da 動. 切る
  - 썰다 [썰:다] sseol-da 動. 刻む
  - 다지다 [다지다] da-ji-da 動. みじん切りにする
  - 벗기다 [벋끼다] beot-ggi-da 動. 剥く

ユニット12. 食べ物

- ☐ 섞다 [석따] seok-dda 動. 混ぜる、和える
    - = 버무리다 [버무리다] beo-mu-ri-da
    - = 무치다 [무치다] mu-chi-da ↪ **tip.**「무치다」は「나물[na-mul](食用の草や樹葉、野菜などを煮たり、炒めたり、または生のまま味付けして和えたおかず)」についての動詞です。
        - ☐ 무침 [무침] mu-chim 名. 和え物

- ☐ 볶다 [복따] bok-dda 動. 炒める、煎る
    - ☐ 볶음 [보끔] bo-ggeum 名. 炒め

- ☐ 튀기다 [튀기다] twi-gi-da 動. 揚げる
    - ☐ 튀김 [튀김] twi-gim 名. 揚げ物、天ぷら

- ☐ 굽다 [굽:따] gup-dda 動. 焼く
    - ☐ 구이 [구이] gu-i 名. 焼き物

- ☐ 찌다 [찌다] jji-da 動. 蒸す
    - ☐ 찜 [찜] jjim 名. チム、蒸し物

- ☐ 삶다 [삼:따] sam-dda 動. 煮る

- ☐ 도마 [도마] do-ma 名. まな板

- ☐ 칼 [칼] kal 名. ナイフ
    - ☐ 식칼 [식칼] sik-kal 名. 包丁
    - = 부엌칼 [부억칼] bu-eok-kal
    - ☐ 과일칼 [과:일칼] gwa-il-kal 名. 果物ナイフ
    - = 과도 [과:도] gwa-do

- ☐ 국자 [국짜] guk-jja 名. お玉

- ☐ 밥주걱 [밥쭈걱] bap-jju-geok 名. しゃもじ

- ☐ 뒤집개 [뒤집깨] dwi-jip-ggae 名. へら

- 냄비 [냄비] naem-bi 名. 鍋
  - 솥 [솓] sot 名. 釜
  - 밥솥 [밥쏟] bap-ssot 名. 炊飯器
  - 프라이팬 [프라이팬] peu-ra-i-paen 名. フライパン
- 식기 [식끼] sik-ggi 名. 食器
  - 그릇 [그륻] geu-reut 名. 器
  - = 사발 [사발] sa-bal
  - 밥그릇 [밥끄륻] bap-ggeu-reut 名. 茶碗
  - 국그릇 [국끄륻] guk-ggeu-reut 名. 汁椀
  - 접시 [접씨] jeop-ssi 名. 皿
- 쟁반 [쟁반] jaeng-ban 名. トレイ

#12 食べ物に文句

有益な会話

キム・ミナ 남기지 말고 다 먹어.
nam-gi-ji mal-go da meo-geo
残さずに全部食べてね。

イ・ジュンソ 콩은 먹고 싶지 않아. 맛이 없어.
kong-eun meok-ggo sip-jji a-na. ma-si eop-sseo
豆は食べたくないよ。美味しくないんだもん。

キム・ミナ 그렇게 음식을 가리면 안 돼.
geu-reo-ke eum-si-geul ga-ri-myeon an dwae
そうやって食べ物をえり好みするのはだめなのよ。

イ・ジュンソ 알았어. 그럼 케첩 뿌려도 돼?
a-ra-sseo. geu-reom ke-cheop bbu-ryeo-do dwae?
分かった。そしたらケチャップをかけてもいいの？

ユニット 13.
趣味 취미 chwi-mi

□ 취미 [취:미] chwi-mi
名. 趣味

□ 운동 [운:동] un-dong
= 스포츠 [스포츠] seu-po-cheu
名. 運動

□ 달리다 [달리다] dal-ri-da
= 뛰다 [뛰다] ddwi-da
動. 走る

□ 수영 [수영] su-yeong
名. 水泳

□ 테니스 [테니스] te-ni-seu
名. テニス

□ 배드민턴 [배드민턴] bae-deu-min-teon
名. バドミントン

□ 축구 [축꾸] chuk-ggu
名. サッカー

□ 야구 [야:구] ya-gu
名. 野球

□ 농구 [농구] nong-gu
名. バスケットボール

□ 배구 [배구] bae-gu
名. バレーボール

□ 요가 [요가] yo-ga
名. ヨガ

□ 골프 [골프] gol-peu
名. ゴルフ

□ 음악 [으막] eu-mak
名. 音楽

□ 노래 [노래] no-rae
名. 歌

□ 가수 [가수] ga-su
名. 歌手

□ 악기 [악끼] ak-ggi
名. 楽器

□ 연주 [연:주] yeon-ju
名. 演奏

□ 피아노 [피아노] pi-a-no
名. ピアノ

□ 바이올린 [바이올린] ba-i-ol-rin
名. バイオリン

□ 기타 [기타] gi-ta
名. ギター

□ 북 [북] buk
= 드럼 [드럼] deu-reom
名. 太鼓、ドラム

□ 음악회 [으마쾨/으마퀘] eu-ma-koe/eu-ma-kwe
= 콘서트 [콘서트] kon-seo-teu
名. コンサート、音楽会

□ 오페라 [오페라] o-pe-ra
名. オペラ

□ 뮤지컬 [뮤지컬] myu-ji-keol
名. ミュージカル

☐ **연극** [연:극] yeon-geuk
名. 演劇

☐ **영화** [영화] yeong-hwa
名. 映画

☐ **극장** [극짱] geuk-jjang
名. 映画館、劇場

☐ **책** [책] chaek
名. 本

☐ **독서** [독써] dok-sseo
名. 読書

☐ **쓰다** [쓰다] sseu-da
動. 書く

☐ **읽다** [익따] yik-dda
動. 読む

☐ **도서관** [도서관] do-seo-gwan
名. 図書館

☐ **서점** [서점] seo-jeom
名. 本屋、書店

☐ **문학** [문학] mun-hak
名. 文学

☐ **만화책** [만:화책] man-hwa-chaek
名. 漫画

☐ **동화책** [동:화책] dong-hwa-chaek
名. 童話

☐ **잡지** [잡찌] jap-jji
名. 雑誌

□ 사진 [사진] sa-jin
名. 写真

□ 카메라 [카메라] ka-me-ra
名. カメラ

□ 그림 [그:림] geu-rim
名. 絵

□ 그리다 [그:리다] geu-ri-da
動. 描く

□ 물감 [물깜] mul-ggam
名. 絵の具

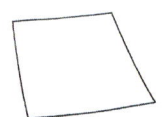
□ 종이 [종이] jong-i
名. 紙

□ 체스 [체스] che-seu
名. チェス

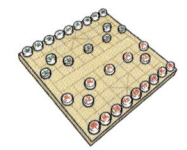
□ 장기 [장:기] jang-gi
名. 将棋

□ 등산 [등산] deung-san
名. 山登り

□ 낚시 [낙씨] nak-ssi
名. 釣り

□ 야영 [야:영] ya-yeong
= 캠핑 [캠핑] kaem-ping
名. キャンプ

□ 뜨개질 [뜨개질] ddeu-gae-jil
名. 編み物

ユニット 13. 趣味

- **취미** [취:미] chwi-mi 名. 趣味

    취미가 뭐예요?
    chwi-mi-ga mwo-ye-yo?
    趣味は何ですか。

- **운동** [운:동] un-dong 名. 運動
    - = **스포츠** [스포츠] seu-po-cheu

- **경기** [경:기] gyeong-gi 名. 競技
    - = **게임** [게임] ge-im
    - □ **시합** [시합] si-hap 名. 試合

- **달리다** [달리다] dal-ri-da 動. 走る
    - = **뛰다** [뛰다] ddwi-da
    - □ **조깅** [조깅] jo-ging 名. ジョギング

- **산책** [산:책] san-chaek 名. 散歩
    - = **산보** [산:뽀] san-bbo

- **체육관** [체육꽌] che-yuk-ggwan 名. 体育館
    - □ **헬스클럽** [헬스클럽] hel-seu-keul-reop 名. スポーツジム

- **수영** [수영] su-yeong 名. 水泳
    - □ **수영장** [수영장] su-yeong-jang 名. プール

- **공** [공:] gong 名. ボール
    - □ **셔틀콕** [셔틀콕] syeo-teul-kok 名. シャトル、シャトルコック

- **라켓** [라켇] ra-ket 名. ラケット

- **테니스** [테니스] te-ni-seu 名. テニス

- **배드민턴** [배드민턴] bae-deu-min-teon 名. バドミントン

ユニット 13. 趣味

- □ 축구 [축꾸] chuk-ggu 名. サッカー
  - □ 미식축구 [미식축꾸] mi-sik-chuk-ggu 名. アメリカンフットボール
- □ 야구 [야:구] ya-gu 名. 野球
- □ 농구 [농구] nong-gu 名. バスケットボール
- □ 배구 [배구] bae-gu 名. バレーボール
- □ 탁구 [탁꾸] tak-ggu 名. 卓球
- □ 당구 [당구] dang-gu 名. ビリヤード
- □ 골프 [골프] gol-peu 名. ゴルフ

  요즘 골프에 빠져 있어요.
  yo-jeum gol-peu-e bba-jeo i-sseo-yo
  最近ゴルフにはまっています。

- □ 사이클링 [사이클링] sa-i-keul-ring 名. サイクリング
- □ 요가 [요가] yo-ga 名. ヨガ
- □ 권투 [권:투] gwon-tu 名. ボクシング
  - = 복싱 [복씽] bok-ssing
- □ 스키 [스키] seu-ki 名. スキー
  - □ 스노보드 [스노보드] seu-no-bo-deu 名. スノーボード
  - □ 스키장 [스키장] seu-ki-jang 名. スキー場
- □ 스케이트 [스케이트] seu-ke-i-teu 名. スケート
  - □ 인라인스케이트 [일라인스케이트] il-ra-in-seu-ke-i-teu
    名. インラインスケート
  - □ 스케이트보드 [스케이트보드] seu-ke-i-teu-bo-deu 名. スケートボード
  - □ 스케이트장 [스케이트장] seu-ke-i-teu-jang 名. スケート場

- **음악** [으막] eu-mak 名. 音楽
  - **듣다** [듣따] deut-dda 動. 聴く

    음악 듣는 것을 좋아해요.
    eu-mak deun-neun geu-seul jo-a-hae-yo
    音楽を聴くことが好きです。

- **노래** [노래] no-rae 名. 歌
  - **가수** [가수] ga-su 名. 歌手

- **가사** [가사] ga-sa 名. 歌詞
  - **가락** [가락] ga-rak 名. メロディー、旋律
  - = **멜로디** [멜로디] mel-ro-di
  - = **선율** [서뉼] seo-nyul
  - **작사** [작싸] jak-ssa 名. 作詞
  - **작곡** [작꼭] jak-ggok 名. 作曲

- **음반** [음반] eum-ban 名. ディスク
  - = **디스크** [디스크] di-seu-keu

- **악기** [악끼] ak-ggi 名. 楽器
  - **연주** [연주] yeon-ju 名. 演奏

    악기를 다룰 줄 알아요?
    ak-ggi-reul da-rul jul a-ra-yo?
    楽器を弾けますか。

- **피아노** [피아노] pi-a-no 名. ピアノ

- **바이올린** [바이올린] ba-i-ol-rin 名. バイオリン

- **비올라** [비올라] bi-ol-ra 名. ビオラ

- **첼로** [첼로] chel-ro 名. チェロ

- □ 하프 [하프] ha-peu 名. ハープ

- □ 기타 [기타] gi-ta 名. ギター

- □ 플루트 [플루트] peul-ru-teu 名. フルート

- □ 트럼펫 [트럼펟] teu-reom-pet 名. トランペット

- □ 색소폰 [색소폰] saek-so-pon 名. サックス

- □ 북 [북] buk 名. 太鼓、ドラム
    - = 드럼 [드럼] deu-reom

- □ 음악회 [으마쾨/으마퀘] eu-ma-koe/eu-ma-kwe 名. コンサート、音楽会
    - = 콘서트 [콘서트] kon-seo-teu

- □ 관현악단 [관혀낙딴] gwan-hyeo-nak-ddan 名. オーケストラ
    - = 교향악단 [교향악딴] gyo-hyang-ak-ddan
    - = 오케스트라 [오케스트라] o-ke-seu-teu-ra

- □ 지휘자 [지휘자] ji-hwi-ja 名. 指揮者

- □ 오페라 [오페라] o-pe-ra 名. オペラ

- □ 뮤지컬 [뮤지컬] myu-ji-keol 名. ミュージカル

- □ 연극 [연ː극] yeon-geuk 名. 演劇

- □ 영화 [영화] yeong-hwa 名. 映画
    - □ 보다 [보다] bo-da 動. 観る
    - □ 개봉하다 [개봉하다] gae-bong-ha-da 動. 公開する、開封する

    오늘 밤에 영화 보러 가요.
    o-neul ba-me yeong-hwa bo-reo ga-yo
    今夜映画を観に行きましょう。

ユニット 13. 趣味

- ☐ 극장 [극짱] geuk-jjang 名. 劇場
  - ☐ 영화관 [영화관] yeong-hwa-gwan 名. 映画館
- ☐ 블록버스터 [블록뻐스터] beul-rok-bbeo-seu-teo ブロックバスター
- ☐ 영화감독 [영화감독] yeong-hwa-gam-dok 名. 映画監督
- ☐ 배우 [배우] bae-u 名. 俳優
  - ☐ 여배우 [여배우] yeo-bae-u 名. 女優
- ☐ 주인공 [주인공] ju-in-gong 名. 主人公
- ☐ 관객 [관객] gwan-gaek 名. 観客
- ☐ 책 [책] chaek 名. 本
  - ☐ 독서 [독써] dok-sseo 名. 読書
  - ☐ 읽다 [익따] ik-dda 動. 読む

    한 달에 몇 권 읽으세요?
    han da-re myeot ggwon il-geu-se-yo?
    一ヶ月に何冊読みますか。

- ☐ 도서관 [도서관] do-seo-gwan 名. 図書館
- ☐ 서점 [서점] seo-jeom 名. 本屋、書店
- ☐ 쓰다 [쓰다] sseu-da 動. 書く、著述する
  - = 저술하다 [저:술하다] jeo-sul-ha-da
- ☐ 문학 [문학] mun-hak 名. 文学
  - ☐ 소설 [소:설] so-seol 名. 小説
  - ☐ 시 [시] si 名. 詩
  - ☐ 수필 [수필] su-pil 名. 随筆、エッセイ
  - = 에세이 [에세이] e-se-i

- □ 만화책 [만:화책] man-hwa-chaek 名. 漫画
- □ 동화책 [동:화책] dong-hwa-chaek 名. 童話
- □ 그림책 [그:림책] geu-rim-chaek 名. 絵本
- □ 위인전 [위인전] wi-in-jeon 名. 偉人伝、伝記
- □ 잡지 [잡찌] jap-jji 名. 雑誌
- □ 작가 [작까] jak-gga 名. 作家
  - □ 저자 [저:자] jeo-ja 名. 著者
- □ 소설가 [소:설가] so-seol-ga 名. 小説家
- □ 시인 [시인] si-in 名. 詩人
- □ 수필가 [수필가] su-pil-ga 名. 随筆家、エッセイスト
- □ 사진 [사진] sa-jin 名. 写真
- □ 촬영 [촤령] chwa-ryeong 名. 撮影
  - □ 카메라 [카메라] ka-me-ra 名. カメラ

    사진 촬영 금지
    sa-jin chwa-ryeong geum-ji
    写真撮影禁止

- □ 그림 [그:림] geu-rim 名. 絵
  - □ 유화 [유화] yu-hwa 名. 油絵
  - □ 수채화 [수채화] su-chae-hwa 名. 水彩画
  - □ 삽화 [사퐈] sa-pwa 名. 挿絵、イラスト
    = 일러스트레이션 [일러스트레이션] il-reo-seu-teu-re-i-syeon
- □ 그리다 [그:리다] geu-ri-da 動. 描く

ユニット13. 趣味

- 스케치 [스케치] seu-ke-chi 名. スケッチ
  - 소묘 [소:묘] so-myo 名. 素描、デッサン
- 색칠하다 [색칠하다] saek-chil-ha-da 動. 色を塗る
  - = 채색하다 [채:새카다] chae-sae-ka-da
- 화가 [화:가] hwa-ga 名. 画家
- 물감 [물깜] mul-ggam 名. 絵の具
- 붓 [붇] but 名. 筆
- 종이 [종이] jong-i 名. 紙
  - 도화지 [도화지] do-hwa-ji 名. 画用紙
  - 스케치북 [스케치북] seu-ke-chi-buk 名. スケッチブック
  - 캔버스 [캔버스] kaen-beo-seu 名. キャンバス
- 보드게임 [보드게임] bo-deu-ge-im 名. ボードゲーム
  - 주사위 [주사위] ju-sa-wi 名. さいころ
- 체스 [체스] che-seu 名. チェス
- 장기 [장:기] jang-gi 名. 将棋
- 바둑 [바둑] ba-duk 名. 囲碁
- 등산 [등산] deung-san 名. 山登り、登山
  - 암벽 등반 [암벽 등반] am-byeok deung-ban ロッククライミング

  예전부터 등산을 좋아했어요.
  ye-jeon-bu-teo deung-sa-neul jo-a-hae-sseo-yo
  昔から山登りが好きでした。

- 낚시 [낙씨] nak-ssi 名. 釣り

- 소풍 [소풍] so-pung 名. 遠足、ピクニック
- 야영 [야ː영] ya-yeong 名. キャンプ
  = 캠핑 [캠핑] kaem-ping
- 공예 [공예] gong-ye 名. 工芸
- 원예 [워녜] wo-nye 名. 園芸
- 꽃꽂이 [꼳꼬지] ggot-ggo-ji 名. 生け花
- 수집 [수집] su-jip 名. コレクション
- 뜨개질 [뜨개질] ddeu-gae-jil 名. 編み物

#13 ギター

有益な会話

キム・ミナ 넌 시간 있을 때 뭐 해?
neon si-gan i-sseul ddae mwo hae?
暇な時、何をするの?

ソン・ハヨン 난 기타를 쳐.
nan gi-ta-reul cheo
私はギターを弾くよ。

キム・ミナ 멋진데! 한 곡 연주해 줄 수 있니?
meot-jjin-de! han gok yeon-ju-hae jul ssu in-ni?
すごい!私のために一曲演奏してほしいな。

ソン・ハヨン 사실은, 이제 막 배우기 시작했는데 한번 시도해 볼게.
sa-si-reun, i-je mak bae-u-gi si-jak-haet-neun-de han-beon si-do-hae bol-ge
実は、最近習い始めたばかりで、一度やってみるね。

ユニット 14.
電話とインターネット 전화와 인터넷 jeon-hwa-wa in-teo-net

☐ 전화 [전:화] jeon-hwa
名. 電話

☐ 휴대폰 [휴대폰] hyu-dae-pon
= 핸드폰 [핸드폰] haen-deu-pon
= 휴대전화 [휴대전화] hyu-dae-jeon-hwa
名. 携帯電話

☐ 전화하다 [전:화하다] jeon-hwa-ha-da
= 걸다 [걸:다] geol-da
動. 電話する、電話をかける

☐ 받다 [받따] bat-dda
動. (電話に)出る

☐ 끊다 [끈타] ggeun-ta
動. (電話を)切る

☐ 전화번호 [전:화번호] jeon-hwa-beon-ho
名. 電話番号

☐ 로밍 서비스 [로밍 서비스] ro-ming seo-bi-seu
ローミングサービス

☐ 문자 메시지 [문짜 메시지] mun-jja me-si-ji
ショートメッセージ

☐ 전송 [전:송] jeon-song
名. 転送

☐ 벨 소리 [벨 소리] bel so-ri
着信メロディ

☐ 진동 모드 [진:동 모드] jin-dong mo-deu
マナーモード

☐ 애플리케이션 [애플리케이션]
ae-peul-ri-ke-i-syeon
名. アプリ

☐ 다운로드 [다운로드] da-un-ro-deu
名. ダウンロード

☐ 업로드 [업로드] eop-ro-deu
名. アップロード

☐ 배터리 [배터리] bae-teo-ri
名. バッテリー

☐ 충전 [충전] chung-jeon
名. 充電

☐ 켜다 [켜다] kyeo-da
動. (電源を)入れる

☐ 끄다 [끄다] ggeu-da
動. (電源を)切る

☐ 와이파이 [와이파이] wa-i-pa-i
名. Wi-Fi

☐ 인터넷 [인터넫] in-teo-net
名. インターネット

☐ 온라인 게임 [올라인 게임]
ol-ra-in ge-im
オンラインゲーム

☐ 인터넷 쇼핑 [인터넫 쇼핑]
in-teo-net syo-ping
インターネットショッピング

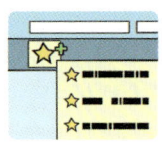
☐ 즐겨찾기 [즐겨찬끼]
jeul-gyeo-chat-ggi
名. ブックマーク

☐ 접속 [접쏙] jeop-ssok
名. 接続

☐ 이메일 [이메일] i-me-il
= 전자우편 [전자우편]
jeon-ja-u-pyeon
名. Eメール

☐ 웹 사이트 [웹 사이트] wep sa-i-teu
ウェブサイト

☐ 홈페이지 [홈페이지] hom-pe-i-ji
名. ホームページ

☐ 검색 [검:색] geom-saek
名. 検索

☐ 컴퓨터 [컴퓨터] keom-pyu-teo
名. コンピュータ

☐ 노트북 [노트북] no-teu-buk
名. ノートパソコン

☐ 태블릿 [태블릳] tae-beul-rit
名. タブレット

☐ 모니터 [모니터] mo-ni-teo
名. モニター

ユニット14. 電話とインターネット

□ 키보드 [키보드] ki-bo-deu
名. キーボード

□ 치다 [치다] chi-da
動. 打つ

□ 마우스 [마우스] ma-u-seu
名. マウス

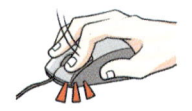
□ 클릭 [클릭] keul-rik
名. クリック

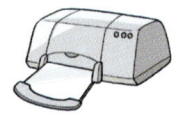
□ 프린터 [프린터] peu-rin-teo
名. プリンタ

□ 웹캠 [웹캠] wep-kaem
名. ウェブカメラ

□ 파일 [파일] pa-il
名. ファイル

□ 폴더 [폴더] pol-deo
名. フォルダ

□ 저장 [저:장] jeo-jang
名. セーブ、保存

□ 삭제 [삭쩨] sak-jje
名. 削除

□ 보안 [보:안] bo-an
名. セキュリティ

□ 블로그 [블로그] beul-ro-geu
名. ブログ

ユニット 14. 電話とインターネット

- ☐ **전화** [전:화] jeon-hwa 名 電話

- ☐ **휴대폰** [휴대폰] hyu-dae-pon 名 携帯電話
    - = **핸드폰** [핸드폰] haen-deu-pon
    - = **휴대전화** [휴대전화] hyu-dae-jeon-hwa

    영화 시작 전에 휴대폰을 꺼 두세요.
    yeong-hwa si-jak jeo-ne hyu-dae-po-neul ggeo du-se-yo
    映画を始める前に携帯電話の電源を切っておいてください。

- ☐ **스마트폰** [스마트폰] seu-ma-teu-pon 名 スマートフォン

- ☐ **전화하다** [전:화하다] jeon-hwa-ha-da 動 電話する、電話をかける
    - = **걸다** [걸:다] geol-da
    - = **발신하다** [발씬하다] bal-ssin-ha-da

- ☐ **받다** [받따] bat-dda 動 (電話に)出る
    - = **수신하다** [수신하다] su-sin-ha-da
    - ☐ **수신** [수신] su-sin 名 受信
    - ☐ **수신음** [수신음] su-sin-eum 名 受信音

- ☐ **통화** [통화] tong-hwa 名 通話
    - ☐ **통화 중** [통화 중] tong-hwa jung 通話中

- ☐ **끊다** [끈타] ggeun-ta 動 (電話を)切る

- ☐ **바꾸다** [바꾸다] ba-ggu-da 動 (電話を)代わる

- ☐ **공중전화** [공중전화] gong-jung-jeon-hwa 名 公衆電話
    - ☐ **긴급 전화** [긴급 전화] gin-geup jeon-hwa 緊急電話

- ☐ **전화번호** [전:화번호] jeon-hwa-beon-ho 名 電話番号

- **로밍 서비스** [로밍 서비스] ro-ming seo-bi-seu ローミングサービス
- **자동 응답기** [자동 응:답끼] ja-dong eung-dap-ggi 留守番電話
- **메신저** [메신저] me-sin-jeo 名. メッセンジャー
- **메시지** [메시지] me-si-ji 名. メッセージ
  - **문자 메시지** [문짜 메시지] mun-jja me-si-ji ショートメッセージ
  - **음성 메시지** [음성 메시지] eum-seong me-si-ji 音声メール

  메시지를 남기시겠어요?
  me-si-ji-reul nam-gi-si-ge-sseo-yo?
  メッセージを残しますか。

- **보내다** [보내다] bo-nae-da 動. 送る
  - **전송** [전:송] jeon-song 名. 転送

- **벨 소리** [벨 소리] bel so-ri 着信メロディ

- **진동 모드** [진:동 모드] jin-dong mo-deu マナーモード
  - = **매너 모드** [매너 모드] mae-neo mo-deu

  진동 모드로 해 주세요.
  jin-dong mo-deu-ro hae ju-se-yo
  マナーモードにしてください。

- **애플리케이션** [애플리케이션] ae-peul-ri-ke-i-syeon 名. アプリ
  - = **어플** [어플] eo-peul
  - = **앱** [앱] aep

  tip. 「어플」と「앱」は「애플리케이션」の略語です。

- **다운로드** [다운로드] da-un-ro-deu 名. ダウンロード
  - **업로드** [업로드] eop-ro-deu 名. アップロード

- **업데이트** [업떼이트] eop-dde-i-teu 名. アップデート

ユニット14. 電話とインターネット

- ☐ 배터리 [배터리] bae-teo-ri 名. バッテリー

    배터리가 얼마 없어요.
    bae-teo-ri-ga eol-ma eop-sseo-yo
    バッテリーがあまりないです。

- ☐ 충전 [충전] chung-jeon 名. 充電

    - ☐ 충전기 [충전기] chung-jeon-gi 名. 充電器
    - ☐ 방전 [방:전] bang-jeon 名. バッテリー上がり

- ☐ 전원 [저:눤] jeo-nwon 名. 電源

    - ☐ 켜다 [켜다] kyeo-da 動. 電源を入れる
    - ☐ 끄다 [끄다] ggeu-da 動. 電源を切る

- ☐ 영상통화 [영상통화] yeong-sang-tong-hwa 名. ビデオ通話、テレビ電話

- ☐ 인터넷 [인터넫] in-teo-net 名. インターネット

    - ☐ 온라인 [올라인] ol-ra-in 名. オンライン
    - ☐ 오프라인 [오프라인] o-peu-ra-in 名. オフライン

- ☐ 와이파이 [와이파이] wa-i-pa-i 名. Wi-Fi

    = 근거리 무선망 [근:거리 무선망] geun-geo-ri mu-seon-mang

- ☐ 무선 데이터 [무선 데이터] mu-seon de-i-teo 無線データ

- ☐ 온라인 게임 [올라인 게임] ol-ra-in ge-im オンラインゲーム

- ☐ 인터넷 뱅킹 [인터넫 뱅킹] in-teo-net baeng-king インターネットバンキング

- ☐ 인터넷 쇼핑 [인터넫 쇼핑] in-teo-net syo-ping インターネットショッピング

- ☐ 즐겨찾기 [즐겨찯끼] jeul-gyeo-chat-ggi 名. ブックマーク

- ☐ 접속 [접쏙] jeop-ssok 名. 接続

- ☐ 이메일 [이메일] i-me-il 名. Eメール
  - = 전자우편 [전자우편] jeon-ja-u-pyeon
  - ☐ 이메일 주소 [이메일 주:소] i-me-il ju-so Eメールアドレス

  이메일 주소가 뭐예요?
  i-me-il ju-so-ga mwo-ye-yo?
  Eメールアドレスは何ですか。

- ☐ 받은 메일함 [바든 메일함] ba-deun me-il-ham 受信ボックス
  - ☐ 보낸 메일함 [보낸 메일함] bo-naen me-il-ham 送信ボックス

- ☐ 답장 [답짱] dap-jjang 名. 返事

- ☐ 첨부 파일 [첨부 파일] cheom-bu pa-il 添付ファイル

  첨부 파일이 열리지 않아요.
  cheom-bu pa-i-ri yeol-ri-ji a-na-yo
  添付ファイルが開きません。

- ☐ 스팸 메일 [스팸 메일] seu-paem me-il 迷惑メール

- ☐ 로그인 [로그인] ro-geu-in 名. ログイン

- ☐ 로그아웃 [로그아웃] ro-geu-a-ut 名. ログアウト

- ☐ 회원 가입 [회:원 가입/훼:원 가입] hoe-won ga-ip 会員加入

- ☐ 탈퇴 [탈퇴/탈퉤] tal-toe/tal-twe 脱退

- ☐ 계정 [계:정/게:정] gye-jeong/ge-jeong 名. アカウント

- ☐ 웹 사이트 [웹 사이트] wep sa-i-teu ウェブサイト

- ☐ 홈페이지 [홈페이지] hom-pe-i-ji 名. ホームページ

- ☐ 브라우저 [브라우저] beu-ra-u-jeo 名. ブラウザ

□ 검색 [검:색] geom-saek 名 検索

　□ 검색창 [검:색창] geom-saek-chang 名 検索バー

　□ 주소창 [주:소창] ju-so-chang 名 アドレスバー

　□ 웹 서핑 [웹 서핑] wep seo-ping ウェブサーフィン

□ 아이디 [아이디] a-i-di 名 ID

□ 비밀번호 [비:밀번호] bi-mil-beon-ho 名 パスワード

　= 패스워드 [패스워드] pae-seu-wo-deu

tip. 「비밀번호」를 略して 「비번[bi-beon]」ともよく言います。

　비밀번호를 또 잊어버렸어요.
　bi-mil-beon-ho-reul ddo i-jeo-beo-ryeo-sseo-yo
　パスワードをまた忘れてしまいました。

□ 컴퓨터 [컴퓨터] keom-pyu-teo 名 コンピュータ

□ 데스크톱 [데스크톱] de-seu-keu-top 名 デスクトップコンピュータ

　= 데스크톱 컴퓨터 [데스크톱 컴퓨터] de-seu-keu-top keom-pyu-teo

　□ 노트북 [노트북] no-teu-buk 名 ノートパソコン

　= 노트북 컴퓨터 [노트북 컴퓨터] no-teu-buk keom-pyu-teo

　□ 태블릿 [태블릳] tae-beul-rit 名 タブレット

　= 태블릿 컴퓨터 [태블릳 컴퓨터] tae-beul-rit keom-pyu-teo

□ 모니터 [모니터] mo-ni-teo 名 モニター

　□ 액정 [액쩡] aek-jjeong 名 液晶

　□ 화면 [화:면] hwa-myeon 名 画面

　□ 바탕화면 [바탕화:면] ba-tang-hwa-myeon 名 壁紙

□ 키보드 [키보드] ki-bo-deu 名 キーボード

　□ 단축키 [단축키] dan-chuk-ki 名 ショートカットキー

　□ 타이핑 [타이핑] ta-i-ping 名 タイピング

- □ 치다 [치다] chi-da 動. 打つ
- □ 마우스 [마우스] ma-u-seu 名. マウス
  - □ 무선 마우스 [무선 마우스] mu-seon ma-u-seu 無線マウス
  - □ 마우스 패드 [마우스 패드] ma-u-seu pae-deu マウスパッド
  - □ 클릭 [클릭] keul-rik 名. クリック

    열기 버튼을 클릭해 봐요.
    yeol-gi beo-teu-neul keul-ri-kae bwa-yo
    開くボタンをクリックしてみてください。

- □ 헤드셋 [헤드셋] he-deu-set 名. ヘッドセット
- □ 하드 디스크 [하드 디스크] ha-deu di-seu-keu ハードディスク
- □ 디스크 드라이브 [디스크 드라이브] di-seu-keu deu-ra-i-beu ディスクドライブ
- □ 클라우드 [클라우드] keul-ra-u-deu クラウドコンピューティング
- □ 프로그램 [프로그램] peu-ro-geu-raem 名. プログラム
  - □ 오에스 [오에스] o-e-seu 名. OS
  - = 운영체제 [우:녕체제] u-nyeong-che-je
- □ 설치 [설치] seol-chi 名. インストール
- □ 하드웨어 [하드웨어] ha-deu-we-eo 名. ハードウェア
  - □ 소프트웨어 [소프트웨어] so-peu-teu-we-oe 名. ソフトウェア
- □ 프린터 [프린터] peu-rin-teo 名. プリンタ
- □ 복사기 [복싸기] bok-ssa-gi 名. コピー機
- □ 스캐너 [스캐너] seu-kae-neo 名. スキャナ
- □ 웹캠 [웹캠] wep-kaem 名. ウェブカメラ

ユニット14. 電話とインターネット

- ☐ **파일** [파일] pa-il 名. ファイル

- ☐ **폴더** [폴더] pol-deo 名. フォルダ

- ☐ **저장** [저:장] jeo-jang 名. セーブ、保存

    - ☐ **저장하다** [저:장하다] jeo-jang-ha-da 動. セーブする

        어느 폴더에 저장했어요?
        eo-neu pol-deo-e jeo-jang-hae-sseo-yo?
        どのファイルにセーブしましたか。

- ☐ **수정** [수정] su-jeong 名. 修正

- ☐ **복사** [복싸] bok-ssa 名. コピー

    = **카피** [카피] ka-pi

- ☐ **붙여 넣기** [부쳐 너:키] bu-cheo neo-ki ペースト

- ☐ **삭제** [삭쩨] sak-jje 名. 削除

    - ☐ **삭제하다** [삭쩨하다] sak-jje-ha-da 動. 消す、削除する

    = **지우다** [지우다] ji-u-da

    = **제거하다** [제거하다] je-geo-ha-da

        실수로 파일을 지워 버렸어요.
        sil-ssu-ro pa-i-reul ji-wo beo-ryeo-sseo-yo
        うっかりファイルを消してしまいました。

- ☐ **공유** [공:유] gong-yu 名. 共有

- ☐ **보안** [보:안] bo-an 名. セキュリティ

- ☐ **차단** [차:단] cha-dan 名. ブロック

- ☐ **바이러스** [바이러스] ba-i-reo-seu 名. ウイルス

    - ☐ **백신** [백씬] baek-ssin 名. ワクチン

- □ **에스엔에스** [에스엔에스] e-seu-en-e-seu 名. ソーシャルネットワーク、SNS
  - = **소셜 네트워크 서비스** [소셜 네트워크 서비스]
    so-syeol ne-teu-wo-keu seo-bi-seu

- □ **블로그** [블로그] beul-ro-geu 名. ブログ

- □ **해커** [해커] hae-keo 名. ハッカー

- □ **피시방** [피시방] pi-si-bang 名. ネットカフェ

#14 Eメール

有益な会話

キム部長 내 이메일 확인했나요?
　　　　　nae i-mae-il hwa-gin-haen-na-yo?
　　　　　私のEメール確認しましたか。

イ・ジュンソ 아니요, 아직이요.
　　　　　　a-ni-yo, a-ji-gi-yo
　　　　　　いいえ、まだです。

キム部長 그거 보면 답장 좀 해 주세요.
　　　　　geu-geo bo-meon dap-jjang jom hae ju-se-yo
　　　　　それを見たら、返事をお願いします。

イ・ジュンソ 네, 물론이지요. 곧 답 드릴게요.
　　　　　　ne, mul-ro-ni-ji-yo. got dap deu-ril-ge-yo
　　　　　　はい、もちろんです。すぐ返事します。

チャプター 4. 毎日の生活

練習問題

単語を読んで、正しい意味と結びつけてください。

1. 가구　・　　　　　　　　　・ かばん
2. 가방　・　　　　　　　　　・ 本
3. 과일　・　　　　　　　　　・ 服
4. 사진　・　　　　　　　　　・ 食べ物
5. 신발　・　　　　　　　　　・ 果物
6. 옷　　・　　　　　　　　　・ 家具
7. 운동　・　　　　　　　　　・ 趣味
8. 음식　・　　　　　　　　　・ 家
9. 음악　・　　　　　　　　　・ 音楽
10. 집　 ・　　　　　　　　　・ 写真
11. 책　 ・　　　　　　　　　・ 靴
12. 취미　・　　　　　　　　　・ 運動

1. 가구 – 家具　2. 가방 – かばん　3. 과일 – 果物　4. 사진 – 写真
5. 신발 – 靴　6. 옷 – 服　7. 운동 – 運動　8. 음식 – 食べ物
9. 음악 – 音楽　10. 집 – 家　11. 책 – 本　12. 취미 – 趣味

チャプター5

社会生活

ユニット 15. 学校
ユニット 16. 仕事と職業
ユニット 17. レストランとカフェ
ユニット 18. 商店
ユニット 19. 病院と銀行

ユニット 15.
学校 학교 hak-ggyo

☐ **학교** [학교] hak-ggyo
名. 学校

☐ **유치원** [유치원] yu-chi-won
名. 幼稚園

☐ **초등학교** [초등학교] cho-deung-hak-ggyo
名. 小学校

☐ **중학교** [중학교] jung-hak-ggyo
名. 中学校

☐ **고등학교** [고등학교] go-deung-hak-ggyo
名. 高等学校

☐ **대학교** [대:학교] dae-hak-ggyo
名. 大学

☐ **입학** [이팍] i-pak
名. 入学

☐ **졸업** [조럽] jo-reop
名. 卒業

ユニット 15. 学校

☐ 출석 [출썩] chul-sseok
　名. 出席

☐ 결석 [결썩] gyeol-sseok
　名. 欠席

☐ 지각 [지각] ji-gak
　名. 遅刻

☐ 가르치다 [가르치다] ga-reu-chi-da
　動. 教える

☐ 배우다 [배우다] bae-u-da
　動. 学ぶ、習う

☐ 공부 [공부] gong-bu
　名. 勉強

☐ 교사 [교:사] gyo-sa
　= 선생 [선생] seon-saeng
　名. 教師、先生

☐ 학생 [학쌩] hak-ssaeng
　名. 学生

☐ 수업 [수업] su-eop
　= 강의 [강:의/강:이] gang-ui/gang-i
　名. 授業、講義

□ 질문 [질문] jil-mun 名. 質問

□ 대답 [대:답] dae-dap

□ 묻다 [묻:따] mut-dda

= 답 [답] dap

= 물어보다 [무러보다] mu-reo-bo-da

名. 答え

動. 聞く

□ 공책 [공책] gong-chaek

□ 연필 [연필] yeon-pil

= 노트 [노트] no-teu

名. 鉛筆

名. ノート

□ 지우개 [지우개] ji-u-gae

□ 필기 [필기] pil-gi

名. 消しゴム

名. 筆記

□ 숙제 [숙쩨] suk-jje 名. 宿題

□ 제출 [제출] je-chul

□ 과제 [과제] gwa-je 名. 課題

名. 提出

188

- **시험** [시험] si-heom
  名. 試験

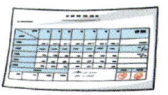

- **성적** [성적] seong-jeok
  名. 成績

- **쉽다** [쉽:따] swip-dda
  形. 易しい

- **어렵다** [어렵따] eo-ryeop-dda
  形. 難しい

- **합격** [합껵] hap-ggeok
  名. 合格

- **평가** [평:까] pyeong-gga
  名. 評価

- **학위** [하귀] ha-gwi
  名. 学位

- **장학금** [장:학끔] jang-hak-ggeum
  名. 奨学金

- **여름 방학** [여름 방학]
  yeo-reum bang-hak
  夏休み

- **겨울 방학** [겨울 방학]
  gyeo-ul bang-hak
  冬休み

ユニット 15. 学校

- 학교 [학교] hak-ggyo 名. 学校
- 유치원 [유치원] yu-chi-won 名. 幼稚園
    - 어린이집 [어리니집] eo-ri-ni-jip 名. 保育園
- 초등학교 [초등학꾜] cho-deung-hak-ggyo 名. 小学校
- 중학교 [중학꾜] jung-hak-ggyo 名. 中学校
- 고등학교 [고등학꾜] go-deung-hak-ggyo 名. 高等学校
    - = 고교 [고교] go-gyo
- 대학교 [대ː학꾜] dae-hak-ggyo 名. 大学
    - 대학 [대ː학] dae-hak 名. 単科大学
    - = 단과 대학 [단꽈 대ː학] dan-ggwa dae-hak
    - 종합 대학 [종합 대ː학] jong-hap dae-hak 総合大学
- 대학원 [대ː하권] dae-ha-gwon 名. 大学院
- 연구소 [연ː구소] yeon-gu-so 名. 研究所
- 학회 [하쾨/하퀘] ha-koe/ha-kwe 名. 学会
- 학원 [하권] ha-gwon 名. 学習塾
- 전공 [전공] jeon-gong 名. 専攻
    - 부전공 [부ː전공] bu-jeon-gong 名. 副専攻
- 입학 [이팍] i-pak 名. 入学
    - 입학식 [이팍씩] i-pak-ssik 名. 入学式
    - 입학 허가 [이팍 허가] i-pak heo-ga 入学許可
    - 입학시험 [이팍씨험] i-pak-ssi-heom 名. 入学試験
    - = 입시 [입씨] ip-ssi

- **수능** [수능] su-neung 名. センター試験
  - = **대학 수학 능력 시험** [대ː학 수학 능녁 시험]
    dae-hak su-hak neung-nyeok si-heom

- **졸업** [조럽] jo-reop 名. 卒業
  - **졸업식** [조럽씩] jo-reop-ssik 名. 卒業式

- **출석** [출썩] chul-sseok 名. 出席

  한 선생님이 출석 확인했어요?
  han seon-saeng-ni-mi chul-sseok hwa-gin-hae-sseo-yo?
  ハン先生が出席確認しましたか。

- **결석** [결썩] gyeol-sseok 名. 欠席

- **지각** [지각] ji-gak 名. 遅刻

- **조퇴** [조ː퇴/조ː퉤] jo-toe/jo-twe 名. 早退

- **등록** [등녹] deung-nok 名. 登録

- **신청** [신청] sin-cheong 名. 申請
  - **수강 신청하다** [수강 신청하다] su-gang sin-cheong-ha-da 履修登録する

- **가르치다** [가르치다] ga-reu-chi-da 動. 教える
  - **가르침** [가르침] ga-reu-chim 名. 教え

  tip. 「가르치다」は誰かに何かを教えるという意味で、似たような単語で「가리키다[ga-ri-ki-da]」は手やペンなどを使って何かを指し示すという意味です。

- **배우다** [배우다] bae-u-da 動. 学ぶ、習う
  - **학습** [학씁] hak-sseup 名. 学び

- **수업** [수업] su-eop 名. 授業
  - = **강의** [강ː의/강ː이] gang-ui/gang-i

ユニット 15. 学校

- 공부 [공부] gong-bu 名. 勉強

- 자습 [자습] ja-seup 名. 自習

- 교사 [교:사] gyo-sa 名. 教師、先生
  - = 선생 [선생] seon-saeng

  tip. 韓国では学生が先生を呼ぶ時、「선생님」と言います。「님」は尊敬の意味の接尾辞です。

- 교수 [교:수] gyo-su 名. 教授
  - 부교수 [부:교수] bu-gyo-su 名. 准教授
  - 조교수 [조:교수] jo-gyo-su 名. 助教

  tip. 韓国では大学教授の下で研究や事務を手伝う人を「조교(助手)」と言い、「조교수(助教)」とは違う意味です。

- 강사 [강:사] gang-sa 名. 講師
  - 시간 강사 [시간 강:사] si-gan gang-sa 非常勤講師

- 가정 교사 [가정 교사] ga-jeong gyo-sa 家庭教師

- 학생 [학쌩] hak-ssaeng 名. 学生
  - 제자 [제:자] je-ja 名. 教え子

- 학우 [하구] ha-gu 名. 学友
  - 급우 [그부] geu-bu 名. クラスメート

- 신입생 [시닙쌩] si-nip-ssaeng 名. 新入生

- 재학생 [재:학쌩] jae-hak-ssaeng 名. 在学生

- 교실 [교:실] gyo-sil 名. 教室

- 학년 [항년] hang-nyeon 名. 学年

- 반 [반] ban 名. クラス

  나는 2학년 3반이에요.
  na-neun i-hang-nyeon sam-ba-ni-e-yo
  私は二年三組です。

- ☐ **학기** [학끼] hak-ggi 名. **学期**

    이번 학기에 몇 과목 들어요?
    i-beon hak-ggi-e meot ggwa-mok deu-reo-yo?
    今学期に何科目受講しますか。

    tip. 韓国の学制には二つの学期があります。
    第一学期は三月から八月までで、第二学期は九月から翌年二月までです。

- ☐ **교육** [교:육] gyo-yuk 名. **教育**

    - ☐ **교육 과정** [교:육 과정] gyo-yuk gwa-jeong **教育課程**
    - = **교과 과정** [교:과 과정/교:꽈 과정] gyo-gwa gwa-jeong/gyo-ggwa gwa-jeong
    - = **학과 과정** [학꽈 과정] hak-ggwa gwa-jeong

- ☐ **방과 후 교실** [방과 후 교실] bang-gwa hu gyo-sil **学童**

    - ☐ **방과 후 돌보미** [방과 후 돌보미] bang-gwa hu dol-bo-mi **学童の先生**

- ☐ **과외** [과외/과웨] gwa-oe/gwa-we 名. **課外授業**

    - = **과외 수업** [과외 수업/과웨 수업] gwa-oe su-eop/gwa-we su-eop

- ☐ **질문** [질문] jil-mun 名. **質問**

    - ☐ **묻다** [묻:따] mut-dda 動. **聞く**
    - = **물어보다** [무러보다] mu-reo-bo-da

- ☐ **대답** [대:답] dae-dap 名. **答え**

    - = **답** [답] dap

- ☐ **과목** [과목] gwa-mok 名. **科目**

    - ☐ **학과** [학꽈] hak-ggwa 名. **学科**

    좋아하는 과목이 뭐예요?
    jo-a-ha-neun gwa-mo-gi mwo-ye-yo?
    好きな科目は何ですか。

☐ 국어 [구거] gu-geo 名. 国語

　☐ 한국어 [한:구거] han-gu-geo 名. 韓国語

　　tip.「국어」はその国の言語で、韓国では「국어」が韓国語を意味です。

☐ 일본어 [일보너] il-bo-neo 名. 日本語

☐ 영어 [영어] yeong-eo 名. 英語

☐ 문학 [문학] mun-hak 名. 文学

☐ 수학 [수:학] su-hak 名. 数学、算数

　☐ 숫자 [수:짜/숟:짜] su-jja/sut-jja 名. 数字

　= 수 [수:] su

　☐ 연산 [연:산] yeon-san 名. 演算

　= 산수 [산:수] san-su

　☐ 계산 [계:산/게:산] gye-san/ge-san 名. 計算

　= 셈 [셈:] sem

☐ 과학 [과학] gwa-hak 名. 科学

☐ 화학 [화:학] hwa-hak 名. 化学

☐ 물리학 [물리학] mul-ri-hak 名. 物理学

☐ 생물학 [생물학] saeng-mul-hak 名. 生物学

☐ 천문학 [천문학] cheon-mun-hak 名. 天文学

☐ 사회학 [사회학/사훼학] sa-hoe-hak/sa-hwe-hak 名. 社会学

☐ 역사 [역싸] yeok-ssa 名. 歴史

　☐ 국사 [국싸] guk-ssa 名. 国史

　　tip.「국사」はその国の歴史です。韓国では「韓国の歴史」を意味です。
　　「한국사[한:국싸 han-guk-ssa]」とも言えます。

- ☐ 지리학 [지리학] ji-ri-hak 名. 地理学
- ☐ 지질학 [지질학] ji-jil-hak 名. 地質学
- ☐ 정치학 [정치학] jeong-chi-hak 名. 政治学
- ☐ 경제학 [경제학] gyeong-je-hak 名. 経済学
- ☐ 회계학 [회:계학/훼:계학] hoe-gye-hak/hwe-ge-hak 名. 会計学
- ☐ 인문학 [인문학] in-mun-hak 名. 人文学
- ☐ 심리학 [심니학] sim-ni-hak 名. 心理学
- ☐ 철학 [철학] cheol-hak 名. 哲学
- ☐ 윤리 [율리] yul-ri 名. 倫理
- ☐ 음악 [으막] eu-mak 名. 音楽
- ☐ 미술 [미:술] mi-sul 名. 美術
- ☐ 체육 [체육] che-yuk 名. 体育
- ☐ 칠판 [칠판] chil-pan 名. 黒板
    - ☐ 분필 [분필] bun-pil 名. チョーク
    - ☐ 칠판지우개 [칠판지우개] chil-pan-ji-u-gae 名. 黒板消し
- ☐ 화이트보드 [화이트보드] hwa-i-teu-bo-deu 名. ホワイトボード
    - ☐ 펠트펜 [펠트펜] pel-teu-pen 名. ボードマーカー
    - = 보드 마커 [보드 마커] bo-deu ma-keo
- ☐ 책가방 [책까방] chaek-gga-bang 名. 通学かばん
- ☐ 교과서 [교:과서/교:꽈서] gyo-gwa-seo/gyo-ggwa-seo 名. 教科書

ユニット15. 学校

- ☐ 공책 [공책] gong-chaek 名. ノート
  - = 노트 [노트] no-teu

- ☐ 연필 [연필] yeon-pil 名. 鉛筆

- ☐ 샤프 [샤프] sya-peu 名. シャープペンシル、シャーペン

- ☐ 색연필 [생년필] saeng-nyeon-pil 名. 色鉛筆

- ☐ 볼펜 [볼펜] bol-pen 名. ボールペン

- ☐ 만년필 [만:년필] man-nyeon-pil 名. 万年筆

- ☐ 형광펜 [형광펜] hyeong-gwang-pen 名. 蛍光ペン

- ☐ 사인펜 [사인펜] sa-in-pen 名. サインペン

- ☐ 지우개 [지우개] ji-u-gae 名. 消しゴム

- ☐ 수정액 [수정액] su-jeong-aek 名. 修正液
  - ☐ 수정 테이프 [수정 테이프] su-jeong te-i-peu 修正テープ

- ☐ 필통 [필통] pil-tong 名. ペンケース、筆入れ

- ☐ 필기 [필기] pil-gi 名. 筆記
  - 그는 필기를 정말 잘해요.
  - geu-neun pil-gi-reul jeong-mal jal-hae-yo
  - 彼は筆記が本当に上手です。

- ☐ 받아쓰기 [바다쓰기] ba-da-sseu-gi 名. 書き取り

- ☐ 숙제 [숙쩨] suk-jje 名. 宿題

- ☐ 과제 [과제] gwa-je 名. 課題

- ☐ 보고서 [보:고서] bo-go-seo 名. レポート
  - = 리포트 [리포트] ri-po-teu

- ☐ **논문** [논문] non-mun 名. 論文
  - ☐ **학위 논문** [하귀 논문] ha-gwi non-mun 学位論文
- ☐ **제출** [제출] je-chul 名. 提出
- ☐ **시험** [시험] si-heom 名. 試験
  - ☐ **쪽지 시험** [쪽찌 시험] jjok-jji si-heom 小テスト
  - ☐ **중간고사** [중간고사] jung-gan-go-sa 名. 中間テスト
  - ☐ **기말고사** [기말고사] gi-mal-go-sa 名. 期末テスト

  기말고사가 2주 후에 있어요.
  gi-mal-go-sa-ga i-ju hu-e i-sseo-yo
  期末テストが二週間後にあります。

- ☐ **합격** [합격] hap-ggeok 名. 合格
  - ☐ **불합격** [불합격] bul-hap-ggeok 名. 不合格
- ☐ **커닝** [커닝] keo-ning 名. カンニング
  - = **부정행위** [부정행위] bu-jeong-haeng-wi
- ☐ **쉽다** [쉽:따] swip-dda 形. 易しい
- ☐ **어렵다** [어렵따] eo-ryeop-dda 形. 難しい
- ☐ **평가** [평:까] pyeong-gga 名. 評価
- ☐ **결과** [결과] gyeol-gwa 名. 結果
- ☐ **점수** [점쑤/점수] jeom-ssu/jeom-su 名. 点数
  - ☐ **평균** [평균] pyeong-gyun 名. 平均
  - ☐ **학점** [학쩜] hak-jjeom 名. 単位
- ☐ **성적** [성적] seong-jeok 名. 成績 → **tip.** もしあなたが「성:쩍[seong-jjeok]」と発音したら性的な何かを意味です。
  - ☐ **성적표** [성적표] seong-jeok-pyo 名. 成績表

☐ **자격증** [자격쯩] ja-gyeok-jjeung 名. 資格証

☐ **학위** [하귀] ha-gwi 名. 学位

    ☐ **준학사** [준ː학싸] jun-hak-ssa 名. 準学士号

    ☐ **학사** [학싸] hak-ssa 名. 学士号

    ☐ **석사** [석싸] seok-ssa 名. 修士号

    ☐ **박사** [박싸] bak-ssa 名. 博士号

☐ **장학금** [장ː학끔] jang-hak-ggeum 名. 奨学金

☐ **쉬는 시간** [쉬는 시간] swi-neun si-gan 休み時間

    쉬는 시간은 10분이에요.
    swi-neun si-ga-neun sip-bbu-ni-e-yo
    休み時間は10分です。

☐ **방학** [방학] bang-hak 名. 学校の休み

    ☐ **여름 방학** [여름 방학] yeo-reum bang-hak 夏休み

    ☐ **겨울 방학** [겨울 방학] gyeo-ul bang-hak 冬休み

    ☐ **봄 방학** [봄 방학] bom bang-hak 春休み

☐ **소풍** [소풍] so-pung 名. 遠足、ピクニック

    다음 주에 소풍이 있어요.
    da-eum ju-e so-pung-i i-sseo-yo
    来週に遠足があります。

☐ **운동장** [운ː동장] un-dong-jang 名. 運動場

    ☐ **운동회** [운ː동회/운ː동훼] un-dong-hoe/un-dong-hwe 名. 運動会

☐ **강당** [강ː당] gang-dang 名. 講堂

☐ **도서관** [도서관] do-seo-gwan 名. 図書館

- ☐ **과학실** [과학씰] gwa-hak-ssil 名. 科学室

- ☐ **음악실** [으막씰] eu-mak-ssil 名. 音楽室

- ☐ **교복** [교:복] gyo-bok 名. 学校の制服

- ☐ **급식** [급씩] geup-ssik 名. 給食

- ☐ **도시락** [도시락] do-si-rak 名. 弁当

#15 試験の結果

有益な会話

チェ・ジフン 시험을 잘 못 봤어.
si-heo-meul jal mot bwa-sseo
テストがうまくいかなかった。

イ・ジュンソ 나도 그래. 시험 결과가 만족스럽지 않아.
na-do geu-rae. si-heom gyeol-gwa-ga man-jok-sseu-reop-jji a-na
僕もだよ。テストの結果に満足していない。

チェ・ジフン 기말고사는 더 공부할 거야.
gi-mal-go-sa-neun deo gong-bu-hal ggeo-ya
期末テストはもっと勉強するよ。

イ・ジュンソ 나도. 우리 같이 공부하자!
na-do. u-ri ga-chi gong-bu-ha-ja!
僕も。私たち一緒に勉強しましょう!

ユニット 16.
仕事と職業 일과 직업 il-gwa ji-geop

☐ 일 [일:] il
  名. 仕事

☐ 일하다 [일:하다] il-ha-da
  動. 働く

☐ 회사원 [회:사원/훼:사원]
  hoe-sa-won/hwe-sa-won
  名. 会社員

☐ 임금 [임:금] im-geum
  名. 賃金

☐ 급여 [그벼] geu-byeo
  名. 給料

☐ 출근 [출근] chul-geun
  名. 出勤

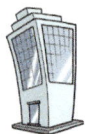

☐ 회사 [회:사/훼:사] hoe-sa/hwe-sa
  名. 会社

☐ 사무실 [사:무실] sa-mu-sil
  名. 事務所

☐ 회의 [회:의/훼:이] hoe-ui/hwe-i
  名. 会議

☐ 상여금 [상여금] sang-yeo-geum
  = 보너스 [보너스] bo-neo-seu
  名. ボーナス、賞与

☐ 퇴근 [퇴:근/퉤:근] toe-geun/twe-geun
  名. 退勤

□ **퇴직** [퇴:직/퉤:직] toe-jik/twe-jik
　名. 退職

□ **해고** [해:고] hae-go
　名. 解雇

□ **사직** [사직] sa-jik
　名. 辞職

□ **휴가** [휴가] hyu-ga
　名. 休暇

□ **출산 휴가** [출싼 휴가] chul-ssan hyu-ga
　出産休暇(産休)

 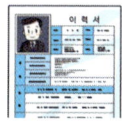

□ **구직** [구직] gu-jik 名. 求職

□ **이력서** [이:력써] i-ryeok-sseo
　名. 履歴書

□ **구인** [구인] gu-in 名. 求人

□ **자기소개서** [자기소개서] ja-gi-so-gae-seo
　名. 自己紹介書

□ **면접시험** [면:접씨험] myeon-jeop-ssi-heom
　名. 面接

201

☐ **직업** [지겁] ji-geop
名. 仕事、職業

☐ **의사** [의사] ui-sa
名. 医者

☐ **수의사** [수의사/수이사] su-ui-sa/su-i-sa
名. 獣医師、獣医

☐ **간호사** [간호사] gan-ho-sa
名. 看護師

☐ **약사** [약싸] yak-ssa
名. 薬剤師

☐ **교사** [교:사] gyo-sa
名. 教師

☐ **건축가** [건:축까] geon-chuk-gga
名. 建築家

☐ **프로그래머** [프로그래머] peu-ro-geu-rae-meo
名. プログラマ

☐ **기자** [기자] gi-ja
名. 記者

☐ **판사** [판사] pan-sa
名. 判事

☐ **변호사** [변:호사] byeon-ho-sa
名. 弁護士

☐ **검사** [검:사] geom-sa
名. 検事

☐ 비서 [비:서] bi-seo
名. 秘書

☐ 정치가 [정치가] jeong-chi-ga
名. 政治家

☐ 경찰 [경:찰] gyeong-chal
名. 警察、警察官

☐ 소방관 [소방관] so-bang-gwan
名. 消防官

☐ 엔지니어 [엔지니어] en-ji-ni-eo
名. エンジニア

☐ 정비공 [정:비공] jeong-bi-gong
名. 整備工

☐ 요리사 [요리사] yo-ri-sa
名. 調理人

☐ 제빵사 [제:빵사] je-bbang-sa
名. パン職人

☐ 식당 종업원 [식땅 종어붠] sik-ddang jong-eo-bwon
ホールスタッフ

☐ 미용사 [미:용사] mi-yong-sa
名. 美容師

☐ 농부 [농부] nong-bu
名. 農家

☐ 어부 [어부] eo-bu
名. 漁師

ユニット 16. 仕事と職業

- □ **일** [일:] il 名. 仕事
  - □ **업무** [엄무] eom-mu 名. 業務
  - □ **근무** [근:무] geun-mu 名. 勤務
  - □ **일중독** [일:중독] il-jung-dok 名. 仕事中毒

  무슨 일 하세요?
  mu-seun il ha-se-yo?
  何の仕事をしますか。

- □ **일하다** [일:하다] il-ha-da 動. 働く

- □ **회사** [회:사/훼:사] hoe-sa/hwe-sa 名. 会社

- □ **사무실** [사:무실] sa-mu-sil 名. 事務所

- □ **회사원** [회:사원/훼:사원] hoe-sa-won/hwe-sa-won 名. 会社員
  - □ **신입 사원** [시닙 사원] si-nip sa-won 新入社員

- □ **야근** [야:근] ya-geun 名. 夜勤
  - □ **잔업** [자넙] ja-neop 名. 残業

- □ **출장** [출짱] chul-jjang 名. 出張

- □ **파견** [파견] pa-gyeon 名. 派遣

- □ **회의** [회:의/훼:이] hoe-ui/hwe-i 名. 会議
  - □ **회의실** [회:의실/훼:이실] hoe-ui-sil/hwe-i-sil 名. 会議室

- □ **주제** [주제] ju-je 名. テーマ、主題
  - □ **안건** [안:껀] an-ggeon 名. 案件
  - □ **발표** [발표] bal-pyo 名. 発表

- □ **서류** [서류] seo-ryu 名. 書類、文書
  - = **문서** [문서] mun-seo

- ☐ 부서 [부서] bu-seo 名. 部署
  - ☐ 총무부 [총:무부] chong-mu-bu 名. 総務部
  - ☐ 경리부 [경니부] gyeong-ni-bu 名. 経理部
  - ☐ 인사부 [인사부] in-sa-bu 名. 人事部
  - ☐ 영업부 [영업뿌] yeong-eop-bbu 名. 営業部
  - ☐ 홍보부 [홍보부] hong-bo-bu 名. 広報部
  - ☐ 구매부 [구매부] gu-mae-bu 名. 購買部

  안녕하세요. AB사 영업부의 김호찬입니다.
  an-nyeong-ha-se-yo. e-i-bi-sa yeong-eop-bbu-e gim-ho-chan-im-ni-da
  こんにちは。AB会社の営業部のキム・ホチャンと申します。

- ☐ 상사 [상:사] sang-sa 名. 上司

- ☐ 부하 [부하] bu-ha 名. 部下

- ☐ 동료 [동뇨] dong-nyo 名. 同僚

- ☐ 정직원 [정:지권] jeong-ji-gwon 名. 正社員、正規雇用
  - ☐ 정규직 [정:규직] jeong-gyu-jik 名. 正規雇用

- ☐ 계약 직원 [계:약 지권/게:약 지권] gye-yak ji-gwon/ge-yak ji-gwon 契約社員
  - ☐ 임시 직원 [임시 지권] im-si ji-gwon 非常勤職員、臨時職員
  - ☐ 아르바이트 [아르바이트] a-reu-ba-i-teu 名. アルバイト
  - ☐ 비정규직 [비:정규직] bi-jeong-gyu-jik 名. 非正規雇用
  - ☐ 임시직 [임시직] im-si-jik 名. 臨時雇用

- ☐ 지위 [지위] ji-wi 名. 地位

- ☐ 회장 [회:장/훼:장] hoe-jang/hwe-jang 名. 会長
  - ☐ 부회장 [부:회장/부:훼장] bu-hoe-jang/bu-hwe-jang 名. 副会長

- ☐ 사장 [사장] sa-jang 名. 社長
  - ☐ 부사장 [부:사장] bu-sa-jang 名. 副社長
- ☐ 전무 [전무] jeon-mu 名. 專務
  - ☐ 이사 [이:사] i-sa 名. 理事
- ☐ 국장 [국짱] guk-jjang 名. 局長
  - ☐ 부장 [부:장] bu-jang 名. 部長
  - ☐ 차장 [차장] cha-jang 名. 次長
  - ☐ 과장 [과장] gwa-jang 名. 課長
- ☐ 대리 [대:리] dae-ri 名. 代理
  - ☐ 주임 [주임] ju-im 名. 主任
  - ☐ 사원 [사원] sa-won 名. 社員
- ☐ 승진 [승진] seung-jin 名. 昇進
- ☐ 임금 [임:금] im-geum 名. 賃金
  - ☐ 최저 임금 [최저 임:금] choe-jeo im-geum 最低賃金
- ☐ 봉급 [봉:급] bong-geup 名. 給料
  - ☐ 월급 [월급] wol-geup 名. 月給
- ☐ 연봉 [연봉] yeon-bong 名. 年俸
- ☐ 급여 [그벼] geu-byeo 名. 給料
  - ☐ 실수령액 [실쑤령액] sil-ssu-ryeong-aek 名. 手取り
- ☐ 기본급 [기본급] gi-bon-geup 名. 基本給
- ☐ 상여금 [상여금] sang-yeo-geum 名. ボーナス、賞与
  - = 보너스 [보너스] bo-neo-seu

- 수당 [수당] su-dang 名. 手当
  - 출장 수당 [출짱 수당] chul-jjang su-dang 出張手当
  - 야근 수당 [야근 수당] ya-geun su-dang 夜勤手当
- 세금 [세:금] se-geum 名. 税金
  - 고용 보험 [고용 보험] go-yong bo-heom 雇用保険
  - 건강 보험 [건강 보험] geon-gang bo-heom 健康保険
- 공제 [공:제] gong-je 名. 控除
- 인상 [인상] in-sang 名. 引き上げ
  - 삭감 [삭깜] sak-ggam 名. 削減
  - 동결 [동:결] dong-gyeol 名. 凍結
- 출근 [출근] chul-geun 名. 出勤
  - 퇴근 [퇴:근/퉤:근] toe-geun/twe-geun 名. 退勤
  - 출퇴근 [출퇴근/출퉤근] chul-toe-geun/chul-twe-geun 名. 出勤と退勤

  8시까지 출근해야 해요.
  yeo-deol-si-gga-ji chul-geun-hae-ya hae-yo
  八時まで出勤しなければならないです。

- 퇴직 [퇴:직/퉤:직] toe-jik/twe-jik 退職、引退
  - = 은퇴 [은퇴/은퉤] eun-toe/eun-twe
  - 사직 [사직] sa-jik 名. 辞職

- 명예퇴직 [명예퇴직/명예퉤직] myeong-ye-toe-jik/myeong-ye-twe-jik
  名. 早期退職、希望退職
  - = 명퇴 [명퇴/명퉤] myeong-toe/myeong-twe
  - = 희망퇴직 [히망퇴직/히망퉤직] hi-mang-toe-jik/hi-mang-twe-jik
    - 퇴직금 [퇴:직끔/퉤:직끔] toe-jik-ggeum/twe-jik-ggeum 名. 退職金

- 파업 [파:업] pa-eop 名. ストライキ
- 해고 [해:고] hae-go 名. 解雇
- 휴가 [휴가] hyu-ga 名. 休暇
  - 유급 휴가 [유:급 휴가] yu-geup hyu-ga 有給休暇
  - 무급 휴가 [무급 휴가] mu-geup hyu-ga 無給休暇
  - 출산 휴가 [출싼 휴가] chul-ssan hyu-ga 出産休暇
  - 병가 [병:가] byeong-ga 名. 病気休暇

  나은 씨는 휴가 중이에요.
  na-eun ssi-neun hyu-ga jung-i-e-yo
  ナウンさんは休暇中です。

- 직업 [지겁] ji-geop 名. 仕事、職業
- 의사 [의사] ui-sa 名. 医者
  - 치과 의사 [치꽈 의사] chi-ggwa ui-sa 歯医者
  - 수의사 [수의사/수이사] su-ui-sa/su-i-sa 名. 獣医師、獣医
- 간호사 [간호사] gan-ho-sa 名. 看護師
- 약사 [약싸] yak-ssa 名. 薬剤師
- 교사 [교:사] gyo-sa 名. 教師、先生
- 건축가 [건:축까] geon-chuk-gga 名. 建築家
- 프로그래머 [프로그래머] peu-ro-geu-rae-meo 名. プログラマ
- 기자 [기자] gi-ja 名. 記者
- 편집자 [편집짜] pyeon-jip-jja 名. 編集者
  = 편집인 [편지빈] pyeon-ji-bin

- □ 디자이너 [디자이너] di-ja-i-neo 名. デザイナー
- □ 사진작가 [사진작까] sa-jin-jak-gga 名. 写真家
- □ 연예인 [여:녜인] yeo-nye-in 名. 芸能人
  - □ 가수 [가수] ga-su 名. 歌手
  - □ 아이돌 [아이돌] a-i-dol 名. アイドル
- □ 배우 [배우] bae-u 名. 俳優
- □ 판사 [판사] pan-sa 名. 判事
  - □ 변호사 [변:호사] byeon-ho-sa 名. 弁護士
  - □ 검사 [검:사] geom-sa 名. 検事
- □ 회계사 [회:계사/훼:게사] hoe-gye-sa/hwe-ge-sa 名. 会計士
- □ 비서 [비:서] bi-seo 名. 秘書
- □ 정치가 [정치가] jeong-chi-ga 名. 政治家
  - = 정치인 [정치인] jeong-chi-in
- □ 경찰 [경:찰] gyeong-chal 名. 警察、警察官
  - = 경찰관 [경:찰관] gyeong-chal-gwan
- □ 소방관 [소방관] so-bang-gwan 名. 消防士
- □ 우편집배원 [우편집빼원] u-pyeon-jip-bbae-won 名. 郵便配達員
  - = 우편배달부 [우편배달부] u-pyeon-bae-dal-bu
- □ 엔지니어 [엔지니어] en-ji-ni-eo 名. エンジニア
- □ 정비공 [정:비공] jeong-bi-gong 名. 整備工
  - = 정비사 [정:비사] jeong-bi-sa
- □ 배관공 [배:관공] bae-gwan-gong 名. 配管工

- 요리사 [요리사] yo-ri-sa 名. **調理師**
  - 주방장 [주방장] ju-bang-jang 名. **シェフ**
  - 제빵사 [제:빵사] je-bbang-sa 名. **パン職人**
- 조종사 [조종사] jo-jong-sa 名. **パイロット、操縦士**
  - = 파일럿 [파일럳] pa-il-reot
- 승무원 [승무원] seung-mu-won 名. **乗務員、キャビンアテンダント**
  - 스튜어드 [스튜어드] seu-tyu-eo-deu 名. **スチュワード**
  - 스튜어디스 [스튜어디스] seu-tyu-eo-di-seu 名. **スチュワーデス**
- 상인 [상인] sang-in 名. **商人**
- 점원 [점:원] jeom-won 名. **店員**
  - = 판매원 [판매원] pan-mae-won
- 식당 종업원 [식땅 종어붠] sik-ddang jong-eo-bwon **ホールスタッフ**
- 미용사 [미:용사] mi-yong-sa 名. **美容師**
- 플로리스트 [플로리스트] peul-ro-ri-seu-teu 名. **フローリスト**
- 농부 [농부] nong-bu 名. **農家**
- 어부 [어부] eo-bu 名. **漁師**
- 구직 [구직] gu-jik 名. **求職**
  - 구인 [구인] gu-in 名. **求人**
- 지원 [지원] ji-won 名. **志願**
- 이력서 [이:력써] i-ryeok-sseo 名. **履歴書**
  - 자기소개서 [자기소개서] ja-gi-so-gae-seo 名. **自己紹介書**
  - = 자소서 [자소서] ja-so-seo

□ **프로필** [프로필] peu-ro-pil 名. プロフィール

이력서는 이메일로 보내 주세요.
i-ryeok-sseo-neun i-me-il-ro bo-nae ju-se-yo
履歴書はEメールで送ってください。

□ **경력** [경녁] gyeong-nyeok 名. 経歴

□ **학력** [항녁] hang-nyeok 名. 学歴

□ **필기시험** [필기시험] pil-gi-si-heom 名. 筆記試験

□ **면접시험** [면ː접씨험] myeon-jeop-ssi-heom 名. 面接

= **면접** [면ː접] myeon-jeop

有益な会話

#16 ボーナス

キム・ミナ 추석 보너스를 받았어.
chu-seok bo-neo-seu-reul ba-da-sseo
チュソク(秋夕)のボーナスをもらったの。

イ・ジュンソ 잘됐다! 부럽네.
jal-dwaet-dda! bu-reop-ne
よかったね！うらやましいよ。

キム・ミナ 너는 못 받았어?
neo-neun mot ba-da-sseo?
あなたはもらわなかったの？

イ・ジュンソ 응. 우리 사장님은 올해 보너스를 없앴거든.
eung. u-ri sa-jang-ni-meun ol-hae bo-neo-seu-reul eop-ssaet-ggeo-deun
うん。僕の社長は今年のボーナスを辞めちゃったんだ。

ユニット 17.
レストランとカフェ 음식점과 카페 eum-sik-jjeom-gwa ka-pe

☐ **음식점** [음ː식쩜] eum-sik-jjeom
名. レストラン

☐ **카페** [카페] ka-pe
名. カフェ、喫茶店

☐ **요리** [요리] yo-ri
名. 料理

☐ **메뉴판** [메뉴판] me-nyu-pan
名. メニュー

☐ **예약** [예ː약] ye-yak
名. 予約

☐ **추천** [추천] chu-cheon
名. お勧め

☐ **주문** [주ː문] ju-mun
名. 注文

☐ **테이크아웃** [테이크아욷] te-i-keu-a-ut
名. 持ち帰り

☐ **애피타이저** [애피타이저] ae-pi-ta-i-jeo
名. 前菜

☐ **주요리** [주요리] ju-yo-ri
名. メイン料理

☐ **반찬** [반찬] ban-chan
名. おかず

☐ **후식** [후ː식] hu-sik
= **디저트** [디저트] di-jeo-teu
名. デザート

- 밥 [밥] bap
  名. ご飯

- 비빔밥 [비빔빱] bi-bim-bbap
  名. ビビンバ

- 김밥 [김:빱/김:밥] gim-bbap/gim-bap
  名. 海苔巻き

- 김치 [김치] gim-chi
  名. キムチ

- 국 [국] guk
  名. 汁物

- 찌개 [찌개] jji-gae
  名. チゲ

- 나물 [나물] na-mul
  名. ナムル

- 마른반찬 [마른반찬] ma-reun-ban-chan
  名. 乾物のおかず

- 젓갈 [젇깔] jeot-ggal
  名. 塩辛

- 불고기 [불고기] bul-go-gi
  名. 焼肉

- 잡채 [잡채] jap-chae
  名. チャプチェ

- 떡볶이 [떡뽀끼] ddeok-bbo-ggi
  名. トッポッキ、トッポギ

☐ **스테이크** [스테이크]
seu-te-i-keu
名. ステーキ

☐ **샐러드** [샐러드]
sael-reo-deu
名. サラダ

☐ **감자튀김** [감자튀김]
gam-ja-twi-gim
名. フライドポテト

☐ **아이스크림** [아이스크림]
a-i-seu-keu-rim
名. アイスクリーム

☐ **치즈** [치즈] chi-jeu
名. チーズ

☐ **초콜릿** [초콜릳]
cho-kol-rit
名. チョコレート

☐ **사탕** [사탕] sa-tang
名. 飴

☐ **빵** [빵] bbang
名. パン

☐ **케이크** [케이크] ke-i-keu
名. ケーキ

☐ **과자** [과자] gwa-ja
名. お菓子

☐ **음료** [음:뇨] eum-nyo
= **음료수** [음:뇨수]
eum-nyo-su
名. 飲み物

☐ **커피** [커피] keo-pi
名. コーヒー

□ **차** [차] cha
名. お茶

□ **주스** [주스] ju-seu
名. ジュース

□ **탄산수** [탄ː산수]
tan-san-su
名. 炭酸水

□ **숟가락** [숟까락]
sut-gga-rak
名. スプーン

□ **젓가락** [저까락/젇까락]
jeo-gga-rak/jeot-gga-rak
名. 箸

□ **포크** [포크] po-keu
名. フォーク

□ **맛있다** [마딛따/마싣따]
ma-dit-dda/ma-sit-dda
形. おいしい

□ **짜다** [짜다] jja-da
形. しょっぱい

□ **달다** [달다] dal-da
形. 甘い

□ **시다** [시다] si-da
形. 酸っぱい

□ **쓰다** [쓰다] sseu-da
形. 苦い

□ **맵다** [맵따] maep-dda
形. 辛い

ユニット 17. レストランとカフェ

MP3. U17

- □ **음식점** [음ː식쩜] eum-sik-jjeom 名 レストラン
    - = **레스토랑** [레스토랑] re-seu-to-rang

- □ **카페** [카페] ka-pe 名 カフェ、喫茶店
    - = **커피숍** [커피숍] keo-pi-syop
    - = **찻집** [차찝/찯찝] cha-jjip/chat-jjip
    - = **다방** [다방] da-bang ⟶ **tip.**「다방」は旧式の用語です。

- □ **분식집** [분식찝] bun-sik-jjip 名 粉食店
    - **tip.**「분식집」は韓国式海苔巻きやトッポッキ、インスタントラーメンなど、簡単に食べられる軽食を売る店です。

- □ **포장마차** [포장마차] po-jang-ma-cha 名 屋台、露店

- □ **메뉴판** [메뉴판] me-nyu-pan 名 メニュー
    - = **메뉴** [메뉴] me-nyu
    - = **차림표** [차림표] cha-rim-pyo

    메뉴판 좀 볼 수 있을까요?
    me-nyu-pan jom bol su i-sseul-gga-yo?
    メニューを見せてもらえますか。

- □ **오늘의 메뉴** [오느리 메뉴/오느레 메뉴] o-neu-rui me-nyu/o-neu-re me-nyu
    日替わりメニュー
    - □ **특선 메뉴** [특썬 메뉴] teuk-sseon me-nyu 特選メニュー

- □ **예약** [예ː약] ye-yak 名 予約

- □ **추천** [추천] chu-cheon 名 お勧め

- □ **주문** [주ː문] ju-mun 名 注文

- □ **테이크아웃** [테이크아욷] te-i-keu-a-ut 名 持ち帰り
    - □ **포장** [포장] po-jang 名 包装

- ☐ **식자재** [식짜재] sik-jja-jae 名. **食材**
  - = **음식 재료** [음ː식 재료] eum-sik jae-ryo

- ☐ **애피타이저** [애피타이저] ae-pi-ta-i-jeo 名. **前菜**
  - = **전채** [전채] jeon-chae
  - = **오르되브르** [오르되브르] o-reu-doe-beu-reu

- ☐ **주요리** [주요리] ju-yo-ri 名. **メイン料理**
  - = **주메뉴** [주메뉴] ju-me-nyu

- ☐ **반찬** [반찬] ban-chan 名. **おかず**
  - = **사이드 메뉴** [사이드 메뉴] sa-i-deu me-nyu

- ☐ **후식** [후ː식] hu-sik 名. **デザート**
  - = **디저트** [디저트] di-jeo-teu

- ☐ **밥** [밥] bap 名. **ご飯**

  tip. 伝統的な韓国料理はご飯とナムル、焼き物のチヂミ、塩辛などいくつかのおかずで構成されます。スープとキムチはおかずの数に含まれません。

  - ☐ **비빔밥** [비빔빱] bi-bim-bbap 名. **ビビンバ**

    tip.「비빔밥」はご飯とキノコ、卵、ナムルなどの具を入れ、色々な調味料と共によく混ぜて食べる料理です。

  - ☐ **김밥** [김ː빱/김ː밥] gim-bbap/gim-bap 名. **海苔巻き**

    tip.「김밥」はご飯と様々なおかずをのりで巻いて切って食べる食べ物です。

- ☐ **김치** [김치] gim-chi 名. **キムチ**

- ☐ **국** [국] guk 名. **汁物**

  - ☐ **미역국** [미역꾹] mi-yeok-gguk 名. **わかめスープ**

    tip. 韓国の伝統的にわかめスープは出産後に食べます。また誕生日のお祝いの意味で食べます。

  - ☐ **소고기뭇국** [소고기무꾹/소고기묻꾹] so-go-gi-mu-gguk/so-go-gi-mut-gguk 名. **牛肉入り大根スープ**

- ☐ **탕** [탕] tang 名./接尾. **タン(スープ)**
    - **tip.**「탕」は接尾辞で、「국」よりも長く煮た料理です。
      例えば、「설렁탕[seol-reong-tang]」、「갈비탕[gal-bi-tang]」があります。

- ☐ **삼계탕** [삼계탕/삼게탕] sam-gye-tang/sam-ge-tang 名. **サムゲタン**
    - **tip.**「삼계탕」は若鶏に人参、もち米、ナツメなどを入れて煮込んだ料理です。

- ☐ **설렁탕** [설렁탕] seol-reong-tang 名. **ソルロンタン**
    - **tip.**「설렁탕」は牛の頭・内臓・骨などを長時間煮込んで作ったスープ。
      また、そのスープにご飯を入れた料理です。

- ☐ **찌개** [찌개] jji-gae 名. **チゲ**
    - **tip.**「찌개」は少なめの出し汁に肉や豆腐、野菜などを入れ、コチュジャンまたは
      テンジャンなどで味付けをして煮立てたやや塩辛い料理です。

- ☐ **된장찌개** [된:장찌개/뒌:장찌개] doen-jang-jji-gae/dwen-jang-jji-gae
    名. **テンジャンチゲ**
    - **tip.**「된장찌개」はテンジャンを水に入れて、長ネギ、韓国かぼちゃ、豆腐などを入れて
      煮込んだチゲ料理です。

- ☐ **김치찌개** [김치찌개] gim-chi-jji-gae 名. **キムチチゲ**
    - **tip.**「김치찌개」はキムチを肉などと一緒に入れて作ったチゲ料理です。

- ☐ **찜** [찜] jjim 名. **チム、蒸し物**

- ☐ **구이** [구이] gu-i 名. **焼き物**

- ☐ **조림** [조림] jo-rim 名. **煮つけ**

- ☐ **마른반찬** [마른반찬] ma-reun-ban-chan 名. **乾物のおかず**
    - **tip.**「마른반찬」は薬味を煮詰めたり炒めたりして、水気がないようにして作った
      おかずです。

- ☐ **나물** [나물] na-mul 名. **ナムル**
    - **tip.**「나물」は食用の草や樹葉、野菜などを煮たり、炒めたり、または生のまま
      味付けして和えたおかず。

- ☐ **젓갈** [젇깔] jeot-ggal 名. **塩辛**

- 전 [전:] jeon 名. チヂミ
    - = 부침개 [부침개] bu-chim-gae
    - = 지짐이 [지지미] ji-ji-mi
- 불고기 [불고기] bul-go-gi 名. 焼肉
- 갈비 [갈비] gal-bi 名. カルビ
- 잡채 [잡채] jap-chae 名. チャプチェ

    tip.「잡채」は千切りにした肉や野菜などを油で炒めて、春雨に混ぜて作った料理です。

- 떡볶이 [떡뽀끼] ddeok-bbo-ggi 名. トッポッキ、トッポギ
- 스테이크 [스테이크] seu-te-i-keu 名. ステーキ
- 수프 [수프] su-peu 名. スープ (洋食)
- 샐러드 [샐러드] sael-reo-deu 名. サラダ
- 감자튀김 [감자튀김] gam-ja-twi-gim 名. フライドポテト
- 조개 [조개] jo-gae 名. 貝
    - 홍합 [홍합] hong-hap 名. ムール貝
    - 굴 [굴] gul 名. 牡蠣
    - = 석화 [서콰] seo-kwa
    - 꼬막 [꼬막] ggo-mak 名. ハイガイ
    - 바지락 [바지락] ba-ji-rak 名. アサリ

      tip.「바지락」は扇状の殻表に放射状の縞模様がある小さい貝です。

    - 모시조개 [모시조개] mo-si-jo-gae 名. アサリ

      tip.「모시조개」は浅海の砂泥地に住む、料理によく使われる二枚貝です。

    - 전복 [전복] jeon-bok 名. アワビ
- 바닷가재 [바다까재/바닫까재] ba-da-gga-jae/ba-dat-gga-jae 名. ロブスター
    - = 랍스터 [랍쓰터] rap-sseu-teo

- 버섯 [버섣] beo-seot 名. キノコ
  - 송이버섯 [송이버섣] song-i-beo-seot 名. マツタケ
  - 팽이버섯 [팽이버섣] paeng-i-beo-seot 名. エノキタケ
  - 표고 [표고] pyo-go 名. 椎茸
  - 양송이 [양송이] yang-song-i 名. マッシュルーム
  - 느타리 [느타리] neu-ta-ri 名. ヒラタケ

tip. 「표고, 양송이, 느타리」は「표고버섯, 양송이버섯, 느타리버섯」とも呼ばれます。

- 요구르트 [요구르트] yo-gu-reu-teu 名. ヨーグルト

- 아이스크림 [아이스크림] a-i-seu-keu-rim 名. アイスクリーム

- 치즈 [치즈] chi-jeu 名. チーズ

- 초콜릿 [초콜릳] cho-kol-rit 名. チョコレート

- 사탕 [사탕] sa-tang 名. 飴

- 빵 [빵] bbang 名. パン
  - 마늘빵 [마늘빵] ma-neul-bbang 名. ガーリックパン
  - 바게트 [바게트] ba-ge-teu 名. フランスパン
  - 크루아상 [크루아상] keu-ru-a-sang 名. クロワッサン
  - 소보로빵 [소보로빵] so-bo-ro-bbang 名. ソボロパン
  = 곰보빵 [곰ː보빵] gom-bo-bbang
  - 크림빵 [크림빵] keu-rim-bbang 名. クリームパン
  - 팥빵 [팓빵] pat-bbang 名. アンパン
  - 고로케 [고로케] go-ro-ke 名. コロッケ
  = 크로켓 [크로켇] keu-ro-ket
  - 카스텔라 [카스텔라] ka-seu-tel-ra 名. カステラ
  - 토스트 [토스트] to-seu-teu 名. トースト
  - 샌드위치 [샌드위치] saen-deu-wi-chi 名. サンドイッチ

ユニット 17. レストランとカフェ

- ☐ 케이크 [케이크] ke-i-keu 名. ケーキ
  - ☐ 스펀지케이크 [스펀지케이크] seu-peon-ji-ke-i-keu 名. スポンジケーキ
  - ☐ 팬케이크 [팬케이크] paen-ke-i-keu 名. パンケーキ、ホットケーキ
  - = 핫케이크 [핟케이크] hat-ke-i-keu

- ☐ 과자 [과자] gwa-ja 名. お菓子
  - ☐ 쿠키 [쿠키] ku-ki 名. クッキー
  - ☐ 비스킷 [비스킫] bi-seu-kit 名. ビスケット

- ☐ 음료 [음:뇨] eum-nyo 名. 飲み物
  - = 음료수 [음:뇨수] eum-nyo-su

- ☐ 커피 [커피] keo-pi 名. コーヒー
  - ☐ 아이스커피 [아이스커피] a-i-seu-keo-pi 名. アイスコーヒー
  - = 냉커피 [냉커피] naeng-keo-pi

  커피 마시면서 얘기해요.
  keo-pi ma-si-myeon-seo yae-gi-hae-yo
  コーヒーを飲みながら話しましょう。

- ☐ 아메리카노 [아메리카노] a-me-ri-ca-no 名. アメリカーノ
  - ☐ 아이스아메리카노 [아이스아메리카노] a-i-seu-a-me-ri-ca-no 名. アイスアメリカーノ

  tip. 韓国人は寒い冬でもアイスアメリカーノを好んで飲みます。ということで「얼죽아[eol-ju-ga]」という表現があるのですが、これは「凍え死んでもアイスアメリカーノ」を飲むという意味を込めた新造語です。

- ☐ 에스프레소 [에스프레소] e-seu-peu-re-so 名. エスプレッソ
- ☐ 카페라테 [카페라테] ka-pe-ra-te 名. カフェラテ
- ☐ 카페모카 [카페모카] ka-pe-mo-ka 名. カフェモカ
- ☐ 카푸치노 [카푸치노] ka-pu-chi-no 名. カプチーノ

221

- **차** [차] cha 名. **お茶**

  커피보다 차를 좋아해요.
  keo-pi-bo-da cha-reul jo-a-hae-yo
  コーヒーよりお茶が好きです。

  - **홍차** [홍차] hong-cha 名. 紅茶
  - **녹차** [녹차] nok-cha 名. 緑茶
  - **허브차** [허브차] heo-beu-cha 名. ハーブティー
  - **인삼차** [인삼차] in-sam-cha 名. 人参茶
  - **생강차** [생강차] saeng-gang-cha 名. 生姜茶
  - **대추차** [대:추차] dae-chu-cha 名. ナツメ茶

- **주스** [주스] ju-seu 名. **ジュース**

  - **오렌지주스** [오렌지주스] o-ren-ji-ju-seu 名. オレンジジュース

- **레모네이드** [레모네이드] re-mo-ne-i-deu 名. **レモネード**

- **탄산수** [탄:산수] tan-san-su 名. **炭酸水**

  = **소다수** [소다수] so-da-su

- **탄산음료** [탄:사늠뇨] tan-sa-neum-nyo 名. **炭酸飲料**

  - **콜라** [콜라] kol-ra 名. コーラ
  - **사이다** [사이다] sa-i-da 名. サイダー

- **술** [술] sul 名. **お酒**

  - **샴페인** [샴페인] syam-pe-in 名. シャンパン

- **맥주** [맥쭈] maek-jju 名. **ビール**

  저 술집에 가서 맥주 한잔합시다!
  jeo sul-jji-be ga-seo maek-jju han-jan-hap-ssi-da!
  あの居酒屋に行ってビールを一杯飲みましょう。

- 양주 [양주] yang-ju 名. 洋酒
  - 위스키 [위스키] wi-seu-ki 名. ウィスキー
- 포도주 [포도주] po-do-ju 名. ワイン
  = 와인 [와인] wa-in
- 소주 [소주] so-ju 名. 焼酎
- 막걸리 [막껄리] mak-ggeol-ri 名. マッコリ
  - 동동주 [동동주] dong-dong-ju 名. トンドンジュ

tip. 「막걸리」と「동동주」は米で作った韓国の伝統酒です。

- 얼음 [어름] eo-reum 名. 氷
- 컵 [컵] keop 名. コップ
  - 유리컵 [유리컵] yu-ri-keop 名. グラス
  = 유리잔 [유리잔] yu-ri-jan
  - 찻잔 [차짠/찯짠] cha-jjan/chat-jjan 名. ティーカップ
- 빨대 [빨때] bbal-ddae 名. ストロー
- 계산서 [계:산서/게:산서] gye-san-seo/ge-san-seo 名. 伝票
  - 팁 [팁] tip 名. チップ、サービス料
  = 봉사료 [봉:사료] bong-sa-ryo
- 냅킨 [냅킨] naep-kin 名. ナプキン
- 수저 [수저] su-jeo 名. さじと箸
  - 숟가락 [숟까락] sut-gga-rak 名. スプーン
  = 숟갈 [숟깔] sut-ggal
  - 찻숟가락 [차쑫까락/찯쑫까락] cha-ssut-gga-rak/chat-ssut-gga-rak 名. ティースプーン
  = 티스푼 [티스푼] ti-seu-pun

ユニット 17. レストランとカフェ

223

- ☐ **젓가락** [저까락/젇까락] jeo-gga-rak/jeot-gga-rak 名. 箸
  - = **젓갈** [저깔/젇깔] jeo-ggal/jeot-ggal

☐ **나이프** [나이프] na-i-peu 名. ナイフ

☐ **포크** [포크] po-keu 名. フォーク

☐ **맛** [맏] mat 名. 味
  - ☐ **맛보다** [맏뽀다] mat-bbo-da 動. 味見する
  - ☐ **맛있다** [마딛따/마싣따] ma-dit-dda/ma-sit-dda 形. おいしい
  - ☐ **맛없다** [마덥따] ma-deop-dda 形. まずい

☐ **짜다** [짜다] jja-da 形. しょっぱい
  - ☐ **짭짤하다** [짭짤하다] jjap-jjal-ha-da 形. 塩辛い

☐ **달다** [달다] dal-da 形. 甘い
  - ☐ **달콤하다** [달콤하다] dal-kom-ha-da 形. 甘い

  좀 단 것 같아요.
  jom dan geot ga-ta-yo
  ちょっと甘いと思います。

☐ **시다** [시다] si-da 形. 酸っぱい
  - ☐ **새콤하다** [새콤하다] sae-kom-ha-da 形. やや酸っぱい

☐ **쓰다** [쓰다] sseu-da 形. 苦い
  - ☐ **씁쓸하다** [씁쓸하다] sseup-sseul-ha-da 形. ほろ苦い

☐ **맵다** [맵따] maep-dda 形. 辛い
  - ☐ **매콤하다** [매콤하다] mae-kom-ha-da 形. ピリ辛い

  너무 맵지 않게 해 주세요.
  neo-mu maep-jji an-ke hae ju-se-yo
  辛すぎないようにしてください。

- 담백하다 [담:배카다] dam-bae-ka-da 形. あっさりしている、味が薄い
- 싱겁다 [싱겁따] sing-geop-dda 形. さっぱりしている

맛이 담백해요. / 맛이 싱거워요.
ma-si dam-bae-kae-yo / ma-si sing-geo-wo-yo

あっさりしています。

- 느끼하다 [느끼하다] neu-ggi-ha-da 形. 脂っこい

#17 注文

有益な会話

キム・ミナ '오늘의 메뉴'는 뭐예요?
o-neu-re me-nyu-neun mwo-ye-yo?
「今日の日替わりメニュー」は何ですか。

ウエートレス 불고기덮밥입니다.
bul-go-gi-deop-bba-bim-ni-da
焼肉丼です。

イ・ジュンソ 파전과 막걸리 한 병도 주세요.
pa-jeon-gwa mak-ggeol-ri han byeong-do ju-se-yo
ねぎのチヂミとマッコリ一本もください。

ウエートレス 알겠습니다. 곧 가져올게요.
al-get-sseum-ni-da. got ga-jeo-ol-ge-yo
かしこまりました。ただいまお持ちいたします。

ユニット 18.
商店 상점 sang-jeom

- □ 상점 [상점] sang-jeom
  = 가게 [가:게] ga-ge
  名. 商店、店

- □ 시장 [시:장] si-jang
  名. 市場

- □ 벼룩시장 [벼룩씨장] byeo-ruk-ssi-jang
  名. フリーマーケット

- □ 백화점 [배콰점] bae-kwa-jeom
  名. デパート

- □ 슈퍼마켓 [슈퍼마켇] syu-peo-ma-ket
  = 슈퍼 [슈퍼] syu-peo
  名. スーパー

- □ 편의점 [펴늬점/펴니점] pyeo-nui-jeom/pyeo-ni-jeom
  名. コンビニ

- □ 구입 [구입] gu-ip 名. 購入
  □ 사다 [사다] sa-da 動. 買う

- □ 판매 [판매] pan-mae 名. 販売
  □ 팔다 [팔다] pal-da 動. 売る

- □ 장보기 [장보기] jang-bo-gi
  = 쇼핑 [쇼핑] syo-ping
  名. 買い物

- □ 상품 [상품] sang-pum
  = 물건 [물건] mul-geon
  名. 商品

ユニット 18. 商店

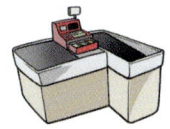
☐ **계산대** [계:산대/게:산대] gye-san-dae/ge-san-dae
名. レジ

☐ **영수증** [영수증] yeong-su-jeung
名. レシート

☐ **지불하다** [지불하다] ji-bul-ha-da
= **내다** [내:다] nae-da
動. 支払う

☐ **신용 카드** [시:뇽 카드] si-nyong ka-deu
クレジットカード

☐ **바꾸다** [바꾸다] ba-ggu-da
動. 変える
☐ **교환하다** [교환하다] gyo-hwan-ha-da
動. 交換する

☐ **환불** [환불] hwan-bul
名. 払い戻し
☐ **반품** [반:품] ban-pum
名. 返品

☐ **비싸다** [비싸다] bi-ssa-da
形. 高い

☐ **싸다** [싸다] ssa-da
= **저렴하다** [저:렴하다] jeo-ryeom-ha-da
形. 安い

☐ **빵집** [빵찝] bbang-jjip
名. パン屋

☐ **채소 가게** [채:소 가:게] chae-so ga-ge
名. 八百屋

☐ **과일 가게** [과:일 가:게] gwa-il ga-ge
果物屋

☐ **정육점** [정육쩜] jeong-yuk-jjeom
名. 肉屋

☐ **생선 가게** [생선 가:게] saeng-seon ga-ge
魚屋

☐ **서점** [서점] seo-jeom
= **책방** [책빵] chaek-bbang
名. 本屋、書店

☐ **문방구** [문방구] mun-bang-gu
= **문구점** [문구점] mun-gu-jeom
名. 文具店

☐ **안경원** [안:경원] an-gyeong-won
= **안경점** [안:경점] an-gyeong-jeom
名. 眼鏡屋

☐ 옷 가게 [옫 가:게] ot ga-ge
服屋

☐ 신발 가게 [신발 가:게] sin-bal ga-ge
靴屋

☐ 화장품 가게 [화장품 가:게]
hwa-jang-pum ga-ge
化粧品店

☐ 세탁소 [세:탁쏘] se-tak-sso
名. クリーニング店

☐ 미용실 [미:용실] mi-yong-sil
名. 美容院

☐ 이발소 [이:발쏘] i-bal-sso
名. 理髪店

☐ 꽃집 [꼳찝] ggot-jjip
名. 花屋

☐ 공인 중개소 [공인 중개소]
gong-in jung-gae-so
不動産

☐ 여행사 [여행사] yeo-haeng-sa
名. 旅行会社

ユニット 18. 商店

- □ **상점** [상점] sang-jeom 名. 商店、店
  - = **가게** [가:게] ga-ge
    - □ **구멍가게** [구멍가게] gu-meong-ga-ge 名. 小さな店
- □ **시장** [시:장] si-jang 名. 市場
  - □ **재래시장** [재:래시장] jae-rae-si-jang 名. 伝統市場
  - □ **벼룩시장** [벼룩씨장] byeo-ruk-ssi-jang 名. フリーマーケット
- □ **백화점** [배콰점] bae-kwa-jeom 名. デパート
- □ **쇼핑센터** [쇼핑센터] syo-ping-sen-teo
  - 名. ショッピングセンター、ショッピングモール
  - = **쇼핑몰** [쇼핑몰] syo-ping-mol
- □ **슈퍼마켓** [슈퍼마켇] syu-peo-ma-ket 名. スーパー
  - = **슈퍼** [슈퍼] syu-peo
    - □ **마트** [마트] ma-teu 名. マート
- □ **편의점** [펴늬점/펴니점] pyeo-nui-jeom/pyeo-ni-jeom 名. コンビニ
- □ **장보기** [장보기] jang-bo-gi 名. 買い物、ショッピング
  - = **쇼핑** [쇼핑] syo-ping
    - □ **쇼핑하다** [쇼핑하다] syo-ping-ha-da 動. ショッピングする
- □ **장바구니** [장빠구니] jang-bba-gu-ni 名. ショッピングバッグ
  - = **시장바구니** [시:장빠구니] si-jang-bba-gu-ni

tip. 最近では、環境保護のために、多くの店ではお客様が自分のショッピングバッグを使用するように勧めます。

- □ **카트** [카트] ka-teu 名. カート
- □ **구입** [구입] gu-ip 名. 購入
  - = **구매** [구매] gu-mae
    - □ **사다** [사다] sa-da 動. 買う

- 판매 [판매] pan-mae 名. 販売
  - 팔다 [팔다] pal-da 動. 売る
- 판촉 [판촉] pan-chok 名. 販売促進
  - 판촉물 [판총물] pan-chong-mul 名. 販促物
- 상품 [상품] sang-pum 名. 商品
  - = 물건 [물건] mul-geon
- 재고 [재:고] jae-go 名. 在庫
  - = 재고품 [재:고품] jae-go-pum
- 유통 기한 [유통 기한] yu-tong gi-han 賞味期限、消費期限
- 품질 [품:질] pum-jil 名. 品質
- 품절 [품:절] pum-jeol 名. 品切れ

  죄송하지만, 지금은 품절이에요.
  joe-song-ha-ji-man, ji-geu-meun pum-jeo-ri-e-yo
  申し訳ありませんが、今は品切れです。

- 냉동품 [냉:동품] naeng-dong-pum 名. 冷凍品
- 농산물 [농산물] nong-san-mul 名. 農産物
- 수산물 [수산물] su-san-mul 名. 水産物
- 유제품 [유제품] yu-je-pum 名. 乳製品
- 인스턴트식품 [인스턴트식품] in-seu-teon-teu-sik-pum 名. インスタント食品
  - = 즉석식품 [즉썩씩품] jeuk-sseok-ssik-pum
- 공산품 [공산품] gong-san-pum 名. 工業製品
- 전자 제품 [전:자 제품] jeon-ja je-pum 電化製品

ユニット 18. 商店

231

- **상인** [상인] sang-in 名. 商人
  - = **장사꾼** [장사꾼] jang-sa-ggun　　**tip.**「장사꾼」は「상인」の俗語です。

- **점원** [점:원] jeom-won 名. 店員
  - = **판매원** [판매원] pan-mae-won

- **계산대** [계:산대/게:산대] gye-san-dae/ge-san-dae 名. レジ
  - □ **계산원** [계:사원/게:사원] gye-sa-nwon/ge-sa-nwon 名. レジ係

- **영수증** [영수증] yeong-su-jeung 名. レシート
  - □ **계산서** [계:산서/게:산서] gye-san-seo/ge-san-seo 名. 伝票

  영수증이요.
  yeong-su-jeung-i-yo
  レシートです。

- **지불** [지불] ji-bul 名. 支払い、会計
  - = **계산** [계:산/게:산] gye-san/ge-san
  - = **결제** [결쩨] gyeol-jje
  - □ **지불하다** [지불하다] ji-bul-ha-da 動. 支払う
  - □ **내다** [내:다] nae-da 動. 支払う

  지불은 어떻게 하실 건가요?
  ji-bul-eun eo-ddeo-ke ha-sil geon-ga-yo?
  お支払いはどうされますか。

- **신용 카드** [시:뇽 카드] si-nyong ka-deu クレジットカード
  - = **크레디트 카드** [크레디트 카드] keu-re-di-teu ka-deu

- **체크 카드** [체크 카드] che-keu ka-deu デビットカード

- **현금** [현:금] hyeon-geum 名. 現金
  - = **현찰** [현:찰] hyeon-chal

- 교환 [교환] gyo-hwan 名. 交換
    - 바꾸다 [바꾸다] ba-ggu-da 動. 変える
- 환불 [환불] hwan-bul 名. 払い戻し

    이것을 환불해 주시겠어요?
    i-geo-seul hwan-bul-hae ju-si-ge-sseo-yo?
    これを払い戻してくださいますか。

- 반품 [반:품] ban-pum 名. 返品
- 진열 [지:녈] ji-nyeol 名. 陳列
- 고객 [고객] go-gaek 名. 客、お客さん、お客様
    - 단골손님 [단골손님] dan-gol-son-nim 名. 常連客
    = 단골 [단골] dan-gol
- 비싸다 [비싸다] bi-ssa-da 形. 高い
- 싸다 [싸다] ssa-da 形. 安い
    = 저렴하다 [저:렴하다] jeo-ryeom-ha-da
    - 싸구려 [싸구려] ssa-gu-ryeo 名. 安物
- 절약하다 [저랴카다] jeo-rya-ka-da 動. 節約する
    = 아끼다 [아끼다] a-ggi-da
- 할인 [하린] ha-rin 名. 割引、セール
    = 세일 [세일] se-il
    = 에누리 [에누리] e-nu-ri
- 특가 [특까] teuk-gga 名. 特価
    - 염가 [염까] yeom-gga 名. 安価
- 덤 [덤:] deom 名. おまけ

ユニット18. 商店

☐ 빵집 [빵찝] bbang-jjip 名. パン屋

☐ 채소 가게 [채:소 가게] chae-so ga-ge 八百屋

☐ 과일 가게 [과:일 가게] gwa-il ga-ge 果物屋

☐ 정육점 [정육쩜] jeong-yuk-jjeom 名. 肉屋

☐ 생선 가게 [생선 가게] saeng-seon ga-ge 魚屋

☐ 아이스크림 가게 [아이스크림 가게] a-i-seu-keu-rim ga-ge 名. アイスクリーム屋

☐ 피자 가게 [피자 가게] pi-ja ga-ge ピザ屋

☐ 패스트푸드점 [패스트푸드점] pae-seu-teu-pu-deu-jeom 名. ファーストフード店

☐ 카페 [카페] ka-pe 名. カフェ、喫茶店
　= 커피숍 [커피숍] keo-pi-syop

☐ 보석상 [보:석쌍] bo-seok-ssang 名. 宝石店
　= 금은방 [그믄빵] geo-meun-bbang

☐ 서점 [서점] seo-jeom 名. 本屋、書店
　= 책방 [책빵] chaek-bbang
　　☐ 헌책방 [헌:책빵] heon-chaek-bbang 名. 古本屋

☐ 문방구 [문방구] mun-bang-gu 名. 文具店
　= 문구점 [문구점] mun-gu-jeom

☐ 완구점 [완:구점] wan-gu-jeom 名. 玩具屋
　= 장난감 가게 [장난깜 가게] jang-nan-ggam ga-ge

- 안경원 [안ː경원] an-gyeong-won 名. 眼鏡屋
  - = 안경점 [안ː경점] an-gyeong-jeom
- 옷 가게 [온 가게] ot ga-ge 服屋
  - 사이즈 [사이즈] sa-i-jeu 名. サイズ
  - 옷걸이 [온꺼리] ot-ggeo-ri 名. ハンガー
  - 마네킹 [마네킹] ma-ne-king 名. マネキン
  - 거울 [거울] geo-ul 名. 鏡
  - 탈의실 [타리실/타리실] ta-rui-sil/ta-ri-sil 名. 試着室
  - = 피팅 룸 [피팅 룸] pi-ting rum

    탈의실에서 입어 볼 수 있어요.
    ta-ri-si-re-seo i-beo bol ssu i-sseo-yo
    試着室で着てみることができます。

- 신발 가게 [신발 가ː게] sin-bal ga-ge 靴屋
- 스포츠용품 가게 [스포츠용ː품 가ː게] seu-po-cheu-yong-pum ga-ge
  スポーツ用品店
- 향수 가게 [향수 가ː게] hyang-su ga-ge 香水店
  - 향수 [향수] hyang-su 名. 香水
- 화장품 가게 [화장품 가ː게] hwa-jang-pum ga-ge 化粧品店
  - 스킨 [스킨] seu-kin 名. 化粧水
  - 로션 [로션] ro-syeon 名. 乳液
  - 크림 [크림] keu-rim 名. クリーム
  - 아이 크림 [아이 크림] a-i keu-rim アイクリーム
  - 수분 크림 [수분 크림] su-bun keu-rim 水分クリーム
  - 미백 크림 [미ː백 크림] mi-baek keu-rim 美白クリーム

- ☐ 재생 크림 [재생 크림] jae-saeng keu-rim 再生クリーム
- ☐ 선크림 [선크림] seon-keu-rim 名. 日焼け止めクリーム

☐ 파운데이션 [파운데이션] pa-un-de-i-syeon 名. ファンデーション
- ☐ 콤팩트파우더 [콤팩트파우더] kom-paek-teu-pa-u-deo 名. コンパクトパウダー
- ☐ 립스틱 [립쓰틱] rip-sseu-tik 名. 口紅
- ☐ 립글로스 [립끌로스] rip-ggeul-ro-seu 名. リップグロス
- ☐ 아이섀도 [아이섀도] a-i-syae-do 名. アイシャドウ
- ☐ 아이라이너 [아이라이너] a-i-ra-i-neo 名. アイライナー
- ☐ 마스카라 [마스카라] ma-seu-ka-ra 名. マスカラ
- ☐ 블러셔 [블러셔] beul-reo-syeo 名. チーク
- ☐ 매니큐어 [매니큐어] mae-ni-kyu-eo 名. マニキュア

☐ 세탁소 [세:탁쏘] se-tak-sso 名. クリーニング屋

이 양복을 세탁소에 좀 맡겨 줄래요?
i yang-bo-geul se-tak-sso-e jom mat-gyeo jul-rae-yo?
このスーツをクリーニング屋にちょっと預けてくれますか。

☐ 드라이클리닝 [드라이클리닝] deu-ra-i-keul-ri-ning 名. ドライクリーニング
- ☐ 얼룩 [얼룩] eol-ruk 名. 染み
- ☐ 제거 [제거] je-geo 名. 抜き、除去
- ☐ 다리미질 [다리미질] da-ri-mi-jil 名. アイロン掛け
- = 다림질 [다림질] da-rim-jil → **tip.** 「다림질」は「다리미질」の略語です。
- ☐ 수선 [수선] su-seon 名. 直し、修繕

☐ 미용실 [미:용실] mi-yong-sil 名. 美容院
- = 미장원 [미:장원] mi-jang-won

- 이발소 [이:발쏘] i-bal-sso 名. 理髪店
  = 이발관 [이:발관] i-bal-gwan
- 약국 [약꾹] yak-gguk 名. 薬局
- 꽃집 [꼳찝] ggot-jjip 名. 花屋
- 공인 중개소 [공인 중개소] gong-in jung-gae-so 不動産
- 여행사 [여행사] yeo-haeng-sa 名. 旅行会社

#18 ワンピース

有益な会話

店員 어서 오세요. 무엇을 도와드릴까요?
eo-seo o-se-yo. mu-eo-seul do-wa-deu-ril-gga-yo?
いらっしゃいませ。お伺いいたします。

キム・ミナ 이 원피스를 입어 봐도 될까요?
i won-pi-seu-reul i-beo bwa-do doel-gga-yo?
このワンピースを試着してみてもいいですか。

店員 네, 사이즈는 어떻게 되세요?
ne, sa-i-jeu-neun eo-ddeo-ke doe-se-yo?
はい、サイズはどうなさいますか。

キム・ミナ 10호예요.
si-po-ye-yo
10号です。

ユニット 19.
病院と銀行 병원과 은행 byeong-won-gwa eun-haeng

☐ 병원 [병:원] byeong-won   ☐ 종합 병원 [종합 병:원] jong-hap byeong-won
名. 病院   総合病院

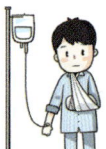  

☐ 환자 [환:자] hwan-ja   ☐ 의사 [의사] ui-sa   ☐ 간호사 [간호사]
名. 患者   名. 医者   gan-ho-sa
                                                  名. 看護師

☐ 진찰 [진:찰] jin-chal   ☐ 증세 [증세] jeung-se   ☐ 고통 [고통] go-tong
名. 診察   = 증상 [증상] jeung-sang 名. 痛み、苦痛
                          名. 症状

  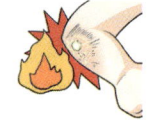

☐ 두통 [두통] du-tong   ☐ 치통 [치통] chi-tong   ☐ 화상 [화:상] hwa-sang
名. 頭痛   名. 歯痛   名. 火傷

238

ユニット 19. 病院と銀行

☐ 다치다 [다치다] da-chi-da
動. 負傷する、怪我をする

☐ 부상 [부:상] bu-sang
= 상처 [상처] sang-cheo
名. 負傷、ケガ

☐ 멍 [멍] meong
名. あざ

☐ 감기 [감:기] gam-gi
名. 風邪

☐ 기침 [기침] gi-chim
名. 咳

☐ 열나다 [열라다] yeol-ra-da
動. 熱が出る

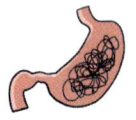
☐ 소화 불량 [소화 불량] so-hwa bul-ryang
消化不良

☐ 구토 [구토] gu-to
名. 嘔吐

☐ 현기증 [현:기쯩] hyeon-gi-jjeung
名. 目まい

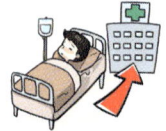
☐ 입원 [이뷘] i-bwon
名. 入院

☐ 퇴원 [퇴:원/퉤:원] toe-won/twe-won
名. 退院

239

☐ 약국 [약꾹] yak-gguk
名. 薬局

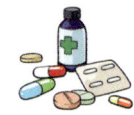
☐ 약 [약] yak
名. 薬

☐ 진통제 [진:통제] jin-tong-je
名. 痛み止め、鎮痛薬

☐ 해열제 [해:열쩨] hae-yeol-jje
名. 解熱剤

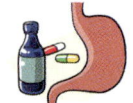
☐ 소화제 [소화제] so-hwa-je
名. 消化剤

☐ 수면제 [수면제] su-myeon-je
名. 睡眠薬

☐ 연고 [연:고] yeon-go
名. 軟膏

☐ 붕대 [붕대] bung-dae
名. 包帯

☐ 반창고 [반창고] ban-chang-go
名. 絆創膏

☐ 은행 [은행] eun-haeng
名. 銀行

☐ 돈 [돈:] don 名. お金

☐ 현금 [현:금] hyeon-geum 名. 現金

☐ 지폐 [지폐/지페] ji-pye/ji-pe
名. 札

☐ 동전 [동전] dong-jeon
名. 小銭

ユニット 19. 病院と銀行

☐ **저축** [저:축] jeo-chuk
= 저금 [저:금] jeo-geum
= 예금 [예:금] ye-geum
名. 貯蓄、貯金

☐ **통장** [통장] tong-jang
名. 通帳

☐ **입금** [입끔]
ip-ggeum
名. 入金

☐ **출금** [출금] chul-geum
名. 出金

☐ **이체** [이체] i-che
名. 振込

☐ **송금** [송:금] song-geum
名. 送金

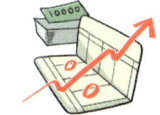

☐ **이자** [이:자] i-ja
名. 利子

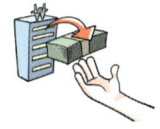

☐ **대출** [대:출] dae-chul
名. 貸し出し、貸付

☐ **환전** [환:전] hwan-jeon
名. 両替

☐ **신용 카드** [시:뇽 카드]
si-nyong ka-deu
クレジットカード

☐ **에이티엠** [에이티엠]
e-i-ti-em
名. ATM

☐ **인터넷 뱅킹** [인터넫 뱅킹]
in-teo-net baeng-king
インターネットバンキング

☐ **비밀번호** [비:밀번호]
bi-mil-beon-ho
名. 暗証番号

241

ユニット 19. 病院と銀行

- **병원** [병:원] byeong-won 名. 病院
  - **종합 병원** [종합 병:원] jong-hap byeong-won 総合病院
  - **진료소** [질:료소] jil-ryo-so 名. クリニック、診療所
  - **보건소** [보:건소] bo-geon-so 名. 保健所

- **의사** [의사] ui-sa 名. 医者

- **간호사** [간호사] gan-ho-sa 名. 看護師

- **환자** [환:자] hwan-ja 名. 患者

- **진찰** [진:찰] jin-chal 名. 診察

- **증세** [증세] jeung-se 名. 症状
  - = **증상** [증상] jeung-sang

  증세는 어떠세요?
  jeung-se-neun eo-ddeo-se-yo?
  症状はいかがですか。

- **고통** [고통] go-tong 名. 苦痛
  - **통증** [통:쯩] tong-jjeung 名. 痛み

- **두통** [두통] du-tong 名. 頭痛

  두통이 심해요.
  du-tong-i sim-hae-yo
  頭痛がひどいです。

- **치통** [치통] chi-tong 名. 歯痛

- **아프다** [아프다] a-peu-da 形. 痛い

- **따갑다** [따갑따] dda-gap-dda 形. ヒリヒリする、チクチクする

- **쑤시다** [쑤시다] ssu-si-da 動. ずきずきする

- □ **욱신거리다** [욱씬거리다] uk-ssin-geo-ri-da 動. ずきずき痛む
  - □ **욱신욱신** [욱씨눅씬] uk-ssi-nuk-ssin 副. ずきずき
  - □ **뻐근하다** [뻐근하다] bbeo-geun-ha-da 形. 凝る

- □ **화상** [화:상] hwa-sang 名. 火傷

- □ **의식 불명** [의:식 불명] ui-sik bul-myeong 意識不明

- □ **다치다** [다치다] da-chi-da 動. 負傷する、怪我をする
  - □ **부상** [부:상] bu-sang 名. 負傷、ケガ
  - = **상처** [상처] sang-cheo
  - □ **타박상** [타:박쌍] ta-bak-ssang 名. 打ち身
  - □ **찰과상** [찰과상] chal-gwa-sang 名. かすり傷

- □ **멍** [멍] meong 名. あざ
  - □ **피멍** [피멍] pi-meong 名. 青あざ

- □ **흉터** [흉터] hyung-teo 名. 傷跡
  - = **흉** [흉] hyung

- □ **할퀴다** [할퀴다] hal-kwi-da 動. 引っ掻く

- □ **삐다** [삐:다] bbi-da 動. 挫く、捻挫する
  - = **접질리다** [접찔리다] jeop-jjil-ri-da

- □ **붓다** [붇:따] but-dda 動. 腫れる

- □ **목발** [목빨] mok-bbal 名. 松葉杖

- □ **깁스** [깁쓰] gip-sseu 名. ギプス
  - = **석고 붕대** [석꼬 붕대] seok-ggo bung-dae

- □ **감기** [감:기] gam-gi 名. 風邪

ユニット 19. 病院と銀行

- ☐ **감기에 걸리다** [감:기에 걸리다] gam-gi-e geol-ri-da 風邪を引く

  감기에 걸린 것 같아요.
  gam-gi-e geol-rin geot ga-ta-yo
  風邪を引いたようです。

☐ **독감** [독깜] dok-ggam 名. インフルエンザ

  = **인플루엔자** [인플루엔자] in-peul-ru-en-ja

  = **유행성 감기** [유행썽 감:기] yu-haeng-sseong gam-gi

☐ **기침** [기침] gi-chim 名. 咳

  ☐ **재채기** [재채기] jae-chae-gi 名. くしゃみ

  ☐ **콜록콜록** [콜록콜록] kol-rok-kol-rok 副. ごほんごほん

☐ **콧물** [콘물] kon-mul 名. 鼻水

  ☐ **훌쩍훌쩍** [훌쩌쿨쩍] hul-jjeo-kul-jjeok 副. ずるずる

☐ **열** [열] yeol 名. 熱

  ☐ **열나다** [열라다] yeol-ra-da 動. 熱が出る

  ☐ **고열** [고열] go-yeol 名. 高熱

  ☐ **미열** [미열] mi-yeol 名. 微熱

  열이 나요.
  yeo-ri na-yo
  熱が出ます。

☐ **몸살** [몸살] mom-sal 名. 疲れからくる全身のだるさ

  ☐ **오한** [오한] o-han 名. 悪寒

☐ **소화 불량** [소화 불량] so-hwa bul-ryang 消化不良

  ☐ **속 쓰림** [속 쓰림] sok sseu-rim 胸やけ

  ☐ **위염** [위염] wi-yeom 名. 胃炎

- ☐ 맹장염 [맹장념] maeng-jang-nyeom 名. 盲腸炎
- ☐ 메스껍다 [메스껍따] me-seu-ggeop-dda 形. 気持ち悪い、ムカムカする
- ☐ 체 [체] che 名. 胃もたれ
  - = 배탈 [배탈] bae-tal
  - ☐ 체하다 [체하다] che-ha-da 動. 胃もたれする
- ☐ 구토 [구토] gu-to 名. 嘔吐
  - ☐ 입덧 [입떧] ip-ddeot 名. つわり
- ☐ 설사 [설싸] seol-ssa 名. 下痢
  - ☐ 변비 [변비] byeon-bi 名. 便秘

  설사를 해요.
  seol-ssa-reul hae-yo
  下痢をします。

- ☐ 혈압 [혀랍] hyeo-rap 名. 血圧
  - ☐ 고혈압 [고혀랍] go-hyeo-rap 名. 高血圧
  - ☐ 저혈압 [저:혀랍] jeo-hyeo-rap 名. 低血圧

  나는 고혈압이에요.
  na-neun go-hyeo-ra-bi e-yo
  私は高血圧です。

- ☐ 현기증 [현:기쯩] hyeon-gi-jjeung 名. 目まい
  - = 어지럼증 [어지럼쯩] eo-ji-reom-jjeung
  - ☐ 어지럽다 [어지럽따] eo-ji-reop-dda 形. 目まいがする
  - ☐ 빈혈 [빈혈] bin-hyeol 名. 貧血

- ☐ 두드러기 [두드러기] du-deu-reo-gi 名. 蕁麻疹
  - ☐ 뾰루지 [뽀루지] bbyo-ru-ji 名. 吹き出物

- ☐ 알레르기 [알레르기] al-re-reu-gi 名. アレルギー → **tip.**「알러지[al-reo-ji]」と言う人もいます。

- ☐ 가렵다 [가렵따] ga-ryeop-dda 形. 痒い

- ☐ 부르트다 [부르트다] bu-reu-teu-da 動. 腫れる、ただれる

- ☐ 유전병 [유전뼝] yu-jeon-bbyeong 名. 遺伝性疾患

- ☐ 치과 [치꽈] chi-ggwa 名. 歯科
  - ☐ 앞니 [암니] am-ni 名. 前歯
  - ☐ 송곳니 [송:곤니] song-gon-ni 名. 犬歯
  - ☐ 어금니 [어금니] eo-geum-ni 名. 奥歯
  - ☐ 사랑니 [사랑니] sa-rang-ni 名. 親知らず

- ☐ 충치 [충치] chung-chi 名. 虫歯

- ☐ 잇몸 [인몸] in-mom 名. 歯茎

- ☐ 스케일링 [스케일링] seu-ke-il-ring 名. スケーリング、歯石除去

- ☐ 치아 교정 [치아 교:정] chi-a gyo-jeong 歯列矯正
  - ☐ 치아 교정기 [치아 교:정기] chi-a gyo-jeong-gi 歯列矯正器具

- ☐ 입원 [이붠] i-bwon 名. 入院
  - ☐ 입원하다 [이붠하다] i-bwon-ha-da 動. 入院する

    입원하는 게 좋을까요?
    i-beon-ha-neun ge jo-eul-gga-yo?
    入院したほうがいいですか。

- ☐ 퇴원 [퇴:원/퉤:원] toe-won/twe-won 名. 退院
  - ☐ 퇴원하다 [퇴:원하다/퉤:원하다] toe-won-ha-da/twe-won-ha-da 動. 退院する

- ☐ 병실 [병:실] byeong-sil 名. 病室

ユニット19. 病院と銀行

- 수술 [수술] su-sul 名. 手術
- 마취 [마취] ma-chwi 名. 麻酔
  - 전신 마취 [전신 마취] jeon-sin ma-chwi 全身麻酔
  - 국소 마취 [국쏘 마취] guk-sso ma-chwi 局所麻酔
  = 국부 마취 [국뿌 마취] guk-bbu ma-chwi
- 의료 보험 [의료 보:험] ui-ryo bo-heom 医療保険
- 진단서 [진:단서] jin-dan-seo 名. 診断書
- 처방전 [처:방전] cheo-bang-jeon 名. 処方箋

  처방전을 써 드릴게요.
  cheo-bang-jeo-neul sseo deu-ril-gge-yo
  処方箋を書きますね。

- 약국 [약꾹] yak-gguk 名. 薬局
- 약 [약] yak 名. 薬
  - 진통제 [진:통제] jin-tong-je 名. 痛み止め、鎮痛薬
  - 해열제 [해:열쩨] hae-yeol-jje 名. 解熱剤
  - 소화제 [소화제] so-hwa-je 名. 消化剤
  - 수면제 [수면제] su-myeon-je 名. 睡眠薬

  요즘 복용하는 약은 있나요?
  yo-jeum bo-gyong-ha-neun ya-geun in-na-yo?
  最近飲んでいる薬はありますか。

- 부작용 [부:자공] bu-ja-gyong 名. 副作用

  이 약에 부작용은 없나요?
  i ya-ge bu-ja-gyong-eun eom-na-yo?
  この薬に副作用はありませんか。

247

- ☐ 연고 [연:고] yeon-go 名. 軟膏

- ☐ 붕대 [붕대] bung-dae 名. 包帯
  - ☐ 반창고 [반창고] ban-chang-go 名. 絆創膏

- ☐ 은행 [은행] eun-haeng 名. 銀行

- ☐ 돈 [돈:] don 名. お金
  - ☐ 화폐 [화:폐/화:페] hwa-pye/hwa-pe 名. 貨幣
  - ☐ 통화 [통화] tong-hwa 名. 通貨

- ☐ 현금 [현:금] hyeon-geum 名. 現金
  - ☐ 지폐 [지폐/지페] ji-pye/ji-pe 名. 札
  - ☐ 동전 [동전] dong-jeon 名. 小銭
  - = 주화 [주:화] ju-hwa

- ☐ 수표 [수표] su-pyo 名. 小切手

- ☐ 증권 [증꿘] jeung-ggwon 名. 証券

- ☐ 계좌 [계:좌/게:좌] gye-jwa/ge-jwa 名. 口座
  - ☐ 통장 [통장] tong-jang 名. 通帳

  저축 계좌를 개설하고 싶어요.
  jeo-chuk gye-jwa-reul gae-seol-ha-go si-peo-yo
  貯蓄口座を作りたいです。

- ☐ 저축 [저:축] jeo-chuk 名. 貯蓄
  - = 저금 [저:금] jeo-geum
  - = 예금 [예:금] ye-geum
  - ☐ 보통 예금 [보:통 예:금] bo-tong ye-geum 普通預金
  - ☐ 정기 예금 [정:기 예:금] jeong-gi ye-geum 定期預金

- ☐ 적금 [적끔] jeok-ggeum 名. 貯金
- ☐ 입금 [입끔] ip-ggeum 名. 入金
  - ☐ 입금하다 [입끔하다] ip-ggeum-ha-da 動. 入金する
- ☐ 출금 [출금] chul-geum 名. 出金
  - = 인출 [인출] in-chul
  - ☐ 출금하다 [출금하다] chul-geum-ha-da 動. 下ろす、引き出す
  - = 인출하다 [인출하다] in-chul-ha-da
  - = 돈을 찾다 [도늘 찯따] do-neul chat-dda

  얼마 인출하실 거예요?
  eol-ma in-chul-ha-sil ggeo-ye-yo?
  いくら引き出しますか。

- ☐ 잔고 [잔고] jan-go 名. 残高

  당신의 계좌 잔고가 부족합니다.
  dang-si-ne gye-jwa jan-go-ga bu-jo-kam-ni-da
  あなたの口座残高が足りません。

- ☐ 조회 [조:회/조:훼] jo-hoe/jo-hwe 名. 照会
- ☐ 이체 [이체] i-che 名. 振込
  - ☐ 자동 이체 [자동 이체] ja-dong i-che 自動振込
  - ☐ 송금 [송:금] song-geum 名. 送金
- ☐ 이자 [이:자] i-ja 名. 利子
  - ☐ 금리 [금니] geum-ni 名. 金利
- ☐ 대출 [대:출] dae-chul 名. 貸し出し、貸付
  - ☐ 빚 [빋] bit 名. 借金
- ☐ 외화 [외:화/웨:화] oe-hwa/we-hwa 名. 外貨

ユニット 19. 病院と銀行

- ☐ 환율 [화:뉼] hwa-nyul 名. 為替レート

- ☐ 환전 [환:전] hwan-jeon 名. 両替
  - ☐ 환전하다 [환:전하다] hwan-jeon-ha-da 動. 両替する
  - ☐ 환전소 [환:전소] hwan-jeon-so 名. 両替所

- ☐ 원화 [원화] won-hwa 名. ウォン
  - ☐ 원 [원] won 依名. ウォン

- ☐ 엔화 [엔화] en-hwa 名. 円
  - ☐ 엔 [엔] en 依名. 円

    엔화를 원화로 환전하고 싶어요.
    dal-reo-reul won-hwa-ro hwan-jeon-ha-go si-peo-yo
    私は円をウォンに両替したいです。

- ☐ 달러 [달러] dal-reo 名./依名. ドル

- ☐ 모기지 [모기지] mo-gi-ji 名. モーゲージ、担保
  - ☐ 모기지 대출 [모기지 대출] mo-gi-ji dae-chul
    モーゲージローン、住宅ローン

- ☐ 신용 카드 [시:농 카드] si-nyong ka-deu クレジットカード
  - ☐ 체크 카드 [체크 카드] che-keu ka-deu デビットカード

- ☐ 발급 [발급] bal-geup 名. 発給

- ☐ 수수료 [수수료] su-su-ryo 名. 手数料

    은행 이체 수수료가 있어요?
    eun-haeng i-che su-su-ryo-ga i-sseo-yo?
    銀行振込の手数料はありますか。

- ☐ 에이티엠 [에이티엠] e-i-ti-em 名. ATM
  - = 현금 인출기 [현:금 인출기] hyeon-geum in-chul-gi

☐ **인터넷 뱅킹** [인터넷 뱅킹] in-teo-net baeng-king インターネットバンキング

인터넷 뱅킹을 신청하고 싶은데요.
in-teo-net baeng-king-eul sin-cheong-ha-go si-peun-de-yo
インターネットバンキングを申し込みたいのですが。

☐ **비밀번호** [비ː밀번호] bi-mil-beon-ho 名. 暗証番号

= **패스워드** [패스워드] pae-seu-wo-deu

비밀번호를 입력하세요.
bi-mil-beon-ho-reul im-nyeo-ka-se-yo
暗証番号を入力してください。

#19 頭痛

有益な会話

キム・ミナ 누구 진통제 가지고 있는 사람?
nu-gu jin-tong-je ga-ji-go in-neun sa-ram?
誰か痛み止めを持ってる人いる？

イ・ジュンソ 왜? 무슨 일이니?
wae? mu-seun i-ri-ni?
何で？どうしたの？

キム・ミナ 두통이 엄청 심해.
du-tong-i eom-cheong sim-hae
頭痛がひどいの。

イ・ジュンソ 약통에 좀 있을 거야.
yak-tong-e jom i-sseul geo-ya
薬箱に少しあると思うよ。

チャプター 5. 社会生活

練習問題

単語を読んで、正しい意味と結びつけてください。

1. 병원 •
2. 상점, 가게 •
3. 요리 •
4. 은행 •
5. 음식점, 레스토랑 •
6. 장보기, 쇼핑 •
7. 직업 •
8. 카페, 커피숍 •
9. 커피 •
10. 학교 •
11. 학생 •
12. 회사 •

• 銀行
• カフェ、喫茶店
• コーヒー
• 会社
• 料理
• 病院
• 仕事、職業
• レストラン
• 学校
• 買い物
• 商店、店
• 学生

1. 병원 – 病院 2. 상점, 가게 – 商店、店 3. 요리 – 料理 4. 은행 – 銀行
5. 음식점, 레스토랑 – レストラン 6. 장보기, 쇼핑 – 買い物
7. 직업 – 仕事、職業 8. 카페, 커피숍 – カフェ、喫茶店 9. 커피 – コーヒー
10. 학교 – 学校 11. 학생 – 学生 12. 회사 – 会社

チャプター6

旅行

ユニット20. 交通
ユニット21. 運転
ユニット22. 宿泊
ユニット23. 観光
ユニット24. 事件と事故

ユニット 20.
交通 교통 gyo-tong

- 교통 [교통] gyo-tong
  名. 交通

- 표 [표] pyo 名. チケット
- 차표 [차표] cha-pyo
  = 승차권 [승차꿘] seung-cha-ggwon
  名. 乗車券

- 매표소 [매ː표소] mae-pyo-so
  名. 切符売り場

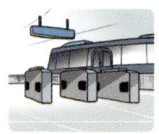

- 개찰구 [개ː찰구] gae-chal-gu
  名. 改札口

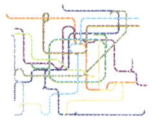

- 노선 [노ː선] no-seon 名. 路線
- 지하철 노선도 [지하철 노ː선도]
  ji-ha-cheol no-seon-do
  地下鉄路線図

- 목적지 [목쩍찌] mok-jjeok-jji
  = 행선지 [행선지] haeng-seon-ji
  名. 目的地

- 정류장 [정뉴장] jeong-nyu-jang
  = 정류소 [정뉴소] jeong-nyu-so
  名. 停留場

- 환승 [환ː승] hwan-seung
  名. 乗り換え

ユニット 20. 交通

☐ **지하철** [지하철] ji-ha-cheol
　名. 地下鉄

☐ **버스** [버스] beo-seu
　名. バス

☐ **택시** [택씨] taek-ssi
　名. タクシー

☐ **기차** [기차] gi-cha
　= **열차** [열차] yeol-cha
　名. 電車、列車

☐ **기차역** [기차역] gi-cha-yeok
　名. 駅

☐ **플랫폼** [플랫폼] peul-raet-pom
　名. 乗り場、ホーム

☐ **선로** [설로] seol-ro
　名. 線路

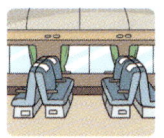

☐ **객실** [객씰] gaek-ssil
　名. 客室

255

☐ **비행기** [비행기] bi-haeng-gi
   名. 飛行機

☐ **공항** [공항] gong-hang
   名. 空港

☐ **일반석** [일반석] il-ban-seok
   名. エコノミークラス

☐ **비즈니스 클래스** [비즈니스 클래스]
   bi-jeu-ni-seu keul-rae-seu
   ビジネスクラス

☐ **항공권** [항:공꿘] hang-gong-ggwon
   名. 航空券

☐ **탑승권** [탑씅꿘] tap-sseung-ggwon
   名. 搭乗券

☐ **퍼스트 클래스** [퍼스트 클래스]
   peo-seu-teu keul-rae-seu
   ファーストクラス

☐ **여권** [여꿘] yeo-ggwon
   = **패스포트** [패스포트] pae-seu-po-teu
   名. パスポート

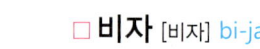

☐ **비자** [비자] bi-ja
   名. ビザ

☐ **터미널** [터미널] teo-mi-neol
   名. ターミナル

☐ **탑승구** [탑씅구] tap-sseung-gu
   名. 搭乗口

ユニット 20. 交通

☐ 출발 [출발] chul-bal
名. 出発

☐ 도착 [도:착] do-chak
名. 到着

☐ 이륙 [이:륙] i-ryuk
名. 離陸

☐ 착륙 [창뉵] chang-nyuk
名. 着陸

☐ 수하물 [수하물] su-ha-mul
名. 手荷物

☐ 비상구 [비:상구] bi-sang-gu
名. 非常口

☐ 면세점 [면:세점] myeon-se-jeom
名. 免税店

☐ 자전거 [자전거] ja-jeon-geo
名. 自転車

☐ 오토바이 [오토바이] o-to-ba-i
名. バイク

☐ 배 [배] bae 名. 船

☐ 보트 [보트] bo-teu
名. ボート

257

ユニット 20. 交通

- □ 교통 [교통] gyo-tong 名. 交通
- □ 대중교통 [대:중교통] dae-jung-gyo-tong 名. 公共交通機関
- □ 표 [표] pyo 名. チケット
  - □ 차표 [차표] cha-pyo 名. 乗車券
  - = 승차권 [승차꿘] seung-cha-ggwon
  - □ 기차표 [기차표] gi-cha-pyo 名. 電車の切符
- □ 매표소 [매:표소] mae-pyo-so 名. 切符売り場
- □ 요금 [요:금] yo-geum 名. 料金
- □ 개찰구 [개:찰구] gae-chal-gu 名. 改札口
- □ 시간표 [시간표] si-gan-pyo 名. 時刻表
- □ 노선 [노:선] no-seon 名. 路線
  - □ 지하철 노선도 [지하철 노:선도] ji-ha-cheol no-seon-do 地下鉄路線図
- □ 목적지 [목쩍찌] mok-jjeok-jji 名. 目的地
  - = 행선지 [행선지] haeng-seon-ji
- □ 차선 [차선] cha-seon 名. 車線
  - □ 버스 전용 차선 [버스 저뇽 차선] beo-seu jeo-nyong cha-seon バス専用車線
  - = 버스 전용 차로 [버스 저뇽 차로] beo-seu jeo-nyong cha-ro
- □ 정류장 [정뉴장] jeong-nyu-jang 名. 停留場
  - = 정류소 [정뉴소] jeong-nyu-so
- □ 종점 [종쩜] jong-jjeom 名. 終点
- □ 환승 [환:승] hwan-seung 名. 乗り換え
  - □ 환승하다 [환:승하다] hwan-seung-ha-da 動. 乗り換えする

- ☐ 환승역 [환:승녁] hwan-seung-nyeok 名. 乗り換え駅

    어디에서 환승해야 해요?
    eo-di-e-seo hwan-seung-hae-ya hae-yo?
    どこで乗り換えればいいですか。

- ☐ 지하철 [지하철] ji-ha-cheol 名. 地下鉄

    - ☐ 지하철역 [지하철력] ji-ha-cheol-ryeok 名. 地下鉄駅

        이 근처에 지하철역이 있어요?
        i geun-cheo-e ji-ha-cheol-ryeo-gi i-sseo-yo?
        この近くに地下鉄駅がありますか。

- ☐ 버스 [버스] beo-seu 名. バス

    - ☐ 시내버스 [시:내버스] si-nae-beo-seu 名. 市内バス
    - ☐ 고속버스 [고속뻐스] go-sok-bbeo-seu 名. 高速バス

        이 버스가 공항으로 가나요?
        i beo-seu-ga gong-hang-eu-ro ga-na-yo?
        このバスは空港まで行きますか。

- ☐ 택시 [택씨] taek-ssi 名. タクシー

- ☐ 전차 [전:차] jeon-cha 名. 路面電車

- ☐ 기차 [기차] gi-cha 名. 電車、列車

    = 열차 [열차] yeol-cha

    - ☐ 기차역 [기차역] gi-cha-yeok 名. 駅

- ☐ 급행열차 [그팽녈차] geu-paeng-nyeol-cha 名. 急行列車

    = 급행 [그팽] geu-paeng

- ☐ 완행열차 [완:행녈차] wan-haeng-nyeol-cha 名. 各駅停車

    = 완행 [완:행] wan-haeng

- 플랫폼 [플랟폼] peul-raet-pom 名. 乗り場、ホーム
  - = 승강장 [승강장] seung-gang-jang

- 선로 [설로] seol-ro 名. 線路

- 객실 [객씰] gaek-ssil 名. 客室

- 침대칸 [침:대칸] chim-dae-kan 名. 寝台車

- 짐칸 [짐칸] jim-kan 名. 貨物車両
  - = 화물칸 [화:물칸] hwa-mul-kan

- 식당 칸 [식땅 칸] sik-ddang kan 食堂車

- 비행기 [비행기] bi-haeng-gi 名. 飛行機
  - 항공 [항:공] hang-gong 名. 航空
  - 항공편 [항:공편] hang-gong-pyeon 名. 航空便
  - 항공사 [항:공사] hang-gong-sa 名. 航空会社

- 공항 [공항] gong-hang 名. 空港

  내가 공항으로 마중 나갈게요.
  nae-ga gong-hang-eu-ro ma-jung na-gal-ge-yo
  私が空港に迎えにいきます。

- 터미널 [터미널] teo-mi-neol 名. ターミナル

- 탑승구 [탑씅구] tap-sseung-gu 名. 搭乗口

- 항공권 [항:공꿘] hang-gong-ggwon 名. 航空券

  돌아갈 항공권을 갖고 있어요?
  do-ra-gal hang-gong-ggwo-neul gat-ggo i-sseo-yo?
  お帰りの航空券をお持ちですか。

- 탑승 [탑씅] tap-sseung 名. 搭乗

- 체크인 [체크인] che-keu-in 名. 搭乗手続き、チェックイン
  - = 탑승 수속 [탑쑹 수속] tap-sseung su-sok

  늦어도 출발 한 시간 전에는 체크인해 주세요.
  neu-jeo-do chul-bal han si-gan jeo-ne-neun che-keu-in-hae ju-se-yo
  遅くても出発時間の一時間前には搭乗手続きをしてください。

- 탑승권 [탑쓩꿘] tap-sseung-ggwon 名. 搭乗券

  탑승권을 보여 주실래요?
  tap-sseung-ggwo-neul bo-yeo ju-sil-rae-yo?
  搭乗券を見せていただけますか。

- 여권 [여꿘] yeo-ggwon 名. パスポート
  - = 패스포트 [패스포트] pae-seu-po-teu

  여권을 신청하려는데요.
  yeo-ggwo-neul sin-cheong-ha-reo-neun-de-yo
  パスポートを申請しようと思うのですが。

- 비자 [비자] bi-ja 名. ビザ
  - = 사증 [사쯩] sa-jjeung

- 신청 [신청] sin-cheong 名. 申請

- 발급 [발급] bal-geup 名. 発給

- 갱신 [갱ː신] gaeng-sin 名. 更新

- 출발 [출발] chul-bal 名. 出発
  - 떠나다 [떠나다] ddeo-na-da 動. 発つ

  언제 떠날 예정인가요?
  eon-je ddeo-nal ye-jeong-in-ga-yo?
  いつ発つ予定ですか。

□ **이륙** [이:륙] i-ryuk 名. **離陸**

　□ **이륙하다** [이:류카다] i-ryu-ka-da 動. **離陸する**

　잠시 후에 이륙해요.
　jam-si hu-e i-ryu-kae-yo
　しばらくして離陸します。

□ **착륙** [창뉵] chang-nyuk 名. **着陸**

　□ **착륙하다** [창뉴카다] chang-nyu-ka-da 動. **着陸する**

□ **도착** [도:착] do-chak 名. **到着**

　□ **도착하다** [도:차카다] do-cha-ka-da 動. **到着する**

　언제 공항에 도착해요?
　eon-je gong-hang-e do-cha-kae-hae-yo
　いつ空港に到着しますか。

□ **편도** [편도] pyeon-do 形. **片道**

　□ **왕복** [왕:복] wang-bok 名. **往復**

　부산행 편도로 한 장 주세요.
　bu-san-haeng pyeon-do-ro han jang ju-se-yo
　釜山行きの片道で一枚ください。

□ **직항** [지캉] ji-kang 名. **直行**

　□ **경유** [경유] gyeong-yu 名. **経由**

　□ **기항지** [기항지] gi-hang-ji 名. **経由地**

□ **좌석** [좌:석] jwa-seok 名. **座席**

　□ **창가석** [창까석] chang-gga-seok 名. **窓側の席**

　□ **통로석** [통노석] tong-no-seok 名. **通路側の席**

　창가석으로 주세요.
　chang-gga-seo-geu-ro ju-se-yo
　窓側の席をお願いします。

- ☐ 일반석 [일반석] il-ban-seok 名. エコノミークラス
  - = 보통석 [보ː통석] bo-tong-seok

- ☐ 비즈니스 클래스 [비즈니스 클래스] bi-jeu-ni-seu keul-rae-seu ビジネスクラス
  - = 이등석 [이ː등석] i-deung-seok 名.

- ☐ 퍼스트 클래스 [퍼스트 클래스] peo-seu-teu keul-rae-seu ファーストクラス
  - = 일등석 [일뜽석] il-ddeung-seok 名.

- ☐ 여행 가방 [여행 가방] yeo-haeng ga-bang スーツケース
  - = 트렁크 [트렁크] teu-reong-keu 名.

- ☐ 수하물 [수하물] su-ha-mul 名. 手荷物
  - = 수화물 [수화물] su-hwa-mul
  - ☐ 수하물 확인증 [수하물 화긴쯩] su-ha-mul hwa-gin-jjeung 荷物タグ
  - ☐ 초과 수하물 [초과 수하물] cho-gwa su-ha-mul 超過手荷物

- ☐ 출입국 [추립꾹] chu-rip-gguk 名. 出入国
  - ☐ 출입국 심사 [추립꾹 심사] chu-rip-gguk sim-sa 出入国審査
  - ☐ 출입국 신고서 [추립꾹 신고서] chu-rip-gguk sin-go-seo 出入国申告書
  - ☐ 출입국 카드 [추립꾹 카드] chu-rip-gguk ka-deu 出入国カード

- ☐ 조사 [조사] jo-sa 名. 調査
  - ☐ 확인 [화긴] hwa-gin 名. 確認

    제 짐이 어디에 있는지 확인해 주세요.
    je ji-mi eo-di-e in-neun-ji hwa-gin-hae ju-se-yo
    私の荷物がどこにあるのか確認してください。

- ☐ 보안 검색 [보ː안 검색] bo-an geom-saek セキュリティ検査
  - ☐ 보안 검색대 [보ː안 검ː색때] bo-an geom-saek-ddae セキュリティ検査台

ユニット 20. 交通

- 세관 [세ː관] se-gwan 名. 税関
  - 세관 검사 [세ː관 검ː사] se-gwan geom-sa 税関検査
  - 세관 신고서 [세ː관 신고서] se-gwan sin-go-seo 税関申告書

- 기내 [기내] gi-nae 名. 機内
  - 기내식 [기내식] gi-nae-sik 名. 機内食

- 안전띠 [안전띠] an-jeon-ddi 名. シートベルト
  - = 안전벨트 [안전벨트] an-jeon-bel-teu

  안전벨트를 매 주세요.
  an-jeon-bel-teu-reul mae ju-se-yo
  シートベルトをお締めください。

- 구명조끼 [구명조끼] gu-myeong-jo-ggi 名. ライフジャケット

- 비상구 [비ː상구] bi-sang-gu 名. 非常口

- 면세점 [면ː세점] myeon-se-jeom 名. 免税店
  - 면세품 [면ː세품] myeon-se-pum 名. 免税品

- 자전거 [자전거] ja-jeon-geo 名. 自転車
  - 자전거 도로 [자전거 도로] ja-jeon-geo do-ro 自転車道路

- 오토바이 [오토바이] o-to-ba-i 名. バイク、オートバイ

- 헬멧 [헬멛] hel-met 名. ヘルメット

- 배 [배] bae 名. 船
  - = 선박 [선박] seon-bak

- 보트 [보트] bo-teu 名. ボート

- 요트 [요트] yo-teu 名. ヨット

- 항구 [항:구] hang-gu 名. 港

- 멀미 [멀미] meol-mi 名. 乗り物酔い

#20 航空券の予約

有益な会話

イ・ジュンソ 서울행 비행기표를 예약하려고요.
seo-ul-haeng bi-haeng-gi-pyo-reul ye-ya-ka-ryeo-go-yo
ソウル行きの飛行機チケットの予約をしたいです。

職員 언제 출발 예정이세요?
eon-je chul-bal ye-jeong-i-se-yo?
いつご出発の予定でございますか。

イ・ジュンソ 12월 20일에서 23일 사이에 떠나고 싶은데요.
si-bi-wol i-si-bi-re-seo i-sip-ssa-mil sa-i-e ddeo-na-go si-peun-de-yo
十二月二十日から二十三日の間に出発したいのですが。

職員 편도예요, 왕복이에요?
pyeon-do-ye-yo, wang-bo-gi-e-yo?
片道ですか、往復ですか。

イ・ジュンソ 왕복으로 주세요.
wang-bo-geu-ro ju-se-yo
往復チケットでお願いします。

ユニット 21.
運転 운전 un-jeon

☐ **운전** [운ː전] un-jeon 名. 運転

☐ **운전하다** [운ː전하다] un-jeon-ha-da
動. 運転する

☐ **자동차** [자동차] ja-dong-cha
名. 車

☐ **에스유브이** [에스유브이]
e-seu-yu-beu-i
名. SUV

☐ **오픈카** [오픈카] o-peun-ka
名. オープンカー

☐ **밴** [밴] baen
名. バン

☐ **트럭** [트럭] teu-reok
= **화물 자동차** [화ː물 자동차]
hwa-mul ja-dong-cha
名. トラック

☐ **핸들** [핸들] haen-deul
名. ハンドル

☐ **밟다** [밥ː따] bap-dda
動. 踏む

ユニット 21. 運転

☐ **정지하다** [정지하다] jeong-ji-ha-da
= **멈추다** [멈추다] meom-chu-da
動. 停止する、止まる

☐ **헤드라이트** [헤드라이트] he-deu-ra-i-teu
= **전조등** [전조등] jeon-jo-deung
名. ヘッドライト

☐ **경적** [경:적] gyeong-jeok
= **클랙슨** [클랙쓴] keul-raek-sseun
名. クラクション

☐ **백미러** [백미러] baek-mi-reo
名. バックミラー

☐ **바퀴** [바퀴] ba-kwi 名. 車輪
☐ **타이어** [타이어] ta-i-eo 名. タイヤ

☐ **위반** [위반] wi-ban
名. 違反

☐ **속도위반** [속또위반] sok-ddo-wi-ban
名. スピード違反

☐ **음주 운전** [음:주 운:전] eum-ju un-jeon
飲酒運転

267

□ 벌금 [벌금] beol-geum
= 범칙금 [범ː칙끔] beom-chik-ggeum
名. 罰金

□ 교통 표지판 [교통 표지판]
gyo-tong pyo-ji-pan
交通標識

□ 신호등 [신ː호등] sin-ho-deung
名. 信号機

□ 건널목 [건ː널목] geon-neol-mok
名. 踏切

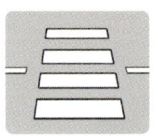

□ 횡단보도 [횡단보도/휑단보도]
hoeng-dan-bo-do/hweng-dan-bo-do
名. 横断歩道

□ 속도 [속또] sok-ddo
名. 速度

□ 빠르다 [빠르다] bba-reu-da 形. 速い
□ 빨리 [빨리] bbal-ri 副. 速く

□ 느리다 [느리다] neu-ri-da 形. 遅い
□ 천천히 [천ː천히] cheon-cheon-hi
副. ゆっくり

☐ **주유** [주:유] ju-yu
　名. 給油

☐ **주유소** [주:유소] ju-yu-so
　名. ガソリンスタンド

☐ **세차** [세:차] se-cha
　名. 洗車

☐ **세차장** [세:차장] se-cha-jang
　名. 洗車場

☐ **주차** [주:차] ju-cha
　名. 駐車

☐ **주차장** [주:차장] ju-cha-jang
　名. 駐車場

☐ **도로** [도:로] do-ro
　名. 道路

☐ **보도** [보:도] bo-do
　= **인도** [인도] in-do
　名. 歩道

ユニット 21. 運転

- 운전 [운ː전] un-jeon 名. 運転
- 운전하다 [운ː전하다] un-jeon-ha-da 動. 運転する

  운전할 수 있어요?
  un-jeon-hal ssu i-sseo-yo?
  運転できますか。

- 운전면허 [운ː전면허] un-jeon-myeon-heo 名. 運転免許
  - 운전면허증 [운ː전면허쯩] un-jeon-myeon-heo-jjeung 名. 運転免許証
  - 운전면허 시험 [운ː전면허 시험] un-jeon-myeon-heo si-heom 運転免許試験
  - 국제 운전면허증 [국쩨 운ː전면허쯩] guk-jje un-jeon-myeon-heo-jjeung
    国際運転免許証

- 자동차 [자동차] ja-dong-cha 名. 車
  - 대형 자동차 [대ː형 자동차] dae-hyeong ja-dong-cha 大型車
  - = 대형차 [대ː형차] dae-hyeong-cha 名.
  - 소형 자동차 [소ː형 자동차] so-hyeong ja-dong-cha 小型車
  - = 소형차 [소ː형차] so-hyeong-cha 名.

- 에스유브이 [에스유브이] e-seu-yu-beu-i 名. SUV

- 오픈카 [오픈카] o-peun-ka 名. オープンカー

- 밴 [밴] baen 名. バン

- 트럭 [트럭] teu-reok 名. トラック
  - = 화물 자동차 [화ː물 자동차] hwa-mul ja-dong-cha

- 렌터카 [렌터카] ren-teo-ka 名. レンタカー

- 핸들 [핸들] haen-deul 名. ハンドル
  - 파워 핸들 [파워 핸들] pa-wo haen-deul パワーステアリング

- ☐ 변속 기어 [변ː속 기어] byeon-sok gi-eo 変速ギア
  - ☐ 자동 변속기 [자동 변ː속끼] ja-dong byeon-sok-ggi オートマ(AT)
  - ☐ 수동 변속기 [수동 변ː속끼] su-dong byeon-sok-ggi マニュアル
- ☐ 안전띠 [안전띠] an-jeon-ddi 名. シートベルト
  - = 안전벨트 [안전벨트] an-jeon-bel-teu
- ☐ 밟다 [밥ː따] bap-dda 動. 踏む
- ☐ 액셀러레이터 [액쎌러레이터] aek-ssel-reo-re-i-teo 名. アクセル
  - = 액셀 [액쎌] aek-ssel
  - = 가속 페달 [가속 페달] ga-sok pe-dal
- ☐ 클러치 [클러치] keul-reo-chi 名. クラッチ
  - = 클러치 페달 [클러치 페달] keul-reo-chi pe-dal
- ☐ 브레이크 [브레이크] beu-re-i-keu 名. ブレーキ
  - ☐ 사이드 브레이크 [사이드 브레이크] sa-i-deu beu-re-i-keu ハンドブレーキ
- ☐ 정지 [정지] jeong-ji 名. 停止
  - ☐ 정지하다 [정지하다] jeong-ji-ha-da 動. 止まる
  - = 멈추다 [멈추다] meom-chu-da
- ☐ 범퍼 [범퍼] beom-peo 名. バンパー
- ☐ 보닛 [보닏] bo-nit 名. ボンネット
- ☐ 와이퍼 [와이퍼] wa-i-peo 名. ワイパー
- ☐ 트렁크 [트렁크] teu-reong-keu 名. トランク
- ☐ 헤드라이트 [헤드라이트] he-deu-ra-i-teu 名. ヘッドライト
  - = 전조등 [전조등] jeon-jo-deung

ユニット 21. 運転

- ☐ 깜빡이 [깜빠기] ggam-bba-gi 名. ウィンカー
  - = 방향 지시 등 [방향 지시 등] bang-hyang ji-si deung
- ☐ 비상등 [비:상등] bi-sang-deung 名. ハザードランプ
- ☐ 경적 [경:적] gyeong-jeok 名. クラクション
  - = 클랙슨 [클랙쓴] keul-raek-sseun
- ☐ 백미러 [백미러] baek-mi-reo 名. バックミラー
  - ☐ 사이드 미러 [사이드 미러] sa-i-deu mi-reo サイドミラー
- ☐ 후방 카메라 [후:방 카메라] hu-bang ka-me-ra バックカメラ
- ☐ 번호판 [번호판] beon-ho-pan 名. ナンバープレート
- ☐ 바퀴 [바퀴] ba-kwi 名. 車輪
  - ☐ 타이어 [타이어] ta-i-eo 名. タイヤ
  - ☐ 스노타이어 [스노타이어] seu-no-ta-i-eo 名. スノータイヤ
  - ☐ 스페어타이어 [스페어타이어] seu-pe-eo-ta-i-eo 名. スペアタイヤ

  타이어를 점검해 주세요.
  ta-i-eo-reul jeom-geom-hae ju-se-yo
  タイヤをチェックしてください。

- ☐ 펑크 [펑크] peong-keu 名. パンク(したタイヤ)
- ☐ 도로 교통법 [도:로 교통뻡] do-ro gyo-tong-bbeop 道路交通法
- ☐ 위반 [위반] wi-ban 名. 違反
  - ☐ 주차 위반 [주:차 위반] ju-cha wi-ban 駐車違反
  - ☐ 신호 위반 [신:호 위반] sin-ho wi-ban 信号違反
  - ☐ 속도위반 [속또위반] sok-ddo-wi-ban 名. スピード違反

    tip. 「속도위반」はカップルが結婚前に妊娠することを意味することもあります。

- **음주 운전** [음:주 운:전] eum-ju un-jeon 飲酒運転
  - **음주 측정기** [음:주 측쩡기] eum-ju cheuk-jjeong-gi アルコール測定器

  음주 측정기를 부세요.
  eum-ju cheuk-jjeong-gi-reul bu-se-yo
  アルコール測定器に吹いてください。

- **벌금** [벌금] beol-geum 名. 罰金
  = **범칙금** [범:칙끔] beom-chik-ggeum

  벌금은 얼마예요?
  beol-geu-meun eol-ma-ye-yo?
  罰金はいくらですか。

- **표지판** [표지판] pyo-ji-pan 名. 標識
  - **교통 표지판** [교통 표지판] gyo-tong pyo-ji-pan 交通標識
  - **도로 표지판** [도로 표지판] do-ro pyo-ji-pan 道路標識

- **일방통행** [일방통행] il-bang-tong-haeng 名. 一方通行

- **신호등** [신:호등] sin-ho-deung 名. 交通信号機
  - **빨간불** [빨간불] bbal-gan-bul 名. 赤信号
  = **적신호** [적씬호] jeok-ssin-ho
  - **파란불** [파란불] pa-ran-bul 名. 青信号
  = **청신호** [청신호] cheong-sin-ho
  = **초록불** [초록뿔] cho-rok-bbul
  = **녹색등** [녹쌕뜽] nok-ssaek-ddeung
  - **노란불** [노란불] no-ran-bul 名. 黄信号

- **횡단보도** [횡단보도/휑단보도] hoeng-dan-bo-do/hweng-dan-bo-do 名. 横断歩道
  - **무단 횡단** [무단 횡단/무단 휑단] mu-dan hoeng-dan/mu-dan hweng-dan
  無断横断

273

- ☐ **건널목** [건ː널목] geon-neol-mok 名. 踏切

- ☐ **육교** [육꾜] yuk-ggyo 名. 歩道橋

- ☐ **지하도** [지하도] ji-ha-do 名. 地下道

- ☐ **운전자** [운ː전자] un-jeon-ja 名. 運転手

- ☐ **보행자** [보ː행자] bo-haeng-ja 名. 歩行者
    - = **행인** [행인] haeng-in

- ☐ **속도** [속또] sok-ddo 名. スピード
    - = **스피드** [스피드] seu-pi-deu
    - ☐ **제한 속도** [제한 속또] je-han sok-ddo 制限速度
    - ☐ **과속** [과ː속] gwa-sok 名. スピードの出しすぎ

- ☐ **빠르다** [빠르다] bba-reu-da 形. 速い
    - ☐ **빨리** [빨리] bbal-ri 副. 速く

- ☐ **급하다** [그파다] geo-pa-da 形. 急だ
    - ☐ **급히** [그피] geu-pi 副. 急に

- ☐ **느리다** [느리다] neu-ri-da 形. 遅い
    - ☐ **천천히** [천ː천히] cheon-cheon-hi 副. ゆっくり

    천천히 가 주세요.
    cheon-cheon-hi ga ju-se-yo
    ゆっくり行ってください。

- ☐ **주유** [주ː유] ju-yu 名. 給油
    - ☐ **주유소** [주ː유소] ju-yu-so 名. ガソリンスタンド
    - ☐ **셀프 주유소** [셀프 주ː유소] sel-peu ju-yu-so セルフガソリンスタンド

이 근처에 주유소가 있어요?
i geun-cheo-e ju-yu-so-ga i-sseo-yo?
この辺にガソリンスタンドがありますか。

ユニット 21. 運転

- □ **휘발유** [휘발류] hwi-bal-ryu 名. ガソリン
    - = **가솔린** [가솔린] ga-sol-rin
- □ **경유** [경유] gyeong-yu 名. 軽油
    - = **디젤유** [디젤류] di-jel-ryu
- □ **천연가스** [처년가스] cheo-nyeon-ga-seu 名. 天然ガス
- □ **충전소** [충전소] chung-jeon-so 名. 充電所
- □ **리터** [리터] li-teo 依名. リットル
- □ **양** [양] yang 名. 量
- □ **연비** [연비] yeon-bi 名. 燃費
- □ **세차** [세:차] se-cha 名. 洗車
    - □ **세차장** [세:차장] se-cha-jang 名. 洗車場
- □ **주차** [주:차] ju-cha 名. 駐車
    - □ **정차** [정차] jeong-cha 名. 停車
- □ **주차장** [주:차장] ju-cha-jang 名. 駐車場
    - □ **무료 주차장** [무료 주:차장] mu-ryo ju-cha-jang 無料駐車場
    - □ **유료 주차장** [유:료 주:차장] yu-ryo ju-cha-jang 有料駐車場

주차장은 어디에 있어요?
ju-cha-jang-eun eo-di-e i-sseo-yo?
駐車場はどこにありますか。

- □ **주차 금지** [주:차 금:지] ju-cha geum-ji 駐車禁止

275

☐ **불법 주차** [불법 주:차/불뻡 주:차] bul-beop ju-cha/bul-bbeop ju-cha 無断駐車

= **무단 주차** [무단 주:차] mu-dan ju-cha

☐ **주차 단속** [주:차 단속] ju-cha dan-sok 駐車違反取締り

☐ **러시아워** [러시아워] reo-si-a-wo 名. ラッシュアワー

　☐ **교통 체증** [교통 체증] gyo-tong che-jeung 交通渋滞

　= **교통 정체** [교통 정체] gyo-tong jeong-che

☐ **찻길** [차낄/찯낄] cha-ggil/chat-ggil 名. 車道

= **차도** [차도] cha-do

☐ **차선** [차선] cha-seon 名. 車線

　☐ **중앙선** [중앙선] jung-ang-seon 名. 中央線

　☐ **유턴** [유턴] yu-teon 名. Uターン

　☐ **좌회전** [좌:회전/좌:훼전] jwa-hoe-jeon/jwa-hwe-jeon 名. 左折

　☐ **우회전** [우:회전/우:훼전] u-hoe-jeon/u-hwe-jeon 名. 右折

　이 차선은 좌회전 전용입니다.
　i cha-seo-neun jwa-hoe-jeon jeo-nyong-im-ni-da
　この車線は左折専用です。

☐ **도로** [도:로] do-ro 名. 道路

　☐ **고속도로** [고속도:로] go-sok-do-ro 名. 高速道路

　☐ **톨게이트** [톨게이트] tol-ge-i-teu 名. 料金所、トールゲート

☐ **통행료** [통행뇨] tong-haeng-nyo 名. 通行料金

☐ **교차로** [교차로] gyo-cha-ro 名. 交差点

　☐ **사거리** [사:거리] sa-geo-ri 名. 十字路

☐ **로터리** [로터리] ro-teo-ri 名. ロータリー

- 갓길 [가ː낄/갇ː낄] ga-ggil/gat-ggil 名. 路肩

- 터널 [터널] teo-neol 名. トンネル

- 보도 [보ː도] bo-do 名. 歩道
  = 인도 [인도] in-do
  = 보행로 [보ː행노] bo-haeng-no

#21 交通違反

有益な会話

警察 안녕하세요. 운전면허증을 보여 주세요.
an-nyoung-ha-se-yo. un-jeon myeon-heo-jjeung-eul bo-yeo ju-se-yo
こんにちは。運転免許証を見せていただけますか。

イ・ジュンソ 왜요? 너무 빨리 갔나요?
wae-yo? neo-mu bbal-ri gan-na-yo?
どうしてですか。スピードを出しすぎましたか。

警察 아니요, 안전벨트를 안 매셨습니다.
a-ni-yo, an-jeon-bel-teu-reul an mae-syeot-sseum-ni-da
いいえ、シートベルトを締めていません。

イ・ジュンソ 죄송합니다. 급하게 출발하느라요.
딱지를 끊나요?
joe-song-ham-ni-da. geu-pa-ge chul-bal-ha-neu-ra-yo.
ddak-ji-reul ggeun-na-yo?
申し訳ありません、急いで出発したので。
切符を切られますか。

警察 네, 3만 원의 범칙금이 있습니다.
ne, sam-man wo-ne beom-chik-ggeu-mi it-sseum-ni-da
はい、3万ウォンの罰金になります。

ユニット 22.
宿泊 숙박 suk-bbak

- **머무르다** [머무르다] meo-mu-reu-da
  = **묵다** [묵따] muk-dda
  = **체류하다** [체류하다] che-ryu-ha-da
  動. 泊まる

- **숙소** [숙쏘] suk-sso
  = **숙박 시설** [숙빡 시ː설] suk-bbak si-seol
  名. 宿泊施設

- **호텔** [호텔] ho-tel
  名. ホテル

- **로비** [로비] ro-bi
  名. ロビー

- **체크인** [체크인] che-keu-in
  名. チェックイン

- **체크아웃** [체크아웃] che-keu-a-ut
  名. チェックアウト

- **객실** [객씰] gaek-ssil
  名. 客室
- **싱글 룸** [싱글 룸] sing-geul rum
  シングルルーム

- **더블 룸** [더블 룸] deo-beul rum
  ダブルルーム
- **스위트룸** [스위트룸] seu-wi-teu-rum
  名. スイートルーム

ユニット 22. 宿泊

☐ **룸서비스** [룸서비스] rum-seo-bi-seu
名. ルームサービス

☐ **불평** [불평] bul-pyeong
名. クレーム、文句

☐ **냉방** [냉ː방] naeng-bang
名. 冷房

☐ **난방** [난ː방] nan-bang
名. 暖房

☐ **화장실** [화장실] hwa-jang-sil
名. お手洗い

☐ **세탁실** [세ː탁씰] se-tak-ssil
名. 洗濯室

☐ **깨끗하다** [깨끄타다] ggae-ggeu-ta-da
形. きれいだ

☐ **더럽다** [더ː럽따] deo-reop-dda
形. 汚い

☐ **편하다** [편하다] pyeon-ha-da
　= **안락하다** [알라카다] al-ra-ka-da
　形. 居心地の良い

☐ **불편하다** [불편하다] bul-pyeon-ha-da
　形. 居心地の悪い

☐ **예약** [예:약] ye-yak
　名. 予約

☐ **예약하다** [예:야카다] ye-ya-ka-da
　動. 予約する

☐ **취소** [취:소] chwi-so
　名. キャンセル

☐ **취소하다** [취:소하다] chwi-so-ha-da
　動. キャンセルする

☐ **침구** [침:구] chim-gu 名. 寝具

☐ **시트** [시트] si-teu 名. シーツ

☐ **이불** [이불] i-bul 名. 布団

☐ **담요** [담:뇨] dam-nyo 名. 毛布

☐ **베개** [베개] be-gae
　名. 枕

☐ **수건** [수:건] su-geon
　名. タオル

- 샴푸 [샴푸] syam-pu 名. シャンプー
- 린스 [린스] rin-seu 名. リンス
- 보디 샴푸 [보디 샴푸] bo-di syam-pu
  ボディシャンプー

- 비누 [비누] bi-nu
  名. 石鹸

- 칫솔 [치쏠/칟쏠] chi-ssol/chit-ssol
  名. 歯ブラシ
- 치약 [치약] chi-yak
  名. 歯磨き粉

- 빗 [빋] bit
  = 머리빗 [머리빋] meo-ri-bit
  名. くし

- 드라이어 [드라이어] deu-ra-i-eo
  = 헤어드라이어 [헤어드라이어] he-eo-deu-ra-i-eo
  名. ヘアドライヤー

- 면도기 [면ː도기] myeon-do-gi
  名. カミソリ

- 화장지 [화장지] hwa-jang-ji
  = 휴지 [휴지] hyu-ji
  名. トイレットペーパー

- 티슈 [티슈] ti-syu
  名. ティッシュペーパー

ユニット22. 宿泊

281

ユニット 22. 宿泊

- **숙박** [숙빡] suk-bbak 名. 宿泊

- **머무르다** [머무르다] meo-mu-reu-da 動. 泊まる、滞在する
  - = **묵다** [묵따] muk-dda
  - = **체류하다** [체류하다] che-ryu-ha-da

  친구네에서 머무를 거예요.
  chin-gu-ne-e-seo meo-mu-reul geo-ye-yo
  友達の家に泊まります。

- **숙소** [숙쏘] suk-sso 名. 宿泊施設
  - = **숙박 시설** [숙빡 시:설] suk-bbak si-seol

- **호텔** [호텔] ho-tel 名. ホテル

- **호스텔** [호스텔] ho-seu-tel 名. ホステル
  - **유스 호스텔** [유스 호스텔] yu-seu ho-seu-tel ユースホステル

- **모텔** [모텔] mo-tel 名. モーテル
  - **여관** [여관] yeo-gwan 名. 旅館、宿屋

  tip. 「여관」は日本では高級宿泊施設ですが、韓国では安い宿泊施設です。

- **민박** [민박] min-bak 名. 民宿

- **프런트** [프런트] peu-reon-teu 名. フロント

- **로비** [로비] ro-bi 名. ロビー

- **체크인** [체크인] che-keu-in 名. チェックイン

  체크인은 몇 시부터입니까?
  che-keu-i-neun meot si-bu-teo-im-ni-gga?
  チェックインは何時からですか。

- **체크아웃** [체크아웃] che-keu-a-ut 名. チェックアウト

- 객실 [객씰] gaek-ssil 名. 客室
  - 싱글 룸 [싱글 룸] sing-geul rum シングルルーム
  - 더블 룸 [더블 룸] deo-beul rum ダブルルーム
  - 스위트룸 [스위트룸] seu-wi-teu-rum 名. スイートルーム
- 룸서비스 [룸서비스] rum-seo-bi-seu 名. ルームサービス

  룸서비스를 이용하지 않았어요.
  rum-seo-bi-seu-reul i-yong-ha-ji a-na-sseo-yo
  ルームサービスを利用していませんでした。

- 만족 [만족] man-jok 名. 満足
  - 만족하다 [만조카다] man-jo-ka-da 形. 満足だ 動. 満足する
- 불평 [불평] bul-pyeong 名. クレーム、文句
  - 불평하다 [불평하다] bul-pyeong-ha-da 動. 文句を言う
  - = 투덜거리다 [투덜거리다] tu-deol-geo-ri-da
- 시설 [시:설] si-seol 名. 施設
  - 설비 [설비] seol-bi 名. 設備
- 냉난방 [냉:난방] naeng-nan-bang 名. 冷暖房
  - 냉방 [냉:방] naeng-bang 名. 冷房
  - 난방 [난:방] nan-bang 名. 暖房
- 통풍 [통풍] tong-pung 名. 風通し、換気
  - = 환기 [환:기] hwan-gi
- 호텔 종사자 [호텔 종사자] ho-tel jong-sa-ja ホテル従業員
  - 도어맨 [도어맨] do-eo-man 名. ドアマン
  - 호텔 포터 [호텔 포터] ho-tel po-teo ホテルスタッフ

ユニット 22. 宿泊

- ☐ 화장실 [화장실] hwa-jang-sil 名. お手洗い

- ☐ 세탁실 [세:탁씰] se-tak-ssil 名. 洗濯室

- ☐ 음식점 [음:식쩜] eum-sik-jjeom 名. レストラン
  - = 레스토랑 [레스토랑] re-seu-to-rang

- ☐ 뷔페 [뷔페] bwi-pe 名. バイキング、ビュッヒェ

- ☐ 무선 인터넷 [무선 인터넫] mu-seon in-teo-net 無線インターネット
  - ☐ 와이파이 [와이파이] wa-i-pa-i 名. Wi-Fi
  - = 근거리 무선망 [근:거리 무선망] geun-geo-ri mu-seon-mang
    - **tip.** 韓国では「와이파이」が「근거리 무선망」より多く使われます。

- ☐ 깨끗하다 [깨끄타다] ggae-ggeu-ta-da 形. きれいだ
  - = 청결하다 [청결하다] cheong-gyeol-ha-da

- ☐ 더럽다 [더:럽따] deo-reop-dda 形. 汚い
  - = 지저분하다 [지저분하다] ji-jeo-bun-ha-da
  - = 불결하다 [불결하다] bul-gyeol-ha-da

- ☐ 편하다 [편하다] pyeon-ha-da 形. 居心地の良い
  - = 안락하다 [알라카다] al-ra-ka-da

- ☐ 불편하다 [불편하다] bul-pyeon-ha-da 形. 居心地の悪い

- ☐ 전망 [전:망] jeon-mang 名. 展望、眺め

- ☐ 수영장 [수영장] su-yeong-jang 名. プール
  - = 풀장 [풀장] pul-jang

- ☐ 비치파라솔 [비치파라솔] bi-chi-pa-ra-sol 名. ビーチパラソル
  - = 파라솔 [파라솔] pa-ra-sol

- □ 요금 [요:금] yo-geum 名. 料金
  - □ 할인 요금 [하린 요:금] ha-rin yo-geum 割引料金
  - □ 추가 요금 [추가 요:금] chu-ga yo-geum 追加料金
    이 항목은 무슨 요금입니까?
    i hang-mo-geun mu-seun yo-geu-mim-ni-gga?
    この項目は何の料金ですか。

- □ 가격 [가격] ga-gyeok 名. 値段、価格
  - = 값 [갑] gap
  - □ 비용 [비:용] bi-yong 名. 費用
  - = 경비 [경비] gyeong-bi

- □ 보증금 [보증금] bo-jeung-geum 名. デポジット

- □ 지불 [지불] ji-bul 名. 支払い、会計
  - = 계산 [계:산/게:산] gye-san/ge-san
  - = 결제 [결쩨] gyeol-jje
  - □ 선불 [선불] seon-bul 名. 前払い
  - □ 후불 [후:불] hu-bul 名. 後払い

- □ 추가 [추가] chu-ga 名. 追加

- □ 세금 [세:금] se-geum 名. 税金
  - □ 면세 [면:세] myeon-se 名. 免税

- □ 박 [박] bak 依名. 泊
    3박 4일 묵을 예정이에요.
    sam-bak sa-il mu-geul ye-jeong-i-e-yo
    3泊4日泊まる予定です。

- □ 예약 [예:약] ye-yak 名. 予約
  - □ 예약하다 [예:야카다] ye-ya-ka-da 動. 予約する

ユニット 22. 宿泊

- ☐ 취소 [취:소] chwi-so 名. キャンセル
    - ☐ 취소하다 [취:소하다] chwi-so-ha-da 動. キャンセルする
- ☐ 빈방 [빈:방] bin-bang 名. 空室

    죄송하지만, 빈방이 없어요.
    joe-song-ha-ji-man, bin-bang-i eop-sseo-yo
    申し訳ありません、空室がありません。

- ☐ 침구 [침:구] chim-gu 名. 寝具
    - ☐ 이불 [이불] i-bul 名. 布団
    - ☐ 시트 [시트] si-teu 名. シーツ
    - ☐ 담요 [담:뇨] dam-nyo 名. 毛布
    - ☐ 베개 [베개] be-gae 名. 枕
- ☐ 수건 [수:건] su-geon 名. タオル
- ☐ 샴푸 [샴푸] syam-pu 名. シャンプー
    - ☐ 린스 [린스] rin-seu 名. リンス
- ☐ 보디 샴푸 [보디 샴푸] bo-di syam-pu ボディシャンプー
- ☐ 비누 [비누] bi-nu 名. 石鹸
- ☐ 샤워 캡 [샤워 캡] sya-wo kaep シャワーキャップ
- ☐ 칫솔 [치쏠/칟쏠] chi-ssol/chit-ssol 名. 歯ブラシ
    - ☐ 치약 [치약] chi-yak 名. 歯磨き粉
- ☐ 빗 [빋] bit 名. くし
    - = 머리빗 [머리빋] meo-ri-bit
- ☐ 면도 [면:도] myeon-do 名. 髭剃り
    - ☐ 면도기 [면:도기] myeon-do-gi 名. カミソリ

□ 드라이어 [드라이어] deu-ra-i-eo 名. ヘアドライヤー
　= 헤어드라이어 [헤어드라이어] he-eo-deu-ra-i-eo

□ 화장지 [화장지] hwa-jang-ji 名. トイレットペーパー
　= 휴지 [휴지] hyu-ji
　□ 티슈 [티슈] ti-syu 名. ティッシュペーパー

□ 냉장고 [냉ː장고] naeng-jang-go 名. 冷蔵庫

□ 커피포트 [커피포트] keo-pi-po-teu 名. 電気ケトル

□ 미니바 [미니바] mi-ni-ba 名. ミニバー

□ 다리미 [다리미] da-ri-mi 名. アイロン

□ 금고 [금고] geum-go 名. 金庫

有益な会話

キム・ミナ　호텔 예약했니?
ho-tel ye-ya-kaen-ni?
ホテルの予約した?

イ・ジュンソ　아직 좋은 호텔을 찾지 못했어.
a-jik jo-eun ho-te-reul chat-jji mo-tae-sseo
まだいいホテルが見つかってないの。

キム・ミナ　호텔 웹 사이트에서 평가들을 읽어 봐.
ho-tel wep sa-i-teu-e-seo pyeong-gga-deu-reul il-geo bwa
ホテルのウェブサイトで口コミを読んでみたら?

イ・ジュンソ　그거 좋은 생각이네. 고마워.
geu-geo jo-eun saeng-ga-gi-ne. go-ma-wo
それ、いい考えだね。ありがとう。

#22 宿の予約

ユニット 22. 宿泊

ユニット 23.
観光 관광 gwan-gwang

☐ **관광** [관광] gwan-gwang
　名. 観光

☐ **여행** [여행] yeo-haeng
　名. 旅行、遊覧

☐ **크루즈** [크루즈] keu-ru-jeu
　名. クルーズ

☐ **식도락** [식또락] sik-ddo-rak
　名. グルメ

☐ **안내인** [안:내인] an-nae-in
　= **가이드** [가이드] ga-i-deu
　名. ガイド

☐ **관광 안내소** [관광 안:내소]
　gwan-gwang an-nae-so
　観光案内所

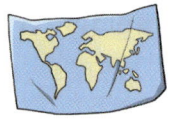

☐ **지도** [지도] ji-do　名. 地図

☐ **약도** [약또] yak-ddo
　名. 略図

☐ **관광객** [관광객]
　gwan-gwang-gaek
　名. 観光客

ユニット 23. 観光

□ 탑 [탑] tap
　名. タワー

□ 성 [성] seong 名. お城

□ 궁전 [궁전] gung-jeon
　= 궁궐 [궁궐] gung-gwol
　名. 宮殿

□ 대성당 [대ː성당] dae-seong-dang
　名. 大聖堂

□ 절 [절] jeol
　= 사원 [사원] sa-won
　名. 寺

□ 박물관 [방물관] bang-mul-gwan
　名. 博物館

□ 미술관 [미ː술관] mi-sul-gwan
　名. 美術館

□ 광장 [광ː장] gwang-jang
　名. 広場

□ 공원 [공원] gong-won
　名. 公園

☐ 동물원 [동:무뤈] dong-mu-rwon
　名. 動物園

☐ 식물원 [싱무뤈] sing-mu-rwon
　名. 植物園

☐ 놀이공원 [노리공원] no-ri-gong-won
　= 놀이동산 [노리동산] no-ri-dong-san
　名. 遊園地

☐ 경로 [경노] gyeong-no
　名. 経路

☐ 산 [산] san
　名. 山

☐ 계곡 [계곡/게곡] gye-gok/ge-gok
　名. 谷、渓谷

☐ 강 [강] gang
　名. 川

☐ 호수 [호수] ho-su
　名. 湖

☐ 바다 [바다] ba-da
　名. 海

☐ 해변 [해:변] hae-byeon
　= 바닷가 [바다까/바닫까] ba-da-gga/ba-dat-gga
　名. 砂浜、海辺

ユニット 23. 観光

☐ **입구** [입꾸] ip-ggu 名. 入口

☐ **입장하다** [입짱하다] ip-jjang-ha-da
= 들어가다 [드러가다] deu-reo-ga-da
動. 入る

☐ **출구** [출구] chul-gu 名. 出口

☐ **퇴장하다** [퇴:장하다/퉤:장하다]
toe-jang-ha-da/twe-jang-ha-da
= 나가다 [나가다] na-ga-da
動. 出る

☐ **도시** [도시] do-si
名. 都会、都市

☐ **시골** [시골] si-gol
名. 田舎

☐ **거리** [거:리] geo-ri
名. 街

☐ **셀프 카메라** [셀프 카메라]
sel-peu ka-me-ra
= 셀카 [셀카] sel-ka 名.
自撮り

☐ **선물** [선:물] seon-mul
名. プレゼント

☐ **기념품** [기념품] gi-nyeom-pum
名. お土産

ユニット 23. 観光

- **관광** [관광] gwan-gwang 名. 観光

  관광하러 왔어요.
  gwan-gwang-ha-reo wa-sseo-yo
  観光で来ました。

- **여행** [여행] yeo-haeng 名. 旅行、遊覧

  = **유람** [유람] yu-ram

- **일주** [일쭈] il-jju 名. 一周

  - **세계 일주** [세:계 일쭈/세:게 일쭈] se-gye il-jju/se-ge il-jju 世界一周
  - **전국 일주** [전국 일쭈] jeon-guk il-jju 全国一周

- **당일 여행** [당일 여행] dang-il yeo-haeng 日帰り旅行

- **크루즈** [크루즈] keu-ru-jeu 名. クルーズ

- **식도락** [식또락] sik-ddo-rak 名. グルメ

  - **미식가** [미:식까] mi-sik-gga 名. グルメ、美食家

- **안내인** [안:내인] an-nae-in 名. ガイド、案内人

  = **가이드** [가이드] ga-i-deu

  가이드가 있어요?
  ga-i-deu-ga i-sseo-yo?
  ガイドがいますか。

- **관광 안내소** [관광 안:내소] gwan-gwang an-nae-so 観光案内所

  관광 안내소는 어디 있어요?
  gwan-gwang an-nae-so-neun eo-di i-sseo-yo?
  観光案内所はどこですか。

- **정보** [정보] jeong-bo 名. 情報

- ☐ 개인 [개:인] gae-in 名. 個人
- ☐ 단체 [단체] dan-che 名. 団体

    단체 할인이 돼요?
    dan-che ha-ri-ni dwae-yo?
    団体割引ができますか。

- ☐ 지도 [지도] ji-do 名. 地図
    - ☐ 약도 [약또] yak-ddo 名. 略図

        약도를 좀 그려 주시겠어요?
        yak-ddo-reul jom geu-ryeo ju-si-ge-sseo-yo?
        略図を描いていただけますか。

- ☐ 관광객 [관광객] gwan-gwang-gaek 名. 観光客
    - = 여행객 [여행객] yeo-haeng-gaek

- ☐ 방문 [방:문] bang-mun 名. 訪問
    - ☐ 방문객 [방:문객] bang-mun-gaek 名. 訪問客

- ☐ 기념 [기념] gi-nyeom 名. 記念
    - ☐ 기념관 [기념관] gi-nyeom-gwan 名. 記念館
    - ☐ 기념물 [기념물] gi-nyeom-mul 名. 記念物
    - ☐ 기념비 [기념비] gi-nyeom-bi 名. 記念碑

- ☐ 건물 [건:물] geon-mul 名. 建物、ビル
    - = 빌딩 [빌딩] bil-ding

- ☐ 초고층 빌딩 [초고층 빌딩] cho-go-cheung bil-ding 高層ビル
    - = 마천루 [마철루] ma-cheol-ru 名.

- ☐ 탑 [탑] tap 名. タワー

- ☐ 성 [성] seong 名. お城

ユニット 23. 観光

293

- ☐ **궁전** [궁전] gung-jeon 名. 宮殿
    - = **궁궐** [궁궐] gung-gwol
    - = **궁** [궁] gung
- ☐ **왕** [왕] wang 名. 王
    - ☐ **여왕** [여왕] yeo-wang 名. 女王
    - ☐ **왕비** [왕비] wang-bi 名. 王妃
    - ☐ **왕자** [왕자] wang-ja 名. 王子
    - ☐ **공주** [공주] gong-ju 名. 王女
- ☐ **대성당** [대:성당] dae-seong-dang 名. 大聖堂
- ☐ **절** [절] jeol 名. 寺
    - = **사원** [사원] sa-won
    - ☐ **대웅전** [대:웅전] dae-ung-jeon 名. 本堂 ← **tip.**「대웅전」は本尊の仏像が安置してある堂です。
- ☐ **풍경** [풍경] pung-gyeong 名. 景色
    - = **경치** [경치] gyeong-chi
- ☐ **박물관** [방물관] bang-mul-gwan 名. 博物館
    - ☐ **국립 중앙 박물관** [궁닙 중앙 방물관] gung-nip jung-ang bang-mul-gwan 国立中央博物館

        tip.「국립 중앙 박물관」は韓国の最大規模で、文化遺産を展示し、略して「국중박[국쫑박] guk-jjung-bak」とも言います。

    - ☐ **문화재** [문화재] mun-hwa-jae 名. 文化財

        여기에서 박물관까지 얼마나 멀어요?
        yeo-gi-e-seo bang-mul-gwan-gga-ji eol-ma-na meo-reo-yo?
        ここから博物館までどれほど遠いんですか。

- ☐ **미술관** [미:술관] mi-sul-gwan 名. 美術館
    - ☐ **갤러리** [갤러리] gael-reo-ri 名. ギャラリー

- ☐ 작품 [작품] jak-pum 名. 作品
- ☐ 전시회 [전:시회/전:시훼] jeon-si-hoe/jeon-si-hwe 名. 展示会
- ☐ 과학관 [과학꽌] gwa-hak-ggwan 名. 科学館
- ☐ 영화관 [영화관] yeong-hwa-gwan 名. 映画館
- ☐ 극장 [극짱] geuk-jjang 名. 劇場
- ☐ 개관 [개관] gae-gwan 名. 開館
  - ☐ 폐관 [폐:관/페:관] pye-gwan/pe-gwan 名. 閉館
- ☐ 광장 [광:장] gwang-jang 名. 広場
- ☐ 공원 [공원] gong-won 名. 公園
- ☐ 동물원 [동:무뤈] dong-mu-rwon 名. 動物園
- ☐ 식물원 [싱무뤈] sing-mu-rwon 名. 植物園
- ☐ 놀이공원 [노리공원] no-ri-gong-won 名. 遊園地
  - = 놀이동산 [노리동산] no-ri-dong-san
  - = 유원지 [유원지] yu-won-ji

  놀이공원에 가는 거 좋아하세요?
  no-ri-gong-wo-ne ga-neun geo jo-a-ha-se-yo?
  遊園地に行くのは好きですか。

- ☐ 유명하다 [유:명하다] yu-myeong-ha-da 形. 有名だ
  - ☐ 저명하다 [저:명하다] jeo-myeong-ha-da 形. 著名だ
  - ☐ 유명인 [유:명인] yu-myeong-in 名. 有名人
- ☐ 장엄하다 [장엄하다] jang-eom-ha-da 形. 荘厳だ
- ☐ 인상적 [인상적] in-sang-jeok 名./冠. 印象的

- □ **역사적** [역싸적] yeok-ssa-jeok 名./冠. 歴史的

- □ **상업적** [상업쩍] sang-eop-jjeok 名./冠. 商業的

- □ **추천** [추천] chu-cheon 名. お勧め
  - □ **추천하다** [추천하다] chu-cheon-ha-da 動. お勧めする
    가 볼 만한 명소를 추천해 주실래요?
    ga bol man-han myeong-so-reul chu-cheon-hae ju-sil-rae-yo?
    お勧めの名所はありますか。

- □ **경로** [경노] gyeong-no 名. 経路

- □ **목적지** [목쩍찌] mok-jjeok-jji 名. 目的地
  - = **행선지** [행선지] haeng-seon-ji

- □ **산** [산] san 名. 山

- □ **언덕** [언덕] eon-deok 名. 丘

- □ **계곡** [계곡/게곡] gye-gok/ge-gok 名. 谷、渓谷

- □ **바다** [바다] ba-da 名. 海
  - □ **해변** [해:변] hae-byeon 名. 砂浜、海辺
  - = **바닷가** [바다까/바닫까] ba-da-gga/ba-dat-gga

- □ **강** [강] gang 名. 川
  - □ **시내** [시:내] si-nae 名. 小川
  - □ **개울** [개울] gae-ul 名. 小川

- □ **호수** [호수] ho-su 名. 湖
  - □ **연못** [연몯] yeon-mot 名. 池

- □ **유적** [유적] yu-jeok 名. 遺跡
  - □ **명승고적** [명승고적] myeong-seung-go-jeok 名. 名所旧跡

ユニット 23. 観光

- □ 입장 [입짱] ip-jjang 名. 入場
  - □ 입장하다 [입짱하다] ip-jjang-ha-da 動. 入る
  - = 들어가다 [드러가다] deu-reo-ga-da
  - □ 입구 [입꾸] ip-ggu 名. 入口

- □ 입장료 [입짱뇨] ip-jjang-nyo 名. 入場料
  - □ 입장권 [입짱꿘] ip-jjang-ggwon 名. 入場券

  입장료가 얼마예요?
  ip-jjang-nyo-ga eol-ma-ye-yo?
  入場券がおいくらですか。

- □ 퇴장 [퇴:장/퉤:장] toe-jang/twe-jang 名. 退場
  - □ 퇴장하다 [퇴:장하다/퉤:장하다] toe-jang-ha-da/twe-jang-ha-da 動. 出る
  - = 나가다 [나가다] na-ga-da
  - □ 출구 [출구] chul-gu 名. 出口

  출구는 어디예요?
  chul-gu-neun eo-di-ye-yo?
  出口はどこですか。

- □ 도시 [도시] do-si 名. 都会、都市

- □ 지방 [지방] ji-bang 名. 地方、田舎

- □ 마을 [마을] ma-eul 名. 村

- □ 시골 [시골] si-gol 名. 田舎

- □ 도로 [도:로] do-ro 名. 道路

- □ 길거리 [길꺼리] gil-ggeo-ri 名. 街路、通り
  - = 거리 [거리] geo-ri

  tip.「거리」は二つの意味がありますが、「路」と「距離」です。

- 대로 [대:로] dae-ro 名. **大通り**
  - = 큰길 [큰길] keun-gil
  - 번화가 [번화가] beon-hwa-ga 名. **繁華街**
  - 지름길 [지름낄] ji-reum-ggil 名. **近道**
- 가깝다 [가깝따] ga-ggap-dda 形. **近い**
- 멀다 [멀:다] meol-da 形. **遠い**

  여기에서 멀어요?
  yeo-gi-e-seo meo-reo-yo?
  ここから遠いですか。

- 사진 [사진] sa-jin 名. **写真**

  저희 사진 좀 찍어 주실래요?
  jeo-hi sa-jin jom jji-geo ju-sil-rae-yo?
  私たちの写真を撮っていただけますか。

- 셀프 카메라 [셀프 카메라] sel-peu ka-me-ra **自撮り**
  - = 셀카 [셀카] sel-ka 名. → **tip.** 「셀카」は「셀프 카메라」の略語です。
  - 셀카 봉 [셀카 봉] sel-ka bong **自撮り棒**
- 선물 [선:물] seon-mul 名. **お土産**
- 기념품 [기념품] gi-nyeom-pum 名. **お土産、記念品**

  기념품 가게는 어디 있어요?
  gi-nyeom-pum ga-ge-neun eo-di i-sseo-yo?
  お土産のお店はどこですか。

- 엽서 [엽써] yeop-sseo 名. **はがき**
  - 그림엽서 [그:림녑써] geu-rim-nyeop-sseo 名. **絵葉書**
- 열쇠고리 [열:쐬고리/열:쒜고리] yeol-ssoe-go-ri/yeol-sswe-go-ri 名. **キーホルダー**

- ☐ **토산품** [토산품] to-san-pum 名. お土産、郷土品
- ☐ **특산품** [특싼품] teuk-ssan-pum 名. 名物、特産品
- ☐ **대사관** [대:사관] dae-sa-gwan 名. 大使館
- ☐ **영사관** [영사관] yeong-sa-gwan 名. 領事館

#23 旅行

有益な会話

イ・ジュンソ 난 베트남으로 여행갈 거야.
nan be-teu-na-meu-ro yeo-haeng-gal geo-ya
僕はベトナムへ旅行に行くの。

キム・ミナ 거기에서 뭐 할 건데?
geo-gi-e-seo mwo hal ggeon-de?
そこで何するの?

イ・ジュンソ 그냥 쉬고 싶어. 많이 관광하지 않고.
geu-nyang swi-go si-peo. ma-ni gwan-gwang-ha-ji an-ko
ゆっくり休みたいんだ。あまり観光はしないつもり。

キム・ミナ 그럼 다낭을 추천할게.
거기는 조용하고 아름답거든.
geu-reom da-nang-eul chu-cheon-hal-gge.
geo-gi-neun jo-yong-ha-go a-reum-dap-ggeo-deun
だったら、ダナンをお勧めするよ。
あそこは静かで美しいのよ。

ユニット 24.
事件と事故 사건과 사고 sa-ggeon-gwa sa-go

- 사건 [사:껀] sa-ggeon 名. 事件
- 사고 [사:고] sa-go 名. 事故

- 경찰서 [경:찰써] gyeong-chal-sseo
  名. 警察署

- 증거 [증거] jeung-geo
  名. 証拠

- 목격자 [목껵짜] mok-ggyeok-jja
  名. 目撃者

- 알리다 [알리다] al-ri-da
  = 보고하다 [보:고하다] bo-go-ha-da
  動. 報告する

- 범죄인 [범:죄인/범:줴인] beom-joe-in/beom-jwe-in
  = 범인 [버:민] beo-min
  名. 犯人

- 도둑 [도둑] do-duk
  名. 泥棒

- 강도 [강:도] gang-do
  名. 強盗

☐ 소매치기 [소매치기] so-mae-chi-gi
名. すり

☐ 사기꾼 [사기꾼] sa-gi-ggun
名. 詐欺師

☐ 부상 [부:상] bu-sang
= 상처 [상처] sang-cheo
名. 負傷、ケガ

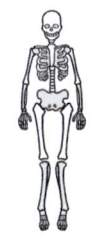
☐ 뼈 [뼈] bbyeo
名. 骨

☐ 부러지다 [부러지다] bu-reo-ji-da
動. 折れる

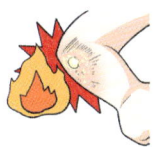
☐ 화상 [화:상] hwa-sang
名. 火傷

☐ 동상 [동:상] dong-sang
名. 凍傷

☐ 피 [피] pi
= 혈액 [혀랙] hyeo-raek
名. 血、血液

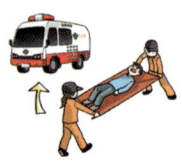

- **긴급** [긴급] gin-geup
  名. 緊急

- **구조** [구:조] gu-jo
  名. 救助

- **구급상자** [구:급쌍자] gu-geup-ssang-ja
  名. 救急箱

- **구급차** [구:급차] gu-geup-cha
  = **앰뷸런스** [앰뷸런스] aem-byul-reon-seu
  名. 救急車

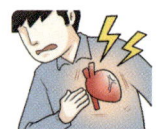

- **심장 마비** [심장 마비] sim-jang ma-bi
  心臟麻痺

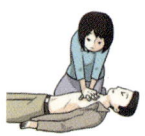

- **심폐 소생술** [심폐 소생술/심페 소생술] sim-pye so-saeng-sul/sim-pe so-saeng-sul
  心肺蘇生術

- **기절** [기절] gi-jeol
  = **실신** [실씬] sil-ssin
  名. 気絶、失神

- **치료하다** [치료하다] chi-ryo-ha-da
  動. 治療する

- **회복하다** [회보카다/훼보카다] hoe-bo-ka-da/hwe-bo-ka-da
  動. 回復する

ユニット 24. 事件と事故

☐ **교통사고** [교통사고]
gyo-tong-sa-go
名. 交通事故

☐ **충돌** [충돌]
chung-dol
名. 衝突

☐ **견인차** [겨닌차]
gyeo-nin-cha
= **레커차** [레커차]
re-keo-cha
名. レッカー車

☐ **화재** [화:재] hwa-jae
= **불** [불] bul
名. 火災

☐ **폭발** [폭빨] pok-bbal
名. 爆発

☐ **소방서** [소방서]
so-bang-seo
名. 消防署

☐ **소방차** [소방차]
so-bang-cha
名. 消防車

☐ **지진** [지진] ji-jin
名. 地震

☐ **눈사태** [눈:사태]
nun-sa-tae
名. 雪崩

☐ **산사태** [산사태]
san-sa-tae
名. 土砂崩れ

☐ **해일** [해:일] hae-il
名. 津波

☐ **홍수** [홍수] hong-su
名. 洪水

ユニット 24. 事件と事故

- **사건** [사ː껀] sa-ggeon 名. 事件

- **사고** [사ː고] sa-go 名. 事故

- **경찰** [경ː찰] gyeong-chal 名. 警察、警察官

  = **경찰관** [경ː찰관] gyeong-chal-gwan

  경찰을 부르겠어요.
  gyeong-cha-reul bu-reu-get-sseo-yo
  警察を呼びますよ。

- **경찰서** [경ː찰써] gyeong-chal-sseo 名. 警察署

- **경찰차** [경ː찰차] gyeong-chal-cha 名. パトカー

- **진술** [진ː술] jin-sul 名. 陳述

- **증언** [증언] jeung-eon 名. 証言

- **증거** [증거] jeung-geo 名. 証拠

- **증인** [증인] jeung-in 名. 証人

  - **목격자** [목격짜] mok-ggyeok-jja 名. 目撃者

  증인은 어느 분이에요?
  jeung-i-neun eo-neu bu-ni-e-yo
  証人はどなたですか。

- **알리다** [알리다] al-ri-da 動. 報告する

  = **보고하다** [보ː고하다] bo-go-ha-da

- **신고** [신고] sin-go 名. 通報、届け

  - **신고하다** [신고하다] sin-go-ha-da 動. 通報する、届け出る

- **통지하다** [통지하다] tong-ji-ha-da 動. 知らせる、通知する

- 죄 [죄:/줴] joe/jwe 名. 罪
  - 유죄 [유:죄/유:줴] yu-joe/yu-jwe 名. 有罪
  - 무죄 [무죄/무줴] mu-joe/mu-jwe 名. 無罪
  - 범죄 [범:죄/범:줴] beom-joe/beom-jwe 名. 犯罪
- 죄책감 [죄:책깜/줴:책깜] joe-chaek-ggam/jwe-chaek-ggam 名. 罪悪感
- 책망 [챙망] chaeng-mang 名. 叱責
- 가책 [가:책] ga-chaek 名. 呵責
  - 양심 [양심] yang-sim 名. 良心
- 범죄인 [범:죄인/범:줴인] beom-joe-in/beom-jwe-in 名. 犯罪人、犯人
  - = 범인 [버:민] beo-min

    그가 범인이에요.
    geu-ga beo-mi-ni-e-yo
    彼が犯人です。

- 용의자 [용의자/용이자] yong-ui-ja/yong-i-ja 名. 容疑者
- 피의자 [피:의자/피:이자] pi-ui-ja/pi-i-ja 名. 被疑者
- 가해자 [가해자] ga-hae-ja 名. 加害者
- 피해자 [피:해자] pi-hae-ja 名. 被害者
- 도둑 [도둑] do-duk 名. 泥棒

    어젯밤에 우리 집에 도둑이 들었어요.
    eo-jet-bba-me u-ri ji-be do-du-gi deu-reo-sseo-yo
    昨晩、私の家に泥棒が入りました。

- 강도 [강:도] gang-do 名. 強盗
  - 노상강도 [노:상강도] no-sang-gang-do 名. 路上強盗

305

- ☐ **도둑질** [도둑찔] do-duk-jjil 名. 盗み、窃盗
  - = **절도** [절또] jeol-ddo

- ☐ **도난** [도난] do-nan 名. 盗難

- ☐ **훔치다** [훔치다] hum-chi-da 動. 盗む
  - = **도둑질하다** [도둑찔하다] do-duk-jjil-ha-da

    그가 내 지갑을 훔쳤어요.
    geu-ga nae ji-ga-beul hum-cheo-sseo-yo
    彼が私の財布を盗みました。

- ☐ **소매치기** [소매치기] so-mae-chi-gi 名. すり

    소매치기 주의하세요!
    so-mae-chi-gi ju-i-ha-se-yo!
    すりに注意してください!

- ☐ **사기** [사기] sa-gi 名. 詐欺
  - ☐ **사기꾼** [사기꾼] sa-gi-ggun 名. 詐欺師

- ☐ **속이다** [소기다] so-gi-da 動. 騙す、ごまかす

- ☐ **살인** [사린] sa-rin 名. 殺人
  - = **살해** [살해] sal-hae

- ☐ **살인범** [사린범] sa-rin-beom 名. 殺人犯
  - = **살해범** [살해범] sal-hae-beom

- ☐ **행방불명** [행방불명] haeng-bang-bul-myeong 名. 行方不明
  - ☐ **실종** [실쫑] sil-jjong 名. 失踪

    딸이 행방불명됐어요.
    dda-ri haeng-bang-bul-myeong-dwae-sseo-yo
    娘が行方不明になりました。

- 부상 [부:상] bu-sang 名. 負傷、ケガ
  - = 상처 [상처] sang-cheo
- 타박상 [타:박쌍] ta-bak-ssang 名. 打ち身
- 찰과상 [찰과상] chal-gwa-sang 名. かすり傷
- 멍 [멍] meong 名. あざ
  - 피멍 [피멍] pi-meong 名. 青あざ
- 흉터 [흉터] hyung-teo 名. 傷跡
  - = 흉 [흉] hyung
- 다치다 [다치다] da-chi-da 動. 負傷する、怪我をする

  tip. 「부상을 당하다[부:상을 당하다 bu-sang-eul dang-ha-da]」や
  「상처를 입다[상처를 입따 sang-cheo-reul ip-dda]」とも言えます。

- 아프다 [아프다] a-peu-da 形. 痛い
- 따갑다 [따갑따] dda-gap-dda 形. ヒリヒリする、チクチクする
- 쑤시다 [쑤시다] ssu-si-da 動. ずきずきする
- 욱신거리다 [욱씬거리다] uk-ssin-geo-ri-da 動. ずきずき痛む
- 뻐근하다 [뻐근하다] bbeo-geun-ha-da 形. 凝る
- 부러지다 [부러지다] bu-reo-ji-da 動. 折れる
  - 골절 [골쩔] gol-jjeol 名. 骨折

  지난 여름에 다리가 부러졌어요.
  ji-nan yeo-reu-me da-ri-ga bu-reo-jeo-sseo-yo
  昨夏に足が折れました。

- 삐다 [삐:다] bbi-da 動. 挫く、捻挫する
  - = 접질리다 [접찔리다] jeop-jjil-ri-da

ユニット 24. 事件と事故

- 붓다 [붇ː따] but-dda 動. 腫れる

- 화상 [화ː상] hwa-sang 名. 火傷
  - 데다 [데ː다] de-da 動. やけどする

- 동상 [동ː상] dong-sang 名. 凍傷

- 베다 [베ː다] be-da 動. 切る
  - 베이다 [베이다] be-i-da 動. 切られる

- 피 [피] pi 名. 血、血液
  = 혈액 [혀랙] hyeo-raek

- 출혈 [출혈] chul-hyeol 名. 出血

  출혈이 멎도록 여기를 꼭 누르세요.
  chul-hyeo-ri meot-ddo-rok yeo-gi-reul ggok nu-reu-se-yo
  出血が止まるようにここを必ず押してください。

- 지혈 [지혈] ji-hyeol 名. 止血

- 고통 [고통] go-tong 名. 苦痛
  - 통증 [통ː쯩] tong-jjeung 名. 痛み

- 두통 [두통] du-tong 名. 頭痛

- 치통 [치통] chi-tong 名. 歯痛

- 의식 불명 [의ː식 불명] ui-sik bul-myeong 意識不明

  그는 아직 의식 불명이에요.
  geu-neun a-jik ui-sik bul-myeong-i-e-yo
  彼はまだ意識不明です。

- 목발 [목빨] mok-bbal 名. 松葉杖

- 붕대 [붕대] bung-dae 名. 包帯

ユニット 24. 事件と事故

- 깁스 [깁쓰] gip-sseu 名. ギプス
  = 석고 붕대 [석꼬 붕대] seok-ggo bung-dae
- 침착 [침착] chim-chak 名. 落ち着き、冷静
  - 침착하다 [침차카다] chim-cha-ka-da 形. 落ち着いている
  = 차분하다 [차분하다] cha-bun-ha-da
- 긴급 [긴급] gin-geup 名. 緊急
  - 긴급하다 [긴그파다] gin-geu-pa-da 形. 緊急だ
- 응급 [응ː급] eung-geup 名. 応急
- 구조 [구ː조] gu-jo 名. 救助
- 응급 처치 [응ː급 처치] eung-geup cheo-chi 応急処置
  = 응급 치료 [응ː급 치료] eung-geup chi-ryo
- 구급상자 [구ː급쌍자] gu-geup-ssang-ja 名. 救急箱
- 구급차 [구ː급차] gu-geup-cha 名. 救急車
  = 앰뷸런스 [앰뷸런스] aem-byul-reon-seu

  구급차 좀 보내 주시겠어요?
  gu-geup-cha jom bo-nae ju-si-ge-sseo-yo?
  救急車お願いできますか。
- 응급실 [응ː급씰] eung-geup-ssil 名. 救急室

  응급실은 어디예요?
  eung-geup-ssi-reun eo-di-ye-yo?
  救急室はどこですか。
- 뇌졸중 [뇌졸쭝/눼졸쭝] noe-jol-jjung/nwe-jol-jjung 名. 脳卒中
  = 뇌중풍 [뇌중풍/눼중풍] noe-jung-pung/nwe-jung-pung

- ☐ 간질 [간ː질] gan-jil 名. てんかん
  - = 뇌전증 [뇌전쯩/눼전쯩] noe-jeon-jjeung/nwe-jeon-jjeung
- ☐ 경련 [경년] gyeong-nyeon 名. 痙攣
  - ☐ 경기 [경끼] gyeong-ggi 名. ひきつけ、発作
  - = 경풍 [경풍] gyeong-pung
- ☐ 심장 마비 [심장 마비] sim-jang ma-bi 心臓麻痺
- ☐ 심폐 소생술 [심폐 소생술/심페 소생술] sim-pye so-saeng-sul/sim-pe so-saeng-sul 心肺蘇生術
  - ☐ 인공호흡 [인공호흡] in-gong-ho-heup 名. 人工呼吸
- ☐ 질식 [질씩] jil-ssik 名. 窒息
- ☐ 기절 [기절] gi-jeol 名. 気絶、失神
  - = 실신 [실씬] sil-ssin
- ☐ 치료 [치료] chi-ryo 名. 治療
  - ☐ 치료하다 [치료하다] chi-ryo-ha-da 動. 治療する
- ☐ 낫다 [낟ː따] nat-dda 動. よくなる
- ☐ 회복 [회복/훼복] hoe-bok/hwe-bok 名. 回復
  - ☐ 회복하다 [회보카다/훼보카다] hoe-bo-ka-da/hwe-bo-ka-da 動. 回復する
- ☐ 분실 [분실] bun-sil 名. 紛失
  - ☐ 분실물 [분실물] bun-sil-mul 名. 紛失物
  - ☐ 분실물 취급소 [분실물 취ː급쏘] bun-sil-mul chwi-geup-sso 紛失物保管所

    분실물 취급소에 확인해 보세요.
    bun-sil-mul chwi-geup-sso-e hwa-gin-hae bo-se-yo
    紛失物保管所に行って、確認してみてください。

ユニット 24. 事件と事故

- **미아** [미아] mi-a 名. 迷子
- **교통사고** [교통사고] gyo-tong-sa-go 名. 交通事故

  그 교통사고는 언제 일어난 거죠?
  geu gyo-tong-sa-go-neun eon-je i-reo-nan geo-jyo?
  その交通事故はいつ起こったんですか。

- **충돌** [충돌] chung-dol 名. 衝突
  - **충돌하다** [충돌하다] chung-dol-ha-da 動. 衝突する
  - **정면충돌** [정:면충돌] jeong-myeon-chung-dol 名. 正面衝突

  정면충돌이었어요.
  jeong-myeon-chung-do-ri-eo-sseo-yo
  正面衝突でした。

- **추돌** [추돌] chu-dol 名. 追突
  - **추돌하다** [추돌하다] chu-dol-ha-da 動. 追突する

- **견인차** [겨닌차] gyeo-nin-cha 名. レッカー車
  = **레커차** [레커차] re-keo-cha

- **도망** [도망] do-mang 名. 逃亡
  = **도주** [도주] do-ju

- **뺑소니** [뺑소니] bbaeng-so-ni 名. ひき逃げ

- **미끄러지다** [미끄러지다] mi-ggeu-reo-ji-da 動. 滑る

  계단에서 미끄러졌어요.
  gye-da-ne-seo mi-ggeu-reo-jeo-sseo-yo
  階段で滑ってしまいました。

- **빙판** [빙판] bing-pan 名. 水や雪が凍って滑りやすくなった路面

311

- ☐ **익사** [익싸] ik-ssa 名. 溺死
  - ☐ **익사하다** [익싸하다] ik-ssa-ha-da 動. 溺死する
    그는 수영 중에 익사할 뻔했어요.
    geu-neun su-yeong jung-e ik-ssa-hal bbeon-hae-sseo-yo
    彼は水泳中に溺れそうになりました。

- ☐ **안전 요원** [안전 요원] an-jeon yo-won ライフセーバー

- ☐ **화재** [화:재] hwa-jae 名. 火災、火事
  = **불** [불] bul
    지난밤에 화재가 났어요.
    ji-nan-ba-me hwa-jae-ga na-sseo-yo
    昨晩、火事がありました。

- ☐ **폭발** [폭빨] pok-bbal 名. 爆発

- ☐ **소방관** [소방관] so-bang-gwan 名. 消防士
  - ☐ **소방서** [소방서] so-bang-seo 名. 消防署
  - ☐ **소방차** [소방차] so-bang-cha 名. 消防車

- ☐ **재난** [재난] jae-nan 名. 災難、災害

- ☐ **천재지변** [천재지변] cheon-jae-ji-byeon 名. 天災地変、天変地異

- ☐ **자연재해** [자연재해] ja-yeon-jae-hae 名. 自然災害

- ☐ **지진** [지진] ji-jin 名. 地震

- ☐ **화산** [화:산] hwa-san 名. 火山

- ☐ **눈사태** [눈:사태] nun-sa-tae 名. 雪崩

- ☐ **산사태** [산사태] san-sa-tae 名. 山崩れ

- ☐ **해일** [해:일] hae-il 名. 津波 **tip.**「해일」のことを「쓰나미[sseu-na-mi]」とも言えます。

- 가뭄 [가뭄] ga-mum 名. 日照り、干ばつ
- 홍수 [홍수] hong-su 名. 洪水
- 경보 [경:보] kyoung-bo 名. 警報
- 주의보 [주:의보/주:이보] ju-ui-bo/ju-i-bo 名. 注意報
- 대피소 [대:피소] dae-pi-so 名. 待避所

#24 迷子届け

有益な会話

ムン・ヨンジュ　도와주세요. 제 아들이 없어졌어요!
do-wa-ju-se-yo. je a-deu-ri eop-sseo-jeo-sseo-yo!
助けてください。息子がいなくなりました！

警察　아드님에 대해 묘사해 주시겠어요?
a-deu-ni-me dae-hae myo-sa-hae ju-si-ge-sseo-yo?
息子さんについてどんな子か教えていただけますか。

ムン・ヨンジュ　7살이고, 갈색 머리예요. 빨간 재킷을 입고 있어요.
il-gop-ssa-ri-go, gal-ssaek meo-ri-ye-yo.
bbal-gan jae-ki-seul ip-ggo i-sseo-yo
七歳で、茶髪です。赤いジャケットを着ています。

警察　걱정 마세요, 아주머니. 저희가 찾아드릴게요.
geok-jjeong ma-se-yo, a-ju-meo-ni. jeo-hi-ga cha-ja-deu-ril-ge-yo
奥さん、心配しないでください。私たちが探します。

チャプター 6. 旅行

練習問題

単語を読んで、正しい意味と結びつけてください。

1. 관광　•　　　　　　　　• 事故

2. 교통　•　　　　　　　　• 宿泊

3. 구급차　•　　　　　　　• 救急車

4. 비행기　•　　　　　　　• 車

5. 사건　•　　　　　　　　• 事件

6. 사고　•　　　　　　　　• 運転

7. 숙소　•　　　　　　　　• ホテル

8. 여행　•　　　　　　　　• 飛行機

9. 예약　•　　　　　　　　• 予約

10. 운전　•　　　　　　　　• 観光

11. 자동차　•　　　　　　　• 交通

12. 호텔　•　　　　　　　　• 旅行、遊覧

1. 관광 – 観光　2. 교통 – 交通　3. 구급차 – 救急車　4. 비행기 – 飛行機
5. 사건 – 事件　6. 사고 – 事故　7. 숙소 – 宿泊　8. 여행 – 旅行、遊覧
9. 예약 – 予約　10. 운전 – 運転　11. 자동차 – 車　12. 호텔 – ホテル

チャプター7

その他

ユニット 25. **数字**
ユニット 26. **韓国の通貨**
ユニット 27. **形**
ユニット 28. **色**
ユニット 29. **位置**
ユニット 30. **方向**
ユニット 31. **地図**
ユニット 32. **国家**
ユニット 33. **韓国語の品詞**
ユニット 34. **韓国語の語順**
ユニット 35. **敬語**
ユニット 36. **文章の終結法**
ユニット 37. **動詞の活用**

ユニット 25.
数字 숫자 su-jja/sut-jja

MP3. U25

■ **숫자** [수:짜/숟:짜] su-jja/sut-jja 名. **数字**
　= **수** [수:] su

☐ **소수** [소:수] so-su
　名. **小数**
　　3.14 sam-jjeom-il-sa

☐ **분수** [분쑤/분수] bun-ssu/bun-su
　名. **分数**
　　3/4 sa-bu-ne-sam

■ **기수** [기수] gi-su 名. **基数**

☐ **영** [영] yeong 名. 0、れい、ゼロ
　= **공** [공] gong
　= **제로** [제로] je-ro

☐ **일** [일] il 数./冠. 1、一、一つ
　= **하나** [하나] ha-na 数./名.
　　☐ **한** [한] han 冠. 一

☐ **이** [이:] i 数./冠. 2、二、二つ
　= **둘** [둘:] dul 数.
　　☐ **두** [두:] du 冠. 二

☐ **삼** [삼] sam 数./冠. 3、三、三つ
　= **셋** [센:] set 数.
　　☐ **세** [세:] se 冠. 三

☐ **사** [사:] sa 数./冠. 4、四、四つ
　= **넷** [넨:] net 数.
　　☐ **네** [네:] ne 冠. 四

　tip.「한」「두」「세」「네」は
　　　一部の依存名詞と一緒に使われます。

☐ **오** [오:] o 数./冠. 5、五、五つ
　= **다섯** [다섣] da-seot 数.

☐ **육** [육] yuk 数./冠. 6、六、六つ
　= **여섯** [여섣] yeo-seot 数.

☐ **칠** [칠] chil 数./冠. 7、七、七つ
　= **일곱** [일곱] il-gop 数.

☐ **팔** [팔] pal 数./冠. 8、八、八つ
　= **여덟** [여덜] yeo-deol 数.

☐ **구** [구] gu 数./冠. 9、九、九つ
　= **아홉** [아홉] a-hop 数.

☐ **십** [십] sip 数./冠. 10、十
　= **열** [열:] yeol 数.

- ☐ 이십 [이:십] i-sip 数./冠. 20、二十
  = 스물 [스물] seu-mul 数.
- 삼십 [삼십] sam-sip 数./冠. 30、三十
  = 서른 [서른] seo-reun 数./冠.
- ☐ 사십 [사:십] sa-sip 数./冠. 40、四十
  = 마흔 [마흔] ma-heun 数./冠.
- ☐ 오십 [오:십] o-sip 数./冠. 50、五十
  = 쉰 [쉰:] swin 数./冠.
- ☐ 육십 [육씹] yuk-ssip 数./冠. 60、六十
  = 예순 [예순] ye-sun 数./冠.
- ☐ 칠십 [칠씹] chil-ssip 数./冠. 70、七十
  = 일흔 [일흔] il-heun 数./冠.
- ☐ 팔십 [팔씹] pal-ssip 数./冠. 80、八十
  = 여든 [여든] yeo-deun 数./冠.
- ☐ 구십 [구십] gu-sip 数./冠. 90、九十
  = 아흔 [아흔] a-heun 数./冠.
- ☐ 백 [백] baek 数./冠. 100、百
- ☐ 천 [천] cheon 数./冠. 1,000、千
- ☐ 만 [만:] man 数./冠. 10,000、万
- ☐ 십만 [심만] sim-man 数./冠. 100,000、十万
- ☐ 백만 [뱅만] baeng-man 数./冠. 1,000,000、百万
- ☐ 천만 [천만] cheon-man 数./冠. 10,000,000、千万
- ☐ 억 [억] eok 数./冠. 100,000,000、億

tip.「천만」は「非常に多い数」という意味の名詞として使われることもあります。

- **서수** [서:수] seo-su 名. 序数

  □ **첫째** [첟째] cheot-jjae 数./冠. 第一

  □ **둘째** [둘:째] dul-jjae 数./冠. 第二

  □ **셋째** [섿:째] set-jjae 数./冠. 第三

  □ **넷째** [넫:째] net-jjae 数./冠. 第四

  □ **다섯째** [다섣째] da-seot-jjae 数./冠. 第五

  □ **여섯째** [여섣째] yeo-seot-jjae 数./冠. 第六

  □ **일곱째** [일곱째] il-gop-jjae 数./冠. 第七

  □ **여덟째** [여덜째] yeo-deol-jjae 数./冠. 第八

  □ **아홉째** [아홉째] a-hop-jjae 数./冠. 第九

  □ **열째** [열:째] yeol-jjae 数./冠. 第十

  □ **스무째** [스무째] seu-mu-jjae 数./冠. 第二十

  1,234

  (일)천 이백 삼십 사
  (il-)cheon i-baek sam-sip sa
  千二百三十四

  12,345

  (일)만 이천 삼백 사십 오
  (il-)man i-cheon sam-baek sa-sip o
  一万二千三百四十五

ユニット 26.
韓国の通貨 한국 돈 han-guk don

■ 동전 [동전] dong-jeon
名. 小銭

tip. インフレにより、「一ウォン」と「五ウォン」は日常生活でほとんど使われません。最近は「十ウォン」もあまり使われていない傾向です。

☐ 일 원 [일 원] il won　　☐ 오 원 [오: 원] o won　　☐ 십 원 [십 원] sip won　　☐ 오십 원 [오:십 원] o-sip won

一ウォン　　　　　　　五ウォン　　　　　　　十ウォン　　　　　　　五十ウォン

☐ 백 원 [백 원] baek won　　　　　　　　☐ 오백 원 [오:백 원] o-baek won

百ウォン　　　　　　　　　　　　　　　　　五百ウォン

■ 지폐 [지폐/지페] ji-pye/ji-pe 名. 札

☐ 천 원 [천 원] cheon won　　　　　　　☐ 오천 원 [오:천 원] o-cheon won

千ウォン　　　　　　　　　　　　　　　　　五千ウォン

　　　　　　　　　　　　　　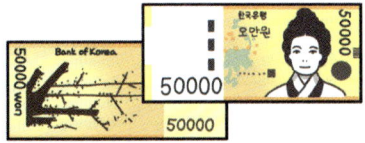

☐ 만 원 [만: 원] man won　　　　　　　☐ 오만 원 [오:만 원] o-man won

一万ウォン　　　　　　　　　　　　　　　　五万ウォン

■ 수표 [수표] su-pyo 名. 小切手

tip. 韓国では「100万ウォン」以上使う時、小切手を使います。

ユニット 27.
形 모양 mo-yang

MP3. U27

- 모양 [모양] mo-yang
  = 꼴 [꼴] ggol
  名. 形

□ 점 [점] jeom
  名. 点

□ 선 [선] seon
  = 라인 [라인] ra-in
  名. 線

□ 직선 [직썬] jik-sseon
  名. 直線

□ 곡선 [곡썬] gok-sseon
  名. 曲線

□ 사선 [사선] sa-seon
  名. 斜線

□ 면 [면:] myeon
  名. 面

□ 평면 [평면] pyeong-myeon
  名. 平面

□ 원 [원] won
  名. 円、丸

□ 원형 [원형] won-hyeong
  名. 円形

□ 둥글다 [둥글다] dung-geul-da
  形. 丸い
  動. 丸くなる

□ 다각형 [다가켱] da-ga-kyeong
  名. 多角形

□ 세모 [세:모] se-mo
  = 삼각 [삼각] sam-gak
  = 삼각형 [삼가켱] sam-ga-kyeong
  名. 三角形

☐ **네모** [네:모] ne-mo
　= **사각** [사:각] sa-gak
　= **사각형** [사:가켱] sa-ga-kyeong
　名. 四角形

☐ **정사각형** [정:사가켱] jeong-sa-ga-kyeong
　名. 正方形

☐ **직사각형** [직싸가켱] jik-ssa-ga-kyeong
　名. 長方形

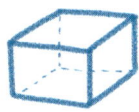

■ **입체** [입체] ip-che
　名. 立体

☐ **구체(球體)** [구체] gu-che
　名. 球体

☐ **원뿔** [원뿔] won-bbul
　名. 円錐

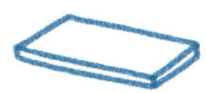

☐ **편평하다** [편평하다] pyeon-pyeong-ha-da
　形. 平らだ

☐ **수평** [수평] su-pyeong
　形. 水平

☐ **수직** [수직] su-jik
　形. 垂直

☐ **뾰족하다** [뾰조카다] bbyo-jo-ka-da
　形. 尖った、鋭い

☐ **화살표** [화살표] hwa-sal-pyo
　名. 矢印

☐ **하트** [하트] ha-teu
　名. ハート

ユニット 28.

色 색깔 saek-ggal

MP3. U28

- **색깔** [색깔] saek-ggal
  - = **색** [색] saek
  - 名. 色

- □ **흰색** [힌색] hin-saek
  - = **백색** [백쌕] baek-sseak
  - = **하얀색** [하얀색] ha-yan-saek
  - = **하양** [하양] ha-yang
  - 名. 白色、白

- □ **검은색** [거믄색] geo-meun-saek
  - = **흑색** [흑쌕] heuk-ssaek
  - = **검정** [검정] geom-jeong
  - 名. 黒色、黒

tip. 「새」をつけると「とても」という意味が加わります。例えば「하얗다」に「새」をつけて、「真っ白い」という意味です。一部の単語のみ可能です。

- □ **회색** [회색/훼색] hoe-saek/hwe-saek
  - 名. 灰色、グレー

- □ **빨간색** [빨간색] bbal-gan-saek
  - = **홍색** [홍색] hong-saek
  - = **붉은색** [불근색] bul-geun-saek
  - = **빨강** [빨강] bbal-gang
  - 名. 赤色

- □ **주황색** [주황색] ju-hwang-saek
  - = **주황** [주황] ju-hwang
  - 名. オレンジ色

- □ **노란색** [노란색] no-ran-saek
  - = **노랑** [노랑] no-rang
  - 名. 黄色

☐ 연두색 [연:두색] yeon-du-saek
= 연두 [연:두] yeon-du
名. 黄緑色

☐ 초록색 [초록쌕] cho-rok-ssaek
= 녹색 [녹쌕] nok-ssaek
= 초록 [초록] cho-rok
名. 緑色

☐ 하늘색 [하늘쌕] ha-neul-ssaek
名. 水色

☐ 파란색 [파란색] pa-ran-saek
= 청색 [청색] cheong-saek
= 파랑 [파랑] pa-rang
名. 青色、青

☐ 남색 [남색] nam-saek
名. 紺色、ネイビー

tip. 「푸른색[pu-reun-saek]」は空色のような青色や草のような緑色を意味します。

☐ 보라색 [보라색] bo-ra-saek
= 보라 [보라] bo-ra
名. 紫色

☐ 연보라색 [연:보라색] yeon-bo-ra-saek
= 연보라 [연:보라] yeon-bo-ra
名. 薄紫色

☐ 자주색 [자:주색] ja-ju-saek
= 자색 [자:색] ja-saek
= 자주 [자:주] ja-ju
名. 赤紫色

☐ 분홍색 [분:홍색] bun-hong-saek
= 분홍 [분:홍] bun-hong
= 핑크 [핑크] ping-keu
名. ピンク色、桃色

□ 갈색 [갈쌕] gal-ssaek
名. 茶色

□ 카키색 [카키색] ka-ki-saek
= 국방색 [국빵색] guk-bbang-saek
名. カーキ色

□ 금색 [금색] geum-saek
名. 金色

□ 은색 [은색] eun-saek
名. 銀色

□ 짙다 [짇따] jit-dda
= 진하다 [진하다] jin-ha-da
形. 濃い

□ 옅다 [엳따] yeot-dda
= 연하다 [연ː하다] yeon-ha-da
形. 薄い

□ 다색 [다색] da-saek
名. 多色、カラフル

□ 단색 [단색] dan-saek
名. 単色、単一色

ユニット 29.
位置 위치 wi-chi

☐ 위 [위] wi
名. 上

☐ 아래 [아래] a-rae
名. 下

☐ 앞 [압] ap
名. 前

☐ 뒤 [뒤:] dwi
名. 後ろ

☐ 안 [안] an
名. 中

☐ 밖 [박] bak
= 바깥 [바깥] ba-ggat
名. 外

☐ 옆 [엽] yeop
名. 横、側

- 왼쪽 [왼:쪽/웬:쪽] oen-jjok/wen-jjok
  = 좌측 [좌:측] jwa-cheuk
  名. 左側

- 오른쪽 [오른쪽] o-reun-jjok
  = 우측 [우:측] u-cheuk
  名. 右側

- 양쪽 [양:쪽] yang-jjok
  名. 両側

- 사이 [사이] sa-i
  名. 間

- 가운데 [가운데] ga-un-de
  = 중간 [중간] jung-gan
  = 중앙 [중앙] jung-ang
  名. 真ん中、中央

 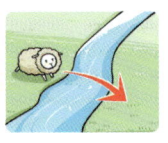

- ~(으)로 [(으)로] (eu-)ro
  助. に、へ

- 향하다 [향:하다] hyang-ha-da
  動. 向かう

tip. パッチムのある単語の後ろには「으로」を、
　　パッチムのない単語の後ろには「로」を使います。

ユニット 30.
方向 방위 bang-wi

- 북쪽 [북쪽] buk-jjok
  = 북 [북] buk
  名. 北、北の方

- 북서쪽 [북써쪽] buk-sseo-jjok
  = 북서 [북써] buk-sseo
  名. 北西

- 북동쪽 [북똥쪽] buk-ddong-jjok
  = 북동 [북똥] buk-ddong
  名. 北東

- 서쪽 [서쪽] seo-jjok
  = 서 [서] seo
  名. 西、西の方

- 동쪽 [동쪽] dong-jjok
  = 동 [동] dong
  名. 東、東の方

- 남서쪽 [남서쪽] nam-seo-jjok
  = 남서 [남서] nam-seo
  名. 南西

- 남동쪽 [남동쪽] nam-dong-jjok
  = 남동 [남동] nam-dong
  名. 南東

- 남쪽 [남쪽] nam-jjok
  = 남 [남] nam
  名. 南、南の方

- 동서남북 [동서남북] dong-seo-nam-buk 名. 東西南北

- 동서 [동서] dong-seo 名. 東西

- 남북 [남북] nam-buk 名. 南北

ユニット 31.
地図 지도 ji-do

① 유럽 [유럽] yu-reop 名. ヨーロッパ

② 아시아 [아시아] a-si-a 名. アジア

③ 중동 [중동] jung-dong 名. 中東

④ 아프리카 [아프리카] a-peu-ri-ka 名. アフリカ

⑤ 오세아니아 [오세아니아] o-se-a-ni-a 名. オセアニア

⑥ 북아메리카 [부가메리카] bu-ga-me-ri-ka 名. 北アメリカ

⑦ 중앙아메리카 [중앙아메리카] jung-ang-a-me-ri-ka 名. 中央アメリカ

⑧ 남아메리카 [나마메리카] na-ma-me-ri-ka 名. 南アメリカ

⑨ 북극 [북꼭] buk-ggeuk 名. 北極

⑩ 남극 [남극] nam-geuk 名. 南極

① 태평양 [태평냥] tae-pyeong-nyang 名. 太平洋

② 인도양 [인도양] in-do-yang 名. インド洋

③ 대서양 [대:서양] dae-seo-yang 名. 大西洋

④ 북극해 [북끄캐] buk-ggeu-kae 名. 北極海

⑤ 남극해 [남그캐] nam-geu-kae 名. 南極海

⑥ 지중해 [지중해] ji-jung-hae 名. 地中海

ユニット 32.
国家 국가 guk-gga

- ■ **아시아** [아시아] a-si-a 名. アジア

- ■ **동북아시아** [동부가시아] dong-bu-ga-si-a 名. 北東アジア

    = **동북아** [동부가] dong-bu-ga

- □ **대한민국** [대:한민국] dae-han-min-guk 名. 韓国、大韓民国

    = **한국** [한:국] han-guk

    - □ **남한** [남한] nam-han 名. 韓国

    - □ **한국 사람** [한:국 사:람] han-guk sa-ram 韓国人

    tip. 「한국」は「대한민국」の略語で、「남한」も韓国を意味します。

    tip. 国の名前に「사람」や「인」を使うとその国の人になります。
    例えば「한국」に「사람」をつけて「한국 사람」になって、「韓国人」の意味です。
    「한국인」も同じです。

- □ **북한** [부칸] bu-kan 名. 北朝鮮

    - □ **북한 사람** [부칸 사:람] bu-kan sa-ram 北朝鮮人

- □ **일본** [일본] il-bon 名. 日本

    - □ **일본 사람** [일본 사:람] il-bon sa-ram 日本人

- □ **중국** [중국] jung-guk 名. 中国

    - □ **중국 사람** [중국 사:람] jung-guk sa-ram 中国人

- □ **대만** [대만] dae-man 名. 台湾

    = **타이완** [타이완] ta-i-wan

    - □ **대만 사람** [대만 사:람] dae-man sa-ram 台湾人

    = **타이완 사람** [타이완 사:람] ta-i-wan sa-ram

- **동남아시아** [동나마시아] dong-na-ma-si-a 名 **東南アジア**
  - = **동남아** [동나마] dong-na-ma

- □ **말레이시아** [말레이시아] mal-re-i-si-a 名 **マレーシア**
  - □ **말레이시아 사람** [말레이시아 사:람] mal-re-i-si-a sa-ram **マレーシア人**

- □ **베트남** [베트남] be-teu-nam 名 **ベトナム**
  - □ **베트남 사람** [베트남 사:람] be-teu-nam sa-ram **ベトナム人**

- □ **싱가포르** [싱가포르] sing-ga-po-reu 名 **シンガポール**
  - □ **싱가포르 사람** [싱가포르 사:람] sing-ga-po-reu sa-ram **シンガポール人**

- □ **인도네시아** [인도네시아] in-do-ne-si-a 名 **インドネシア**
  - □ **인도네시아 사람** [인도네시아 사:람] in-do-ne-si-a sa-ram **インドネシア人**

- □ **태국** [태국] tae-guk 名 **タイ**
  - = **타이** [타이] ta-i
  - □ **태국 사람** [태국 사:람] tae-guk sa-ram **タイ人**
  - = **타이 사람** [타이 사:람] ta-i sa-ram

- □ **필리핀** [필리핀] pil-ri-pin 名 **フィリピン**
  - □ **필리핀 사람** [필리핀 사:람] pil-ri-pin sa-ram **フィリピン人**

- **남아시아** [나마시아] na-ma-si-a 名 **南アジア**

- □ **네팔** [네팔] ne-pal 名 **ネパール**
  - □ **네팔 사람** [네팔 사:람] ne-pal sa-ram **ネパール人**

- □ **스리랑카** [스리랑카] seu-ri-rang-ka 名 **スリランカ**
  - □ **스리랑카 사람** [스리랑카 사:람] seu-ri-rang-ka sa-ram **スリランカ人**

- 인도 [인도] in-do 名. インド
  - 인도 사람 [인도 사:람] in-do sa-ram インド人
- 파키스탄 [파키스탄] pa-ki-seu-tan 名. パキスタン
  - 파키스탄 사람 [파키스탄 사:람] pa-ki-seu-tan sa-ram パキスタン人
- ■ 중동 [중동] jung-dong 名. 中東
- 사우디아라비아 [사우디아라비아] sa-u-di-a-ra-bi-a 名. サウジアラビア
  - 사우디아라비아 사람 [사우디아라비아 사:람] sa-u-di-a-ra-bi-a sa-ram サウジアラビア人
- 시리아 [시리아] si-ri-a 名. シリア
  - 시리아 사람 [시리아 사:람] si-ri-a sa-ram シリア人
- 아랍에미리트 [아라베미리트] a-ra-be-mi-ri-teu 名. アラブ首長国連邦
  - 아랍에미리트 사람 [아라베미리트 사:람] a-ra-be-mi-ri-teu sa-ram アラブ人
- 이라크 [이라크] i-ra-keu 名. イラク
  - 이라크 사람 [이라크 사:람] i-ra-keu sa-ram イラク人
- 이란 [이란] i-ran 名. イラン
  - 이란 사람 [이란 사:람] i-ran sa-ram イラン人
- 쿠웨이트 [쿠웨이트] ku-we-i-teu 名. クウェート
  - 쿠웨이트 사람 [쿠웨이트 사:람] ku-we-i-teu sa-ram クウェート人

- ■ 아메리카 [아메리카] a-me-ri-ka 名. アメリカ

- ■ 북아메리카 [부가메리카] bu-ga-me-ri-ka 名. 北アメリカ
   = 북미 [붕미] bung-mi

- □ 미국 [미국] mi-guk 名. アメリカ
   - □ 미국 사람 [미국 사:람] mi-guk sa-ram アメリカ人

- □ 캐나다 [캐나다] kae-na-da 名. カナダ
   - □ 캐나다 사람 [캐나다 사:람] kae-na-da sa-ram カナダ人

- ■ 중앙아메리카 [중앙아메리카] jung-ang-a-me-ri-ka 名. 中央アメリカ
   = 중미 [중미] jung-mi

- □ 과테말라 [과테말라] gwa-te-mal-ra 名. グアテマラ
   - □ 과테말라 사람 [과테말라 사:람] gwa-te-mal-ra sa-ram グアテマラ人

- □ 도미니카공화국 [도미니카공화국] do-mi-ni-ka-gong-hwa-guk 名. ドミニカ共和国
   - □ 도미니카 사람 [도미니카 사:람] do-mi-ni-ka sa-ram ドミニカ人

- □ 멕시코 [멕씨코] mek-ssi-ko 名. メキシコ
   - □ 멕시코 사람 [멕씨코 사:람] mek-ssi-ko sa-ram メキシコ人

- □ 쿠바 [쿠바] ku-ba 名. キューバ
   - □ 쿠바 사람 [쿠바 사:람] ku-ba sa-ram キューバ人

- ■ 남아메리카 [나마메리카] na-ma-me-ri-ka 名. 南アメリカ
   = 남미 [남미] nam-mi

- □ 브라질 [브라질] beu-ra-jil 名. ブラジル
   - □ 브라질 사람 [브라질 사:람] beu-ra-jil sa-ram ブラジル人

- 아르헨티나 [아르헨티나] a-reu-hen-ti-na 名. アルゼンチン
  - 아르헨티나 사람 [아르헨티나 사:람] a-reu-hen-ti-na sa-ram アルゼンチン人
- 에콰도르 [에콰도르] e-kwa-do-reu 名. エクアドル
  - 에콰도르 사람 [에콰도르 사:람] e-kwa-do-reu sa-ram エクアドル人
- 우루과이 [우루과이] u-ru-gwa-i 名. ウルグアイ
  - 우루과이 사람 [우루과이 사:람] u-ru-gwa-i sa-ram ウルグアイ人
- 칠레 [칠레] chil-re 名. チリ
  - 칠레 사람 [칠레 사:람] chil-re sa-ram チリ人
- 콜롬비아 [콜롬비아] kol-rom-bi-a 名. コロンビア
  - 콜롬비아 사람 [콜롬비아 사:람] kol-rom-bi-a sa-ram コロンビア人
- 페루 [페루] pe-ru 名. ペルー
  - 페루 사람 [페루 사:람] pe-ru sa-ram ペルー人

■ 유럽 [유럽] yu-reop 名. ヨーロッパ

- 그리스 [그리스] geu-ri-seu 名. ギリシャ
  - 그리스 사람 [그리스 사:람] geu-ri-seu sa-ram ギリシャ人
- 네덜란드 [네덜란드] ne-deol-ran-deu 名. オランダ
  - 네덜란드 사람 [네덜란드 사:람] ne-deol-ran-deu sa-ram オランダ人
- 노르웨이 [노르웨이] no-reu-we-i 名. ノルウェー
  - 노르웨이 사람 [노르웨이 사:람] no-reu-we-i sa-ram ノルウェー人
- 덴마크 [덴마크] den-ma-keu 名. デンマーク
  - 덴마크 사람 [덴마크 사:람] den-ma-keu sa-ram デンマーク人

- 독일 [도길] do-gil 名. ドイツ
  - 독일 사람 [도길 사:람] do-gil sa-ram ドイツ人
- 러시아 [러시아] reo-si-a 名. ロシア
  - 러시아 사람 [러시아 사:람] reo-si-a sa-ram ロシア人
- 루마니아 [루마니아] ru-ma-ni-a 名. ルーマニア
  - 루마니아 사람 [루마니아 사:람] ru-ma-ni-a sa-ram ルーマニア人
- 벨기에 [벨기에] bel-gi-e 名. ベルギー
  - 벨기에 사람 [벨기에 사:람] bel-gi-e sa-ram ベルギー人
- 스웨덴 [스웨덴] seu-we-den 名. スウェーデン
  - 스웨덴 사람 [스웨덴 사:람] seu-we-den sa-ram スウェーデン人
- 스위스 [스위스] seu-wi-seu 名. スイス
  - 스위스 사람 [스위스 사:람] seu-wi-seu sa-ram スイス人
- 스페인 [스페인] seu-pe-in 名. スペイン
  - = 에스파냐 [에스파냐] e-seu-pa-nya
  - 스페인 사람 [스페인 사:람] seu-pe-in sa-ram スペイン人
  - = 에스파냐 사람 [에스파냐 사:람] e-seu-pa-nya sa-ram
- 영국 [영국] yeong-guk 名. イギリス
  - 영국 사람 [영국 사:람] yeong-guk sa-ram イギリス人
- 오스트리아 [오스트리아] o-seu-teu-ri-a 名. オーストリア
  - 오스트리아 사람 [오스트리아 사:람] o-seu-teu-ri-a sa-ram オーストリア人
- 이탈리아 [이탈리아] i-tal-ri-a 名. イタリア
  - 이탈리아 사람 [이탈리아 사:람] i-tal-ri-a sa-ram イタリア人

- ☐ 튀르키예 [튀르키예] twi-reu-ki-ye 名. トルコ、テュルキエ
  - ☐ 튀르키예 사람 [튀르키예 사:람] twi-reu-ki-ye sa-ram   トルコ人、テュルキエ人

  tip.「トルコ」は2022年に「テュルキエ」に国名が変更されました。

- ☐ 폴란드 [폴란드] pol-ran-deu 名. ポーランド
  - ☐ 폴란드 사람 [폴란드 사:람] pol-ran-deu sa-ram ポーランド人

- ☐ 프랑스 [프랑스] peu-rang-seu 名. フランス
  - ☐ 프랑스 사람 [프랑스 사:람] peu-rang-seu sa-ram フランス人

- ☐ 핀란드 [필란드] pil-ran-deu 名. フィンランド
  - ☐ 핀란드 사람 [필란드 사:람] pil-ran-deu sa-ram フィンランド人

- ☐ 헝가리 [헝가리] heong-ga-ri 名. ハンガリー
  - ☐ 헝가리 사람 [헝가리 사:람] heong-ga-ri sa-ram ハンガリー人

- ■ 오세아니아 [오세아니아] o-se-a-ni-a 名. オセアニア
  - = 대양주 [대:양주] dae-yang-ju

- ☐ 뉴질랜드 [뉴질랜드] nyu-jil-raen-deu 名. ニュージーランド
  - ☐ 뉴질랜드 사람 [뉴질랜드 사:람] nyu-jil-raen-deu sa-ram ニュージーランド人

- ☐ 호주 [호주] ho-ju 名. オーストラリア
  - = 오스트레일리아 [오스트레일리아] o-seu-teu-re-il-ri-a
  - ☐ 호주 사람 [호주 사:람] ho-ju sa-ram オーストラリア人
  - = 오스트레일리아 사람 [오스트레일리아 사:람] o-seu-teu-re-il-ri-a sa-ram

- **아프리카** [아프리카] a-peu-ri-ka 名. アフリカ

□ **가나** [가나] ga-na 名. ガーナ
　□ **가나 사람** [가나 사:람] ga-na sa-ram ガーナ人

□ **나이지리아** [나이지리아] na-i-ji-ri-a 名. ナイジェリア
　□ **나이지리아 사람** [나이지리아 사:람] na-i-ji-ri-a sa-ram ナイジェリア人

□ **남아프리카공화국** [나마프리카공화국] na-ma-peu-ri-ka-gong-hwa-guk 名. 南アフリカ共和国
　= **남아공** [나마공] na-ma-gong
　□ **남아공 사람** [나마공 사:람] na-ma-gong sa-ram 南アフリカ人

□ **모로코** [모로코] mo-ro-ko 名. モロッコ
　□ **모로코 사람** [모로코 사:람] mo-ro-ko sa-ram モロッコ人

□ **수단** [수단] su-dan 名. スーダン
　□ **수단 사람** [수단 사:람] su-dan sa-ram スーダン人

□ **에티오피아** [에티오피아] e-ti-o-pi-a 名. エチオピア
　□ **에티오피아 사람** [에티오피아 사:람] e-ti-o-pi-a sa-ram エチオピア人

□ **이집트** [이집트] i-jip-teu 名. エジプト
　□ **이집트 사람** [이집트 사:람] i-jip-teu sa-ram エジプト人

□ **케냐** [케냐] ke-nya 名. ケニア
　□ **케냐 사람** [케냐 사:람] ke-nya sa-ram ケニア人

ユニット 25〜37. その他

ユニット 33.
韓国語の品詞 한국어 품사

体言 체언	名詞 명사 myeong-sa	ものの名前を言い表す品詞。
		가방 ga-bang (かばん)
		서울 seo-ul (ソウル)
		것 geot (もの)
		한국인 han-gu-gin (韓国人)
	代名詞 대명사 dae-myeong-sa	他の名詞の代わりに人や場所、ものなどを示す言葉。
		나 na (私)
		너희 neo-hi (あなた(たち))
		이것 i-geot (これ)
		저기 jeo-gi (あそこ)
	数詞 수사 su-sa	数量や順序を表す言葉。
		하나 ha-na (一)
		첫째 cheot-jjae (第一)

関係言 관계언	助詞	名詞、代名詞、数詞、副詞などに付いて、その語と他の語との文法的な関係を示したり、その語の意味を強調したりする品詞。
	조사 jo-sa	는 neun /은 eun （ーは） 가 ga /이 i （ーが） 를 reul /을 eul （ーを） 과 gwa /와 wa （ーと） 로 ro /으로 eu-ro （ーに、ーへ、ーで） 에 e （ーに、ーへ、ーで）
	語尾	用言や「이다」の活用の時、形態が変化する部分。
	어미 eo-mi	습니다 seum-ni-da /아요 a-yo /어요 eo-yo （ーです） 습니까? seum-ni-gga? /아요? a-yo? / 어요? eo-yo? （ーですか）
用言 용언	動詞	人やものの動きを表す品詞。
	동사 dong-sa	놀다 nol-da （遊ぶ）
	形容詞	人やものの性質や状態をあらわす品詞。 **tip.** 韓国語の形容詞は動詞のように使えます。このような単語を「상태 동사[sang-tae dong-sa]」と言い、状態を表したり描写します。
	형용사 hyeong-yong-sa	귀엽다 gwi-yeop-dda （可愛い） 춥다 chup-dda （寒い）
	tip. 体言に「이다[i-da]」をつけて用言のように使えます。 사람이다 sa-ra-mi-da （人です） / 산책이다 san-chae-gi-da （散歩です）	

ユニット 25〜37. その他

修飾言 수식언	冠形詞	体言の前について、その体言の内容を修飾する機能をする言葉。
		tip. 冠形詞は体言の性質、状態、形を示したり、数量と順序を示したり、特定の対象を指す言葉です。
	관형사 gwan-hyeong-sa	순 sun (純) 한 han (一つの)
	副詞	主に動詞や形容詞の前に使われて、その意味をはっきり表す語。
	부사 bu-sa	매우 mae-u (とても) 많이 ma-ni (たくさん) 늘 neul (いつも)
独立言 독립언	感動詞	感じたことや呼び、応答などを表す語の品詞。
	감탄사 gam-tan-sa	아 a (あ、あら、や、おお、わあ) 아이구 a-i-gu (あ、あら、やれやれ、まあ) 어머 eo-meo (あら、まあ)

ユニット 34.
韓国語の語順 한국어 어순

韓国語の基本語順は「主語+目的語+述語」です。
韓国語には主格助詞、目的格助詞、その他の助詞がたくさんあります。

1. 主語+述語

<small>主   述</small>
나는 삽니다.
na-neun san-da

私は 買います。

2. 主語+目的語+述語

<small>主   目   述</small>
나는 책을 삽니다.
na-neun chae-geul san-da

私は 本を 買います。

3. 冠形詞+名詞

<small>冠 名</small>
나는 저 책을 삽니다.
na-neun jeo chae-geul san-da

私は あの 本を 買います。

4. 副詞+動詞

<small>副   動</small>
나는 책을 많이 삽니다.
na-neun chae-geul ma-ni san-da

私は 本を たくさん 買います。

341

ユニット 35.
敬語 존댓말

韓国語も日本語のように敬語が発達して似ている点もありますが、まったく同じではないことに注意します。

1. 敬語の体言 존대 체언 jon-dae che-eon

意味	普通語	敬語
ご飯	밥 bap	진지 jin-ji
家	집 jip	댁 daek
言葉	말 mal	말씀 mal-sseum
年齢	나이 na-i	연세 yeon-se
敬語の語尾	씨 ssi /님 nim	**tip.**「님」は「씨」に対する敬語です。
先生	선생 seon-saeng	선생님 seon-saeng-nim
父	아버지 a-beo-ji	아버님 a-beo-nim
母	어머니 eo-meo-ni	어머님 eo-meo-nim
兄	형 hyeong	형님 hyeong-nim
ーに	에게 e-ge	께 gge
ーが	가 ga /이 i	께서 gge-seo

tip. 謙譲語のように、話し手自身をへりくだって表現することで、相手に敬意を示すこともあります。例えば、「나 [na]」の代わりに「저 [jeo]」を使います。
この文章は聞き手側を尊敬します。

저는 학생입니다.
jeo-neun hak-ssaeng-im-ni-da
私は学生です。

2. 敬語の用言 존대 용언 jon-dae yong-eon

すべての動詞と形容詞は語幹と語尾の間に「-시 si-」や「-으시 eu-si-」をつけます。

意味	普通語	敬語
行く	가다 ga-da	가시다 ga-si-da
もらう、受ける、受け取る	받다 bat-dda	받으시다 ba-deu-si-da
居る	있다 it-dda	계시다 gye-si-da
飲む	마시다 ma-si-da	드시다 deu-si-da
食べる	먹다 meok-dda	드시다 deu-si-da, 잡수시다 jap-ssu-si-da
寝る	자다 ja-da	주무시다 ju-mu-si-da
空腹だ	배고프다 bae-go-peu-da	시장하시다 si-jang-ha-si-da

ユニット 36.
文章の終結法 문장 종결법

1. 叙述文　서술문 seo-sul-mun

叙述文を読む時は最後にトーンを下げます。

하십시오 ha-sip-ssi-o**体:** **−ㅂ니다** **tip.** 書き言葉の敬語。	비가 **옵니다.** bi-ga om-ni-da 雨が降ります。
해라 hae-ra**体:** **−다** **tip.** 待遇表現の一つで、相手を目下の人に対して低める表現。	비가 **온다.** bi-ga on-da 雨が降っている。
하게 ha-ge**体:** **−네** **tip.** 待遇表現の一つで、相手を少し低める表現ではあるが、相手の社会的な立場は認める表現。	비가 **오네.** bi-ga o-ne 雨が降っているね。
해요 hae-yo**体:** **−아요/−어요** **tip.** 待遇表現の一つで、相手を目上として扱う表現。	비가 **와요.** bi-ga wa-yo 雨が降っています。
해 hae**体:** **−아/−어** **tip.** 待遇表現の一つで、相手を目下・同等として扱う表現。	비가 **와.** bi-ga wa 雨が降ってるよ。

2. 疑問文 의문문 ui-mun-mun

文章を読んだり話したりする時、語尾のトーンを上げなければなりません。

하십시오 ha-sip-ssi-o体: ーㅂ니까	비가 **옵니까?** bi-ga om-ni-gga? 雨が降りますか。
해라 hae-ra体: ー느냐/ー니/ー지	비가 **오니?** bi-ga o-ni? 雨が降っているの？
하게 ha-ge体: ー나/ー는가	비가 **오나?** bi-ga o-na? 雨が降っているの？
해요 hae-yo体: ー아요/ー어요/ー(으)ㄹ까요	비가 **와요?** bi-ga wa-yo? 雨が降ってますか。
해 hae体: ー아/ー어/ーㄹ까	비가 **와?** bi-ga wa? 雨が降ってる？

3. 命令文 명령문 myeong-nyeong-mun

命令文では主語が「너、당신」ですが、書いたり話したりしません。

하십시오 ha-sip-ssi-o体: −ㅂ시오	저리로 **가십시오.** jeo-ri-ro ga-sip-si-o あちらへ行ってください。
해라 hae-ra体: −아라/−어라	저리로 **가라.** jeo-ri-ro ga-ra あちらへ行け。
하게 ha-ge体: −게	저리로 **가게.** jeo-ri-ro ga-ge あちらへ行きなさい。
해요 hae-yo体: −아요/−어요/−지요	저리로 **가세요.** jeo-ri-ro ga-se-yo あちらへ行ってください。
해 hae体: −아/−어/−지	저리로 **가.** jeo-ri-ro ga あっちへ行って。

ユニット 37.
動詞の活用 동사의 활용

韓国語の動詞は節の最後に来ます。
動詞は話し言葉の最も複雑な部分であり、適切に活用された動詞は完全な文章として自立することができます。
韓国語の動詞は活用語であり、すべての動詞形式は、動詞の語幹(単純または拡張)、そして一連の屈折接尾辞の二つの部分があります。韓国語の動詞の語幹は、少なくとも一つの接尾辞なしでは文として機能しないということです。

動作動詞		状態動詞		連用動詞	
語幹	語尾	語幹	語尾	語幹	語尾
食べる		ある・いる		〜(かばん)です	
먹	는다	있	다	(가방)이	다
	느냐?		냐?		냐?
	습니다		습니다		ㅂ니다
	고		고		고
	어서		어서		어서
	는		는		ㄴ
	기		기		기

＜不規則動詞と形容詞の例＞

1. 語幹の変化 어간 변화 eo-gan byeon-hwa

ㄹ 不規則	알	다	知る	
		는	알는	**아는**
		ㅂ니다		**압니다**
		세요	알세요	**아세요**
ㅇ 不規則	기쁘	다	嬉しい	
		어서	기쁘어서	**기뻐서**
ㄷ 不規則	듣	다	聞く	
		으면	듣으면	**들으면**
ㅂ 不規則	돕	다	助ける	
		아서	돕아서	도오아서	**도와서**
ㅅ 不規則	낫	다	治る、ましだ	
		으면	낫으면	**나으면**
르 不規則	부르	다	呼ぶ	
		어요	부르어요	불르어요	**불러요**

2. 語幹と語尾の変化 어간과 어미 변화 eo-gan-gwa eo-mi byeon-hwa

ㅎ 不規則	빨갛	다	赤い	
		으면	빨갛으면	**빨가면**
		아서	빨갛아서	**빨개서**

3. 特定の語尾と結合 특정 어미와 결합 teuk-jjeong eo-mi-wa gyeol-hap

하다 不規則	노래하	다	歌う	
		여	노래하여	**노래해**

tip. 一部の名詞、副詞、動詞の語幹に「하다」をつけると動詞になります。

< 動詞と形容詞の活用の例 >

動詞		意味	ㅂ(습)니다	었(았/였)습니다	고
가볍다	ga-byeop-dda	軽い	가볍습니다	가벼웠습니다	가볍고
걷다	geot-dda	歩く	걷습니다	걸었습니다	걷고
고맙다	go-map-dda	有り難い	고맙습니다	고마웠습니다	고맙고
낫다	nat-dda	治る、ましだ	낫습니다	나았습니다	낫고
놓다	no-ta	置く、放す	놓습니다	놓았습니다	놓고
다르다	da-reu-da	違う	다릅니다	달랐습니다	다르고
닫다	dat-dda	閉じる	닫습니다	닫았습니다	닫고
돕다	dop-dda	助ける	돕습니다	도왔습니다	돕고
멀다	meol-da	遠い	멉니다	멀었습니다	멀고
모르다	mo-reu-da	知らない	모릅니다	몰랐습니다	모르고
무겁다	mu-geop-dda	重い	무겁습니다	무거웠습니다	무겁고
받다	bat-dda	受ける	받습니다	받았습니다	받고
부르다	bu-reu-da	呼ぶ	부릅니다	불렀습니다	부르고
살다	sal-da	生きる	삽니다	살았습니다	살고
씹다	ssip-dda	噛む	씹습니다	씹었습니다	씹고
아프다	a-peu-da	痛む	아픕니다	아팠습니다	아프고
웃다	ut-dda	笑う	웃습니다	웃었습니다	웃고
입다	ip-dda	着る	입습니다	입었습니다	입고
잡다	jap-dda	取る、掴む	잡습니다	잡았습니다	잡고
춥다	chup-dda	寒い	춥습니다	추웠습니다	춥고

는/(으)ㄴ/(으)ㄹ	(으)니까	더니	(으)면	어/아/여서	어/아/여야	어/야/여요
가벼운	가벼우니까	가볍더니	가벼우면	가벼워서	가벼워야	가벼워요
걷는	걸으니까	걷더니	걸으면	걸어서	걸어야	걸어요
고마운	고마우니까	고맙더니	고마우면	고마워서	고마워야	고마워요
나은	나으니까	낫더니	나으면	나아서	나아야	나아요
놓는	놓으니까	놓더니	놓으면	놓아서	놓아야	놓아요
다른	다르니까	다르더니	다르면	달라서	달라야	달라요
닫는	닫으니까	닫더니	닫으면	닫아서	닫아야	닫아요
돕는	도우니까	돕더니	도우면	도와서	도와야	도와요
먼	머니까	멀더니	멀면	멀어서	멀어야	멀어요
모르는	모르니까	모르더니	모르면	몰라서	몰라야	몰라요
무거운	무거우니까	무겁더니	무거우면	무거워서	무거워야	무거워요
받는	받으니까	받더니	받으면	받아서	받아야	받아요
부르는	부르니까	부르더니	부르면	불러서	불러야	불러요
사는	사니까	살더니	살면	살아서	살아야	살아요
씹는	씹으니까	씹더니	씹으면	씹어서	씹어야	씹어요
아픈	아프니까	아프더니	아프면	아파서	아파야	아파요
웃는	웃으니까	웃더니	웃으면	웃어서	웃어야	웃어요
입는	입으니까	입더니	입으면	입어서	입어야	입어요
잡는	잡으니까	잡더니	잡으면	잡아서	잡아야	잡아요
추운	추우니까	춥더니	추우면	추워서	추워야	추워요

検索.
1. カナダラ順 가나다순

ㄱ

가게	230
가격	285
가구	130
가깝다	298
가나	337
가나 사람	337
가락	166
가락 신	142
가랑비	104
가렵다	246
가르치다	191
가르침	191
가뭄	103, 313
가방	142
가사	166
가속 페달	271
가솔린	275
가수	166, 209
가스레인지	131
가슴	48
가오리	118
가운데	326
가을	106
가이드	292
가재	151
가정	128
가정 교사	192
가족	27
가죽	144
가지	120, 153
가책	305
가해자	305
간식	93
간장	156
간질	310
간호사	208, 242
갈기	114
갈등	72
갈매기	118
갈비	219
갈색	324
갈치	151
감	154
감기	243
감기에 걸리다	243
감사	36
감사하다	36
감사합니다.	30
감자	152
감자튀김	219
값	285
갓길	277
강	296
강낭콩	152
강당	198
강도	305
강사	192
강수량	104
강아지	114
강의	191
강풍	103

개	114	걸레	133
개관	295	걸레질	133
개구리	119	걸치다	138
개나리	121	검사	209
개다	102	검색	180
개미	119	검색창	180
개봉하다	167	검은색	322
개수대	132	검정	322
개울	296	겁나다	62
개인	293	겉옷	140
개찰구	258	게	151
개천절	96	게으르다	64
객실	260, 283	게임	164
갤러리	294	겨울	106
갱신	261	겨울 방학	198
거리	297	겨자	157
거만하다	65	격려	38
거미	119	격려하다	38
거북	119	격자무늬	144
거북하다	62	견인차	311
거실	128	결과	197
거울	131, 235	결석	191
거위	117	결제	232, 285
거짓말	72	결혼	73
걱정	37	결혼기념일	74
걱정스럽다	62	결혼반지	73
건강 보험	207	결혼식	73
건널목	274	겸손하다	63
건물	293	경기	164, 310
건방지다	65	경력	211
건조하다	103	경련	310
건축가	208	경로	296
걸다	176	경리부	205

353

경보	313	고마워.	30
경비	285	고마워요.	30
경유	262, 275	고맙다	36
경적	272	고모	82
경제학	195	고무신	142
경찰	209, 304	고민	72
경찰관	209, 304	고분고분하다	63
경찰서	304	고사리	153
경찰차	304	고속도로	276
경치	294	고속버스	259
경풍	310	고양이	114
계곡	296	고열	244
계단	130	고용 보험	207
계산	194, 232, 285	고의	40
계산대	232	고추	153
계산서	223, 232	고추냉이	157
계산원	232	고추장	156
계약 직원	205	고통	242, 308
계절	105	고통스럽다	61
계정	179	고혈압	245
계좌	248	곡물	152
고객	233	곡선	320
고교	190	곤란	40
고구마	152	곤란하다	40
고국	26	곤충	119
고기	150	골절	307
고기압	107	골프	165
고등어	151	곰	115
고등학교	190	곰보빵	220
고래	117	곱슬머리	48
고로케	220	공	164, 316
고릴라	116	공감대	70
고마움	36	공기	105

공기 청정기	133	관객	168
공부	192	관광	292
공산품	231	관광 안내소	292
공손하다	63	관광객	293
공예	171	관대하다	37
공원	295	관심	36
공유	182	관현악단	167
공인 중개소	237	광복절	96
공작	118	광장	295
공제	207	괜찮아.	31
공주	294	괜찮아요.	31
공중전화	176	괴롭다	61
공책	196	교과 과정	193
공항	260	교과서	195
공휴일	96	교만하다	65
과거	97	교복	199
과도	158	교사	192, 208
과목	193	교수	192
과묵하다	64	교실	192
과속	274	교육	193
과외	193	교육 과정	193
과외 수업	193	교제	70
과일	154	교차로	276
과일 가게	234	교통	258
과일칼	158	교통 정체	276
과자	221	교통 체증	276
과장	206	교통 표지판	273
과제	196	교통사고	311
과테말라	333	교향악단	167
과테말라 사람	333	교환	233
과학	194	구	316
과학관	295	구급상자	309
과학실	199	구급차	309

구두	142	궁전	294
구름	103	궂다	102
구매	230	권투	165
구매부	205	귀	51
구멍가게	230	귀걸이	143
구명조끼	264	귀마개	141
구십	317	귀엽다	54
구이	158, 218	귀찮다	61
구인	210	귤	154
구입	230	그럭저럭.	29
구조	309	그럭저럭요.	29
구직	210	그릇	159
구체	321	그리다	169
구토	245	그리스	334
국	217	그리스 사람	334
국가	26	그리워하다	72
국경일	96	그림	169
국그릇	159	그림엽서	298
국립 중앙 박물관	294	그림책	169
국방색	324	그립다	72
국부 마취	247	그저께	94
국사	194	극장	168, 295
국소 마취	247	근거리 무선망	178, 284
국어	194	근무	204
국자	158	근사하다	55
국장	206	근심스럽다	62
국적	25	글피	94
국제 운전면허증	270	금고	287
굴	151, 219	금리	249
굴뚝	130	금붕어	118
굽다	158	금색	324
궁	294	금요일	95
궁궐	294	금은방	234

급식	199	기침	244		
급여	206	기타	167		
급우	192	기항지	262		
급하다	274	기회	38		
급행	259	기후	107		
급행열차	259	긴 머리	48		
급히	274	긴급	309		
기내	264	긴급 전화	176		
기내식	264	긴급하다	309		
기념	293	긴소매	143		
기념관	293	긴장하다	62		
기념물	293	긴팔	143		
기념비	293	길거리	297		
기념품	298	김	152		
기다리다	38	김밥	217		
기독교	27	김치	217		
기르다	84, 114	김치냉장고	132		
기린	116	김치찌개	218		
기말고사	197	깁스	243, 309		
기미	53	깃털	117		
기본급	206	까마귀	117		
기쁘다	60	까치	117		
기쁨	37	깜빡이	272		
기상하다	92	깜찍하다	54		
기수	316	깨끗하다	284		
기압	107	깨다	93		
기온	106	깨물다	114		
기자	208	깨소금	156		
기저귀	84	깻잎	153		
기절	310	껴안다	72		
기차	259	꼬리	114		
기차역	259	꼬막	151, 219		
기차표	258	꼬시다	71		

357

꼴	320	난	121
꽃	120	난방	283
꽃게	151	난처하다	40
꽃꽂이	171	난초	121
꽃무늬	144	날	94
꽃봉오리	105	날개	117
꽃사슴	116	날다	117
꽃샘추위	103	날씨	102
꽃잎	120	날씬하다	53
꽃집	237	날짜	94
꾀다	71	남	327
꿀	157	남극	328
꿀벌	119	남극해	329
꿈	94	남동	327
끄다	178	남동생	81
끊다	176	남동쪽	327
끼니	150	남매	81
		남미	333
ㄴ		남북	327
		남색	323
나가다	297	남서	327
나라	26	남서쪽	327
나무	120	남성	24
나물	218	남아공	337
나비	119	남아공 사람	337
나비넥타이	141	남아메리카	328, 333
나쁘다	64	남아시아	331
나이	25	남아프리카공화국	337
나이지리아	337	남자	24
나이지리아 사람	337	남자 친구	71
나이프	224	남쪽	327
나팔꽃	121	남편	74, 81
낙엽	106	남한	330
낚시	170		

낫다	310	노르웨이	334
낮	92	노르웨이 사람	334
낮잠	94	노상강도	305
내다	232	노선	258
내복	140	노인	82
내의	140	노트	196
내일	94	노트북	180
내일 만나.	30	노트북 컴퓨터	180
내일 만나요.	30	녹색	323
내향	64	녹색등	273
냄비	159	녹차	156, 222
냅킨	223	논문	197
냉난방	283	놀이공원	295
냉동고	132	놀이동산	295
냉동품	231	농구	165
냉방	283	농부	210
냉장고	132, 287	농산물	231
냉커피	221	뇌전증	310
너구리	116	뇌졸중	309
네	316	뇌중풍	309
네덜란드	334	누나	81
네덜란드 사람	334	눅눅하다	105
네모	321	눈	51, 106
네팔	331	눈동자	51
네팔 사람	331	눈사람	106
넥타이	141	눈사태	312
넷	316	눈송이	106
넷째	318	눈싸움	106
년	96	눈썹	51
노란불	273	눈짓	71
노란색	322	뉴질랜드	336
노랑	322	뉴질랜드 사람	336
노래	166	느끼다	225

느리다	274
느타리	220
늑대	115
늙은이	82
늦잠	94
니트	139

ㄷ

다각형	320
다듬다	157
다락	129
다람쥐	116
다리	50
다리미	287
다리미질	236
다림질	236
다방	216, 234
다색	324
다섯	316
다섯째	318
다운로드	177
다정하다	63
다지다	157
다치다	243, 307
닦다	93
단골	233
단골손님	233
단과 대학	190
단발머리	48
단색	324
단체	293
단추	144
단축키	180

단춧구멍	144
단풍	106
단풍나무	106
단풍놀이	106
단화	142
닫다	128
달	95
달다	224
달러	250
달력	94
달리다	164
달콤하다	224
닭	117
닭고기	150
닮다	84
담백하다	225
담요	286
답	193
답장	179
당구	165
당근	152
당일 여행	292
대구	151
대기	105
대담하다	64
대답	193
대두	152
대로	298
대리	206
대만	330
대만 사람	330
대사관	299
대서양	329

대성당	294	도로	276, 297
대양주	336	도로 교통법	272
대웅전	294	도로 표지판	273
대접	37	도마	158
대중교통	258	도마뱀	119
대추차	222	도망	311
대출	249	도미	151
대피소	313	도미니카 사람	333
대학	190	도미니카공화국	333
대학 수학 능력 시험	191	도서관	168, 198
대학교	190	도시	297
대학원	190	도시락	199
대한민국	330	도어맨	283
대형 자동차	270	도움	36
대형차	270	도주	311
더듬이	119	도착	262
더럽다	284	도착하다	262
더블 룸	283	도화지	170
더위	102	독감	244
덤	233	독서	168
덥다	102	독수리	117
데다	308	독신	72
데스크톱	180	독일	335
데스크톱 컴퓨터	180	독일 사람	335
데이지	120	독일어	26
데이트	70	돈	248
덴마크	334	돈을 찾다	249
덴마크 사람	334	돌고래	117
도	106	돌보다	37, 84
도난	306	돕다	36
도둑	305	동	327
도둑질	306	동거	85
도둑질하다	306	동결	207

동남아	331
동남아시아	331
동동주	223
동료	205
동물	114
동물원	295
동북아	330
동북아시아	330
동상	104, 308
동생	81
동서	74, 327
동서남북	327
동전	248, 319
동쪽	327
동화책	169
돼지	115
돼지고기	150
된장	156
된장찌개	218
두	316
두더지	116
두드러기	245
두렵다	62
두루마기	138
두유	155
두통	242, 308
둘	316
둘째	318
둥글다	320
둥지	117
뒤	325
뒤집개	158
드라이어	287
드라이클리닝	236
드럼	167
드레싱	156
듣다	166
들기름	157
들어가다	297
등	48
등록	191
등산	170
디스크	166
디스크 드라이브	181
디자이너	209
디저트	156, 217
디젤유	275
따갑다	242, 307
따뜻하다	102
딱정벌레	119
딱하다	62
딸	81
딸기	154
때	92
떠나다	261
떡볶이	219
또 만나.	30
또 만나요.	30
뚱뚱하다	52
뛰다	164
뜨개질	171
뜰	129

ㄹ

라인	320
라켓	164

란제리	140	■ ㅁ	
랍스터	129, 151	마고자	138
러닝	140	마네킹	235
러닝셔츠	140	마늘	153
러시아	335	마늘빵	220
러시아 사람	335	마당	129
러시아워	276	마루	129
런닝	140	마른반찬	218
레깅스	141	마스카라	236
레모네이드	222	마시다	155
레몬	154	마요네즈	157
레스토랑	216, 284	마우스	181
레시피	157	마우스 패드	181
레인코트	140	마을	297
레커차	311	마천루	293
렌터카	270	마취	247
로그아웃	179	마트	230
로그인	179	마흔	317
로밍 서비스	177	막걸리	155, 223
로비	282	만	317
로션	235	만 원	319
로터리	276	만나다	70
루마니아	335	만나서 반가워.	28
루마니아 사람	335	만나서 반가워요.	28
룸서비스	283	만남	70
리치	155	만년필	196
리터	275	만족	283
리포트	196	만족하다	60, 283
린스	286	만화책	169
립글로스	236	말	115
립스틱	236	말레이시아	331
		말레이시아 사람	331
		말벌	119

맑다	102	멀다	298
맑아지다	102	멀미	265
맑은 날씨	102	멈추다	271
맛	224	멋지다	54
맛보다	224	멍	243, 307
맛없다	224	멍멍	114
맛있다	224	메뉴	216
망고	155	메뉴판	216
망아지	115	메스껍다	245
맞선	70	메시지	177
매	117	메신저	177
매너 모드	177	멕시코	333
매니큐어	236	멕시코 사람	333
매력	71	멜로디	166
매부	74	멜론	154
매제	75	멜빵	141
매콤하다	224	며느리	82
매표소	258	면	144, 320
매형	74	면도	286
맥주	155, 222	면도기	286
맵다	224	면사포	73
맹장염	245	면세	285
맺다	120	면세점	264
머리	48	면세품	264
머리띠	143	면접	211
머리를 감다	93	면접시험	211
머리빗	286	멸치	151
머리카락	48	명승고적	296
머리핀	143	명예퇴직	207
머무르다	282	명절	96
머플러	141	명퇴	207
먹구름	103	명함	24
먹다	150	모공	53

모국어	26	무궁화	120
모기	119	무급 휴가	208
모기지	250	무단 주차	276
모기지 대출	250	무단 횡단	273
모니터	180	무더위	102
모레	94	무덥다	102
모로코	337	무뚝뚝하다	64
모로코 사람	337	무례하다	64
모습	54	무료 주차장	275
모시	144	무릎	50
모시조개	219	무선 데이터	178
모양	320	무선 마우스	181
모유	83	무선 인터넷	284
모자	141	무섭다	62
모직	144	무죄	305
모텔	282	무지개	105
모피	114	무치다	158
목	48	무침	158
목걸이	143	무화과	155
목격자	304	묵다	282
목도리	141	문	128
목발	243, 308	문구점	234
목요일	95	문방구	234
목욕	93	문서	204
목적지	258, 296	문어	118, 151
몸	48	문자 메시지	177
몸무게	52	문제	39
몸살	244	문학	168, 194
못 지내.	29	문화재	294
못 지내요.	29	묻다	193
못나다	55	물	155
못생기다	55	물감	170
무	153	물건	231

물고기	118	믿다	60
물다	114	밀감	154
물리학	194		
물방울무늬	144	**ㅂ**	
물어보다	193	바게트	220
뮤지컬	167	바깥	325
미국	167	바꾸다	176, 233
미국 사람	333	바나나	154
미끄러지다	311	바다	296
미니바	287	바닥	129
미니스커트	139	바닷가	296
미래	97	바닷가재	129, 151
미백 크림	235	바둑	170
미세 먼지	105	바람	103
미술	195	바른손	49
미술관	294	바이러스	182
미식가	292	바이올린	166
미식축구	165	바지	139
미아	311	바지락	219
미안하다	38	바퀴	272
미안해.	31	바퀴벌레	119
미안해요.	31	바탕화면	180
미역국	217	박	285
미열	244	박물관	294
미용사	210	박사	198
미용실	236	박쥐	116
미장원	236	밖	325
미혼	72	반	92, 192
믹서	132	반려동물	114
민들레	120	반려자	74
민무늬	144	반바지	139
민박	282	반소매	143
민소매	143	반지	143

반찬	217	방학	198
반창고	248	방해	40
반코트	140	방해하다	40
반팔	143	방향 지시 등	272
반품	233	배	49,154, 264
반하다	71	배관공	209
받다	176	배구	165
받아쓰기	196	배낭	142
받은 메일함	179	배드민턴	164
발	50, 114	배려	37
발가락	50	배려하다	37
발급	250, 261	배신	72
발등	50	배우	168, 209
발목	50	배우다	191
발바닥	50	배우자	74
발신하다	176	배자	138
발코니	129	배추	153
발톱	50, 114	배탈	245
발표	204	배터리	178
밟다	271	백	317
밤	92	백 원	319
밥	152, 217	백만	317
밥 먹었니?	29	백미러	272
밥그릇	159	백색	322
밥솥	159	백신	182
밥을 먹다	93	백합	120
밥주걱	158	백화점	230
방	128	밴	270
방과 후 교실	193	뱀	119
방과 후 돌보미	193	뱀장어	118
방문	293	버무리다	158
방문객	293	버섯	220
방전	178	버스	259

버스 전용 차로	258	벽장	130
버스 전용 차선	258	변기	132
버터	157	변비	245
번개	104	변속 기어	271
번거롭다	61	변호사	209
번호판	272	별거	85
번화가	298	별로.	29
벌	119	별로요.	29
벌금	273	별명	24
벌레	119	병가	208
범인	305	병실	246
범죄	305	병아리	117
범죄인	305	병원	242
범칙금	273	보건소	242
범퍼	271	보고서	196
벗	28	보고하다	304
벗기다	157	보금자리	117
벙어리장갑	141	보내다	177
벚꽃	121	보낸 메일함	179
베개	286	보너스	206
베다	308	보닛	271
베란다	129	보다	167
베이다	308	보도	277
베트남	331	보드 마커	195
베트남 사람	331	보드게임	170
베풀다	36	보디 샴푸	286
벨 소리	177	보라	323
벨기에	335	보라색	323
벨기에 사람	335	보리	152
벨트	141	보모	84
벼락	104	보살피다	37, 84
벼룩시장	230	보살핌	37
벽	129	보석상	234

보안	182	부엉이	118
보안 검색	263	부엌	128
보안 검색대	263	부엌칼	158
보조개	51	부인	74
보증금	285	부작용	247
보통 예금	248	부장	206
보통석	263	부전공	27, 190
보트	264	부정행위	197
보행로	277	부츠	142
보행자	274	부침개	219
복사	182	부케	73
복사기	181	부하	205
복수 전공	27	부활절	96
복숭아	154	부회장	205
복싱	165	북	167, 327
볶다	158	북극	328
볶음	158	북극해	329
볼	51	북동	327
볼펜	196	북동쪽	327
봄	105	북미	333
봄 방학	198	북서	327
봉급	206	북서쪽	327
봉사료	223	북아메리카	328, 333
부교수	192	북쪽	327
부끄럽다	61	북한	330
부러지다	307	북한 사람	330
부르트다	246	분	92
부리	117	분수	316
부모	80	분식집	216
부부	74, 81	분실	310
부사장	206	분실물	310
부상	243, 307	분실물 취급소	310
부서	205	분유	83

분필	195	블러셔	236
분홍	323	블로그	183
분홍색	323	블록버스터	168
불	312	블루베리	154
불결하다	284	비	103, 132
불고기	219	비관	64
불교	27	비난	39
불면증	94	비난하다	39
불법 주차	276	비누	286
불볕더위	102	비늘	118
불안하다	62	비단	144
불편하다	284	비둘기	117
불평	283	비듬	54
불평하다	283	비만	52
불합격	197	비밀번호	180, 251
불화	85	비빔밥	217
붉은색	322	비상구	264
붓	170	비상등	272
붓꽃	121	비서	209
붓다	243, 308	비스킷	221
붕대	248, 308	비싸다	233
붙박이장	130	비올라	166
붙여 넣기	182	비옷	140
뷔페	284	비용	285
브라우저	179	비자	261
브라질	333	비정규직	205
브라질 사람	333	비즈니스 클래스	263
브래지어	140	비참하다	61
브레이크	271	비치파라솔	284
브로치	143	비키니	141
브로콜리	153	비통하다	61
브이넥	143	비행기	260
블라우스	139	빈방	286

빈혈	245	사과하다	38
빌딩	293	사귀다	70
빗	286	사근사근하다	63
빗방울	103	사기	306
빗자루	132	사기꾼	306
빙판	105, 311	사나이	25
빙판길	105	사납다	65
빚	249	사내	25
빠르다	274	사다	230
빨간불	273	사랑	70
빨간색	322	사랑니	246
빨강	322	사랑하다	70
빨대	223	사무실	204
빨래	133	사발	159
빨리	274	사선	320
빵	220	사슴	116
빵집	234	사십	317
뺑소니	311	사우디아라비아	332
뻐근하다	243, 307	사우디아라비아 사람	332
뽀뽀	71	사원	206, 294
뾰루지	53, 245	사위	82
뾰족하다	321	사육하다	114
뿌리	120	사이	326
삐다	243, 307	사이다	156, 222
		사이드 메뉴	217
ㅅ		사이드 미러	272
		사이드 브레이크	271
사	316	사이즈	235
사각	321	사이클링	165
사각형	321	사인펜	196
사거리	276	사자	115
사건	304	사장	206
사고	304	사증	261
사과	38, 154		

사직	207	삽화	169
사진	169, 298	상냥하다	63
사진작가	209	상사	205
사촌	82	상어	118
사탕	220	상업적	296
사회학	194	상여금	206
삭감	207	상인	210, 232
삭제	182	상점	230
삭제하다	182	상처	243, 307
산	296	상추	153
산들바람	103	상품	231
산딸기	154	새	117
산모	83	새벽	92
산보	164	새우	151
산부	83	새콤하다	224
산사태	312	색	322
산수	194	색깔	322
산책	164	색소폰	167
살구	155	색안경	142
살다	27	색연필	196
살인	306	색칠하다	170
살인범	306	샌드위치	220
살해	306	샌들	142
살해범	306	샐러드	219
삶다	158	생강	153
삼	316	생강차	222
삼각	320	생머리	48
삼각형	320	생물학	194
삼계탕	218	생선	150
삼베	144	생선 가게	234
삼십	317	생일	25, 97
삼일절	96	생쥐	116
삼촌	82	샤워	93

샤워 캡	286	선크림	236
샤워기	132	설날	96
샤프	196	설렁탕	218
샴페인	222	설비	283
샴푸	286	설사	245
서	327	설치	181
서늘하다	102	설탕	156
서랍	130	섭섭하다	62
서랍장	130	섭씨	106
서류	204	성	24, 293
서른	317	성가시다	61
서리	104	성명	24
서먹서먹하다	62	성별	24
서수	318	성인	82
서운하다	62	성적	197
서재	128	성적표	197
서점	168, 234	성탄절	96
서쪽	327	성함	24
석가 탄신일	96	세	316
석고 붕대	243, 309	세계 일주	292
석사	198	세관	264
석화	219	세관 검사	264
섞다	158	세관 신고서	264
선	70, 320	세금	207, 285
선글라스	142	세기	96
선로	260	세련되다	55, 145
선물	298	세면대	132
선박	264	세모	320
선반	131	세수	93
선불	285	세수하다	93
선생	192	세심하다	63
선율	166	세일	233
선의	40	세차	275

세차장	275	소설가	169
세탁	133	소셜 네트워크 서비스	183
세탁기	133	소수	316
세탁소	236	소스	156
세탁실	284	소심하다	64
센바람	103	소주	155, 223
셀카	298	소파	131
셀카 봉	298	소풍	171, 198
셀프 주유소	274	소프트웨어	181
셀프 카메라	298	소형 자동차	270
셈	194	소형차	270
셋	316	소화 불량	244
셋째	318	소화제	247
셔츠	139	속 쓰림	244
셔틀콕	164	속눈썹	51
소	115	속도	274
소개	24	속도위반	272
소개팅	70	속옷	140
소개하다	24	속이다	72, 306
소고기	150	손	49
소고기뭇국	217	손가락	50
소극	64	손녀	82
소금	156	손님	28
소나기	104	손등	49
소다수	222	손목	49
소매	143	손목시계	92
소매치기	306	손바닥	49
소묘	170	손실	40
소방관	209, 312	손자	82
소방서	312	손주	82
소방차	312	손톱	50
소보로빵	220	손해	40
소설	168	송곳니	246

송금	249	수업	191
송아지	115	수염	54
송이버섯	220	수영	164
솥	159	수영복	141
쇼핑	230	수영장	164, 284
쇼핑몰	230	수요일	95
쇼핑센터	230	수유	83
쇼핑하다	230	수의사	208
숄	141	수저	223
숄더백	142	수정	182
수	194, 316	수정 테이프	196
수강 신청하다	191	수정액	196
수건	286	수줍다	64
수능	191	수직	321
수단	337	수집	171
수단 사람	337	수채화	169
수당	207	수치스럽다	61
수도꼭지	132	수탉	117
수동	64	수평	321
수동 변속기	271	수표	248, 319
수면	94	수프	219
수면제	247	수필	168
수박	154	수필가	169
수분 크림	235	수하물	263
수산물	231	수하물 확인증	263
수선	236	수학	194
수선화	121	수화물	263
수세미	132	수확	106
수수료	250	숙모	82
수술	247	숙박	282
수신	176	숙박 시설	282
수신음	176	숙소	282
수신하다	176	숙제	196

숙주나물	153	스케치	170
순록	116	스케치북	170
숟가락	223	스키	165
숟갈	223	스키장	165
술	155, 222	스킨	235
숫기	64	스타킹	141
숫기가 없다	64	스테이크	219
숫자	194, 316	스튜어드	210
쉬는 시간	198	스튜어디스	210
쉰	317	스팸 메일	179
쉽다	197	스펀지케이크	221
슈퍼	230	스페어타이어	272
슈퍼마켓	230	스페인	335
스노보드	165	스페인 사람	335
스노타이어	272	스페인어	26
스리랑카	331	스포츠	164
스리랑카 사람	331	스포츠용품 가게	235
스마트폰	176	스피드	274
스무째	318	슬리퍼	142
스물	317	슬프다	61
스웨덴	335	습기	105
스웨덴 사람	335	습하다	105
스웨터	139	승강기	130
스위스	335	승강장	260
스위스 사람	335	승무원	210
스위트룸	283	승진	206
스카프	141	승차권	258
스캐너	181	시	92, 168
스커트	139	시각	92
스케이트	165	시간	92
스케이트보드	165	시간 강사	192
스케이트장	165	시간표	258
스케일링	246	시계	92

시골	297	식수	155
시금치	152	식용유	157
시내	296	식자재	217
시내버스	259	식초	157
시누이	74	식칼	158
시다	224	식탁	131
시동생	74	신	142
시리아	332	신경질	65
시리아 사람	332	신고	304
시부모	74	신고하다	304
시설	283	신다	138
시아버지	74	신랑	73
시아주버니	74	신뢰	60
시어머니	74	신발	142
시원하다	102	신발 가게	235
시인	169	신부	73
시장	230	신세	36
시장바구니	230	신용 카드	232, 250
시트	286	신입 사원	204
시합	164	신입생	192
시험	197	신중하다	64
식구	27, 80	신청	191, 261
식기	159	신체	48
식기세척기	132	신호 위반	272
식당	128	신호등	273
식당 종업원	210	신혼여행	73
식당 칸	260	실내화	142
식도락	292	실례합니다.	30
식물	120	실망하다	61
식물원	295	실수	39
식사	93, 150	실수령액	206
식사를 하다	93	실수하다	39
식사하셨어요?	29	실신	310

실종	306
실크	144
심다	120
심리학	195
심술궂다	65
심장 마비	310
심폐 소생술	310
십	316
십 원	319
십만	317
싱가포르	331
싱가포르 사람	331
싱겁다	225
싱글 룸	283
싱크대	132
싸구려	233
싸다	233
싹싹하다	63
싹트다	105
쌀	152
쌀쌀하다	102
쌍꺼풀	51
썰다	157
썰렁하다	102
쑤시다	242, 307
쓰다	138, 168, 224
쓰레기통	132
쓰레받기	133
씁쓸하다	224
씨	105
씨앗	105
씻다	93

ㅇ

아가미	118
아기	83
아끼다	233
아내	74, 81
아는 사람	28
아들	81
아랍에미리트	332
아랍에미리트 사람	332
아래	325
아르바이트	205
아르헨티나	334
아르헨티나 사람	334
아름답다	54
아메리카	333
아메리카노	221
아버지	80
아보카도	155
아빠	80
아쉽다	62
아시아	328, 330
아이	83
아이 크림	235
아이돌	209
아이디	180
아이라이너	236
아이섀도	236
아이스아메리카노	221
아이스커피	221
아이스크림	220
아이스크림 가게	234
아재	25
아저씨	25

아주머니	25	알	117
아줌마	25	알레르기	246
아침	92	알리다	304
아침 식사	93	암벽 등반	170
아프다	242, 307	암소	115
아프리카	328, 337	암탉	117
아홉	316	앞	325
아홉째	318	앞니	246
아흔	317	애인	71
악기	166	애정	70
악어	119	애플리케이션	177
악의	40	애피타이저	217
안	325	애호박	153
안개	103	액세서리	143
안건	204	액셀	271
안경	142	액셀러레이터	271
안경원	235	액정	180
안경점	235	앰뷸런스	309
안내인	292	앱	177
안녕!	28	앵두	155
안녕하세요!	28	야구	165
안녕히 가세요.	30	야근	204
안녕히 주무세요.	29	야근 수당	207
안락의자	130	야영	171
안락하다	284	야옹야옹	114
안방	128	야채	152
안부	27	약	247
안색	50	약국	237, 247
안심	60	약도	293
안전 요원	312	약사	208
안전띠	264, 271	약혼	72
안전벨트	264, 271	약혼녀	72
안타깝다	62	약혼식	72

약혼자	72	어서 오세요.	30
양	115, 275	어서 와.	30
양고기	150	어서 와요.	30
양녀	84	어제	94
양념	156	어지럼증	245
양력	94	어지럽다	245
양말	141	어플	177
양배추	153	어항	118
양복	138	억	317
양산	104	언니	81
양송이	220	언덕	296
양심	305	언어	26
양육하다	84	얼굴	50
양자	84	얼굴빛	50
양주	223	얼굴형	50
양쪽	326	얼룩	236
양치	93	얼룩말	115
양치질	93	얼음	105, 223
양치하다	93	엄마	80
양파	153	업데이트	177
양해	37	업로드	177
어금니	246	업무	26, 204
어깨	48	엉덩이	49
어떻게 지내?	29	에누리	233
어떻게 지내요?	29	에세이	168
어렵다	197	에스엔에스	183
어른	82	에스유브이	270
어린이	83	에스파냐	335
어린이날	96	에스파냐 사람	335
어린이집	190	에스파냐어	26
어머니	80	에스프레소	221
어부	210	에이티엠	250
어색하다	62	에콰도르	334

에콰도르 사람	334	연극	167
에티오피아	337	연두	323
에티오피아 사람	337	연두색	323
엔	250	연못	296
엔지니어	209	연보라	323
엔화	250	연보라색	323
엘리베이터	130	연봉	206
여관	282	연비	275
여권	261	연산	194
여덟	316	연세	25
여덟째	318	연어	151
여동생	81	연예인	209
여드름	53	연인	71
여든	317	연주	166
여름	105	연필	196
여름 방학	198	연하다	324
여배우	168	열	244, 316
여섯	316	열나다	244
여섯째	318	열다	128
여성	25	열대야	105
여왕	294	열대어	118
여우	115	열매	120
여자	25	열사병	105
여자 친구	71	열쇠	129
여행	292	열쇠고리	298
여행 가방	263	열째	318
여행객	293	열차	259
여행사	237	염가	233
역사	194	염려	37
역사적	296	염려스럽다	62
연	96	염소	115
연고	248	엽서	298
연구소	190	영	316

영국	335	오른손잡이	49
영국 사람	335	오른쪽	326
영사관	299	오리	117
영상	106	오리고기	150
영상통화	178	오만 원	319
영수증	232	오백 원	319
영어	26, 194	오븐	131
영업부	205	오빠	81
영하	106	오세아니아	328, 336
영화	167	오스트레일리아	336
영화감독	168	오스트레일리아 사람	336
영화관	168, 295	오스트리아	335
옅다	324	오스트리아 사람	335
옆	325	오십	317
예금	248	오십 원	319
예민하다	62	오에스	181
예복	73	오이	152
예쁘다	54	오전	92
예순	317	오징어	118, 151
예약	216, 285	오천 원	319
예약하다	285	오케스트라	167
옛날	97	오토바이	264
오	316	오페라	167
오 원	319	오프라인	178
오늘	94	오픈카	270
오늘의 메뉴	216	오한	244
오랑우탄	116	오해	39
오랜만이네.	30	오해하다	39
오랜만이네요.	30	오후	92
오렌지	154	옥수수	152
오렌지주스	222	온도	106
오르되브르	217	온돌	129
오른손	49	온라인	178

온라인 게임	178	왼손	49
올리브유	157	왼손잡이	49
올빼미	118	왼쪽	326
올챙이	119	요가	165
올케	74	요구르트	220
옷	138	요금	258, 285
옷 가게	235	요리	150
옷감	144	요리법	157
옷걸이	130, 235	요리사	210
옷깃	143	요리하다	150
옷장	130	요일	95
와이셔츠	139	요즈음	97
와이파이	178, 284	요즘	97
와이퍼	271	요트	264
와인	155, 223	욕실	128
완구점	234	욕조	132
완두콩	152	용	119
완행	259	용서	39
완행열차	259	용서하다	39
왕	294	용의자	305
왕복	262	우루과이	334
왕비	294	우루과이 사람	334
왕자	294	우박	104
외국어	26	우비	140
외모	54	우산	104
외삼촌	82	우아하다	55
외숙모	82	우울하다	61
외조부모	80	우유	155
외투	140	우의	140
외할머니	80	우측	326
외할아버지	80	우편배달부	209
외향	64	우편집배원	209
외화	249	우호	64

우회전	276	위염	244
욱신거리다	243, 307	위인전	169
욱신욱신	243	윙크	71
운동	164	유급 휴가	208
운동복	141	유람	292
운동장	198	유럽	328, 334
운동화	142	유료 주차장	275
운동회	198	유리잔	223
운영체제	181	유리컵	223
운전	270	유명인	295
운전면허	270	유명하다	295
운전면허 시험	270	유모	84
운전면허증	270	유모차	84
운전자	274	유스 호스텔	282
운전하다	270	유원지	295
울타리	129	유적	296
원	250, 320	유전병	246
원뿔	321	유제품	231
원숭이	116	유죄	305
원예	171	유치원	190
원피스	139	유쾌하다	60
원형	320	유턴	276
원화	250	유통 기한	231
월	95	유행	145
월급	206	유행성 감기	244
월요일	95	유혹하다	71
웨딩드레스	73	유화	169
웹 사이트	179	육	316
웹 서핑	180	육교	274
웹캠	181	육십	317
위	325	윤리	195
위반	272	으르렁거리다	114
위스키	223	은색	324

은퇴	207	이란	332
은행	248	이란 사람	332
은행나무	106	이력서	210
은혜	36	이륙	262
음력	94	이륙하다	262
음료	155, 221	이를 닦다	93
음료수	155, 221	이름	24
음반	166	이리	115
음성 메시지	177	이마	50
음식	150	이메일	179
음식 재료	217	이메일 주소	179
음식점	216, 284	이모	82
음악	166, 195	이발관	237
음악실	199	이발소	237
음악회	167	이별	72
음주 운전	273	이별하다	72
음주 측정기	273	이불	286
응급	309	이빨	52
응급 처치	309	이사	206
응급 치료	309	이상형	70
응급실	309	이슬	104
의도	40	이슬람교	27
의료 보험	247	이슬비	104
의류	138	이십	317
의류 건조기	133	이자	249
의사	208, 242	이집트	337
의식 불명	243, 308	이집트 사람	337
의자	130	이체	249
이	52, 316	이탈리아	335
이기	64	이탈리아 사람	335
이등석	263	이해	37
이라크	332	이해하다	37
이라크 사람	332	이혼	85

익사	312	일본 사람	330
익사하다	312	일본어	26, 194
인공호흡	310	일부러	40
인도	277, 332	일어나다	92
인도 사람	332	일요일	95
인도네시아	331	일주	292
인도네시아 사람	331	일중독	204
인도양	329	일하다	204
인라인스케이트	165	일흔	317
인문학	195	읽다	168
인사	28	임금	206
인사부	205	임부	83
인사하다	28	임산부	83
인삼차	222	임시 직원	205
인상	207	임시직	205
인상적	295	임신	83
인스턴트식품	231	임신부	83
인출	249	입	51
인출하다	249	입구	297
인터넷	178	입금	249
인터넷 뱅킹	178, 251	입금하다	249
인터넷 쇼핑	178	입다	138
인플루엔자	244	입덧	83, 245
일	94, 204, 316	입맞춤	71
일 원	319	입술	52
일곱	316	입시	190
일곱째	318	입양	84
일기 예보	102	입양아	84
일등석	263	입원	246
일러스트레이션	169	입원하다	246
일반석	263	입장	297
일방통행	273	입장권	297
일본	330	입장료	297

386

입장하다	297	자주색	323
입체	321	작가	169
입학	190	작곡	166
입학 허가	190	작다	52
입학시험	190	작다리	52
입학식	190	작사	166
잇몸	52, 246	작은방	128
잊다	72	작품	295
		잔고	249
		잔디	120

ㅈ

		잔업	204
자격증	198	잘 가.	30
자기소개	24	잘 자.	29
자기소개서	210	잘 지내.	29
자녀	81	잘 지내?	29
자다	94	잘 지내요.	29
자동 변속기	271	잘 지내요?	29
자동 응답기	177	잘나다	54
자동 이체	249	잘못	39
자동차	270	잘못하다	39
자두	154	잘생기다	54
자르다	157	잠	94
자매	81	잠바	139
자물쇠	129	잠옷	140
자비	37	잠자리	119
자색	323	잡지	169
자소서	210	잡채	219
자습	192	잡초	120
자식	81	잡티	53
자연재해	312	장갑	141
자외선	107	장기	170
자전거	264	장난감 가게	234
자전거 도로	264	장마	104
자주	323		

387

장모	74	저장	182
장미	120	저장하다	182
장바구니	230	저축	248
장보기	230	저혈압	245
장사꾼	232	적극	64
장식장	131	적금	249
장신구	143	적신호	273
장어	118	적외선	107
장엄하다	295	전	219
장인	74	전공	27, 190
장학금	198	전국 일주	292
장화	141	전기 레인지	131
재고	231	전등	131
재고품	231	전망	284
재난	312	전무	206
재래시장	230	전복	151, 219
재미있다	60	전송	177
재생 크림	236	전시회	295
재채기	244	전신 마취	247
재킷	139	전원	178
재학생	192	전자 제품	231
재혼	85	전자레인지	131
잼	157	전자우편	179
쟁반	159	전조등	271
저고리	138	전차	259
저금	248	전채	217
저기압	107	전화	176
저녁	92	전화번호	27, 176
저녁 식사	93	전화하다	176
저렴하다	233	절	294
저명하다	295	절도	306
저술하다	168	절약하다	233
저자	169	젊은이	82

점	53, 320	정치인	209
점수	197	정치학	195
점심	92	젖가슴	48
점심 식사	93	젖병	83
점원	210, 232	젖소	115
점퍼	139	제거	236
접대	37	제거하다	182
접속	178	제로	316
접시	159	제부	75
접질리다	243, 307	제비	118
젓가락	224	제빵사	210
젓갈	218, 224	제자	192
정겹다	63	제출	197
정규직	205	제한 속도	274
정기 예금	248	조개	151, 219
정류소	258	조교수	192
정류장	258	조깅	164
정면충돌	311	조끼	139
정보	292	조랑말	115
정비공	209	조리법	157
정비사	209	조리하다	150
정사각형	321	조림	218
정오	92	조마조마하다	62
정원	129	조부모	80
정월	95	조사	263
정육점	234	조종사	210
정중하다	63	조카	82
정지	271	조퇴	191
정지하다	271	조회	249
정직원	205	졸다	94
정직하다	63	졸업	191
정차	275	졸업식	191
정치가	209	종교	27

종아리	50	주임	206
종이	170	주제	204
종점	258	주차	275
종합 대학	190	주차 금지	275
종합 병원	242	주차 단속	276
좋아하다	70	주차 위반	272
좋은 주말 되세요.	30	주차장	130, 275
좌석	262	주화	248
좌측	326	주황	322
좌회전	276	주황색	322
죄	305	준학사	198
죄송하다	38	줄무늬	144
죄송해요.	31	중간	326
죄책감	305	중간고사	197
주	94	중국	330
주근깨	53	중국 사람	330
주름	53	중국어	26
주말	94	중동	328, 332
주머니	144	중미	333
주메뉴	217	중앙	326
주문	216	중앙선	276
주방	128	중앙아메리카	328, 333
주방장	210	중학교	190
주사위	170	쥐	116
주소	27	즉석식품	231
주소창	180	즐겁다	60
주스	222	즐겨찾기	178
주요리	217	증거	304
주유	274	증권	248
주유소	274	증상	242
주의보	313	증세	242
주인공	168	증언	304
주일	94	증인	304

지각	41, 191	직업	26, 208
지각하다	41	직위	26
지갑	143	직장	26
지구 온난화	107	직항	262
지느러미	118	진공청소기	132
지도	293	진단서	247
지름길	298	진달래	121
지리학	195	진동 모드	177
지방	297	진료소	242
지불	232, 285	진술	304
지불하다	232	진열	233
지붕	130	진열장	131
지우개	196	진찰	242
지우다	182	진통제	247
지원	210	진하다	324
지위	205	질문	193
지인	28	질식	310
지저분하다	284	질투	72
지중해	329	짐칸	260
지진	312	집	128
지질학	195	짖다	114
지짐이	219	짙다	324
지퍼	144	짜다	224
지폐	248, 319	짜증	61
지하도	274	짜증스럽다	61
지하실	130	짜증이 나다	61
지하철	259	짧은 머리	48
지하철 노선도	258	짧은 치마	139
지하철역	259	짭짤하다	224
지혈	308	쪽지 시험	197
지휘자	167	찌개	218
직급	26	찌다	158, 218
직사각형	321	찜	158, 218
직선	320		

ㅊ

차	222
차고	130
차단	182
차도	276
차림표	216
차분하다	63, 309
차선	258, 276
차장	206
차표	258
착각	39
착각하다	39
착륙	262
착륙하다	262
착하다	63
찰과상	243, 307
참기름	157
참다랑어	151
참새	117
참외	154
참치	151
찹쌀	152
찻길	276
찻숟가락	223
찻잔	223
찻집	216, 234
창가석	262
창고	130
창문	129
채색하다	170
채소	152
채소 가게	234
책	168
책가방	142, 195
책꽂이	131
책망	305
책방	234
책상	131
책장	131
처남	74
처방전	247
처부모	74
처제	74
처형	74
천	144, 317
천 원	319
천도복숭아	154
천둥	104
천만	317
천만에.	30
천만에요.	30
천문학	194
천연가스	275
천장	129
천재지변	312
천주교	27
천천히	274
철학	195
첨부 파일	179
첫째	318
청결하다	284
청년	82
청바지	139
청색	323
청소	132
청소기	132

청소년	83	최근	97
청신호	273	최저 임금	206
청첩장	73	추가	285
청혼	72	추가 요금	285
체	245	추돌	311
체류하다	282	추돌하다	311
체리	155	추리닝	141
체스	170	추석	96
체육	195	추수	106
체육관	164	추수 감사절	96
체육복	141	추위	103
체크 카드	232, 250	추천	216, 296
체크무늬	144	추천하다	296
체크아웃	282	추하다	55
체크인	261, 282	축가	73
체하다	245	축구	165
첼로	166	축의금	73
초	92	축하	73
초고층 빌딩	293	출구	297
초과 수하물	263	출근	207
초대	28	출금	249
초대장	28	출금하다	249
초대하다	28	출발	261
초등학교	190	출산	83
초록	323	출산 휴가	208
초록불	273	출석	191
초록색	323	출입국	263
초인종	129	출입국 신고서	263
초조하다	62	출입국 심사	263
초콜릿	220	출입국 카드	263
촌스럽다	145	출장	204
총무부	205	출장 수당	207
촬영	169	출퇴근	207

출혈	308
춥다	102
충고	38
충고하다	38
충돌	311
충돌하다	311
충전	178
충전기	178
충전소	275
충치	246
취미	164
취소	286
취소하다	286
층	130
치과	246
치과 의사	208
치다	181
치료	310
치료하다	310
치마	139
치아	52
치아 교정	246
치아 교정기	246
치약	286
치즈	220
치통	242, 308
친구	28, 71
친절	36
친절하다	36, 63
친척	82
칠	316
칠레	334
칠레 사람	334

칠면조	118
칠십	317
칠판	195
칠판지우개	195
침구	286
침대	130
침대칸	260
침실	128
침착	309
침착하다	63, 309
침팬지	116
칫솔	286
칭찬	38
칭찬하다	38

ㅋ

카디건	139
카메라	169
카스텔라	220
카키색	324
카트	230
카페	216, 234
카페라테	221
카페모카	221
카푸치노	221
카피	182
칼	158
칼라	143
캐나다	333
캐나다 사람	333
캔버스	170
캠핑	171
커닝	197

커튼	129	쿠키	221	
커피	156, 221	크다	52	
커피숍	216, 234	크레디트 카드	232	
커피포트	287	크로켓	220	
컴퓨터	180	크루아상	220	
컵	223	크루즈	292	
케냐	337	크리스마스	96	
케냐 사람	337	크림	235	
케미	70	크림빵	220	
케이크	221	큰길	298	
케첩	157	클라우드	181	
켜다	178	클랙슨	272	
코	51	클러치	271	
코끼리	116	클러치 페달	271	
코뿔소	116	클릭	181	
코트	140	키	52	
콘서트	167	키다리	52	
콘택트렌즈	142	키보드	180	
콜라	156, 222	키스	71	
콜록콜록	244	키우다	84, 114	
콜롬비아	334			
콜롬비아 사람	334	**ㅌ**		
콤팩트파우더	236	타박상	243, 307	
콧구멍	51	타이	331	
콧대	51	타이 사람	331	
콧물	244	타이르다	38	
콧수염	54	타이어	272	
콩	152	타이완	330	
콩나물	153	타이완 사람	330	
쿠바	333	타이핑	180	
쿠바 사람	333	타조	118	
쿠웨이트	332	탁구	165	
쿠웨이트 사람	332	탁자	131	

탄산수	222	토산품	299
탄산음료	156, 222	토스터	132
탈의실	235	토스트	220
탈퇴	179	토요일	95
탑	293	톨게이트	276
탑승	260	통로석	262
탑승 수속	261	통장	248
탑승구	260	통증	242, 308
탑승권	261	통지하다	304
탓	39	통통하다	52
탕	218	통풍	283
태국	331	통행료	276
태국 사람	331	통화	176, 248
태블릿	180	통화 중	176
태블릿 컴퓨터	180	퇴근	207
태양	103	퇴원	246
태평양	329	퇴원하다	246
태풍	104	퇴장	297
택시	259	퇴장하다	297
터널	277	퇴직	207
터미널	260	퇴직금	207
터틀넥	143	투덜거리다	283
턱	51	투피스	139
턱수염	54	튀기다	158
털	114	튀김	158
털가죽	114	튀르키예	336
텃밭	129	튀르키예 사람	336
테니스	164	튤립	120
테이블	131	트럭	270
테이크아웃	216	트럼펫	167
텔레비전	131	트렁크	143, 263, 271
토끼	115	특가	233
토마토	153	특산품	299

특선 메뉴	216	팔십	317
틀리다	39	팔찌	143
티브이	131	팥	152
티셔츠	139	팥빵	220
티슈	287	패딩 점퍼	139
티스푼	223	패스워드	180, 251
팁	223	패스트푸드점	234
		패스포트	261

ㅍ

파	153	팬케이크	221
파견	204	팬티	140
파라솔	284	팽이버섯	220
파란불	273	퍼스트 클래스	263
파란색	323	펑크	272
파랑	323	페루	334
파리	119	페루 사람	334
파업	208	펠트펜	195
파운데이션	236	펭귄	118
파워 핸들	270	편도	262
파인애플	154	편안하다	284
파일	182	편의점	230
파일럿	210	편집인	208
파키스탄	332	편집자	208
파키스탄 사람	332	편평하다	321
파프리카	153	편하다	60
판매	231	평가	197
판매원	210, 232	평균	197
판사	209	평면	320
판촉	231	폐관	295
판촉물	231	포도	154
팔	49, 316	포도주	155, 223
팔꿈치	49	포옹	72
팔다	231	포장	216
		포장마차	216

포크	224	피멍	243, 307
폭발	312	피부	53
폭염	102	피시방	183
폭풍	104	피아노	166
폴더	182	피의자	305
폴란드	336	피자 가게	234
폴란드 사람	336	피팅 룸	235
폴로셔츠	139	피해	40
표	258	피해자	305
표고	220	핀란드	336
표지판	273	핀란드 사람	336
풀	120	필기	196
풀장	284	필기시험	211
품다	117	필리핀	331
품절	231	필리핀 사람	331
품질	231	필통	196
풍경	294	핑크	323
프라이팬	159		

ㅎ

프랑스	336	하나	316
프랑스 사람	336	하늘	103
프랑스어	26	하늘색	323
프런트	282	하드 디스크	181
프로그래머	208	하드웨어	181
프로그램	181	하마	116
프로필	210	하얀색	322
프린터	181	하양	322
플랫폼	260	하이힐	142
플로리스트	210	하트	321
플루트	167	하프	167
피	308	학과	193
피다	120	학과 과정	193
피로연	73	학교	190
피망	153		

학기	193	항공사	260
학년	27, 192	항공편	260
학력	211	항구	265
학사	198	해	103
학생	192	해고	208
학습	191	해물	150
학우	192	해바라기	120
학원	190	해변	296
학위	198	해산	83
학위 논문	197	해산물	150
학점	197	해열제	247
학회	190	해일	312
한	316	해커	183
한겨울	106	핸드백	142
한국	330	핸드폰	176
한국 사람	330	핸들	270
한국어	26, 194	햄스터	116
한글날	96	햇볕	103
한복	138	햇빛	103
한여름	105	행방불명	306
한우	115	행복하다	60
한턱	37	행선지	258, 296
한턱내다	37	행인	274
할머니	80	행주	132
할아버지	80	향수	235
할인	233	향수 가게	235
할인 요금	285	향하다	326
할퀴다	114, 243	허리	49
합격	197	허리띠	141
합성 섬유	144	허리케인	104
핫케이크	221	허벅지	50
항공	260	허브차	222
항공권	260	헌책방	234

399

헐뜯다	40	호텔 종사자	283
헝가리	336	호텔 포터	283
헝가리 사람	336	혼례	73
헤드라이트	271	혼례복	73
헤드셋	181	홀리다	71
헤어드라이어	287	홀쭉하다	53
헤어지다	72	홈페이지	179
헤엄치다	118	홍보부	205
헬멧	264	홍색	322
헬스클럽	164	홍수	104, 313
혀	52	홍시	154
현관	129	홍차	156, 222
현금	232, 248	홍합	151, 219
현금 인출기	250	화	61
현기증	245	화가	170
현재	97	화나다	61
현찰	232	화면	180
혈압	245	화목	84
혈액	308	화물 자동차	270
혓바닥	52	화물칸	260
형	81	화산	312
형광펜	196	화살표	321
형부	75	화상	243, 308
형제	81	화씨	106
혜택	36	화요일	95
호랑이	115	화이트보드	195
호박	153	화장대	131
호수	296	화장실	128, 284
호스텔	282	화장지	287
호주	336	화장품 가게	235
호주 사람	336	화재	312
호주머니	144	화폐	248
호텔	282	화학	194

확인	263	훼방	40
환기	283	휘발유	275
환불	233	휴가	208
환승	258	휴대전화	176
환승역	259	휴대폰	176
환승하다	258	휴지	287
환영	28	휴지통	132
환영하다	28	흉	243, 307
환율	250	흉보다	40
환자	242	흉터	243, 307
환전	250	흐리다	102
환전소	250	흐뭇하다	60
환전하다	250	흑색	322
황사	105	흔들의자	130
황소	115	흡족하다	60
회계사	209	흥미진진하다	60
회계학	195	흥분하다	60
회복	310	희망퇴직	207
회복하다	310	흰색	322
회사	204		
회사원	204	**기타**	
회색	322	~(으)로	326
회원 가입	179	10월	95
회의	204	11월	95
회의실	204	12월	95
회장	205	1월	95
횡단보도	273	2월	95
후방 카메라	272	3월	95
후불	285	4월	95
후식	156, 217	5월	95
후추	156	6월	95
훌쩍훌쩍	244	7월	95
훔치다	306	8월	95
		9월	95

検索.
2. ひらがな順 히라가나순

あ	
愛	70
IH調理器	131
アイクリーム	235
あいさつ	28
あいさつする	28
アイシャドウ	236
愛情	70
アイスアメリカーノ	221
アイスクリーム	220
アイスクリーム屋	234
アイスコーヒー	221
愛する	70
間	326
ID	180
アイドル	209
アイライナー	236
アイロン	287
アイロン掛け	236
会う	70
和え物	158
和える	158
青	323
青あざ	243, 307
青色	323
青信号	273
赤色	322
アカウント	179
赤信号	273
赤ちゃん	83
赤紫色	323
秋	106
秋の刈入れ	106
悪意	40
アクセサリー	143
アクセル	271
揚げ物	158
開ける	128
揚げる	158
あご	51
あごひげ	54
朝	92
あざ	243, 307
アサガオ	121
明後日	94
アサリ	219
脚	50
足	50, 114
味	224
アジア	328, 330
足裏	50
味が薄い	225
足首	50
明日	94
味付け	156
足の甲	50
味見する	224
足指	50
小豆	152
焦る	62
暖かい	102
あだ名	24

頭	48	アヤメ	121
暑い	102	洗う	93
暑さ	102	荒っぽい	65
あっさりしている	225	アラブ首長国連邦	332
アップデート	177	アラブ人	332
アップロード	177	アリ	119
アドバイス	38	ありがたい	36
アドバイスする	38	ありがたさ	36
後払い	285	ありがとう	36
アドレスバー	180	ありがとう。	30
兄	81	ありがとうございます。	30
兄と妹	81	アルコール測定器	273
姉	81	アルゼンチン	334
姉と弟	81	アルゼンチン人	334
油絵	169	アルバイト	205
脂っこい	225	アレルギー	246
アプリ	177	アワビ	151, 219
アフリカ	328, 337	安価	233
アボカド	155	案件	204
甘い	224	暗証番号	251
雨具	140	安心	60
雨粒	103	あんず	155
あまり良くない。	29	案内人	292
あまり良くないです。	29	アンパン	220
編み物	171	安否	27
雨	103		
飴	220	**い**	
アメリカ	167, 333	言い諭す	38
アメリカーノ	221	イースター	96
アメリカ人	333	家	128
アメリカンフットボール	165	胃炎	244
誤り	39	イカ	118, 151
謝る	38	いかがお過ごしですか。	29
誤る	39	イギリス	335

403

イギリス人	335	いとこ	82
池	296	田舎	297
生け花	171	田舎臭い	145
囲碁	170	品切れ	231
居心地の良い	284	稲妻	104
居心地の悪い	284	イヌ	114
意識不明	243, 308	居眠りする	94
医者	208, 242	違反	272
意地悪い	65	Eメール	179
偉人伝	169	Eメールアドレス	179
椅子	130	妹	81
イスラム教	27	胃もたれ	245
遺跡	296	胃もたれする	245
痛い	242, 307	イヤーマフ	141
抱く	117	イヤリング	143
痛み	242, 308	いらいらしい	61
痛み止め	247	いらいらする	61
炒め	158	イラク	332
炒める	158	イラク人	332
イタリア	335	イラスト	169
イタリア人	335	いらだち	61
一	316	いらっしゃい。	30
一ウォン	319	いらっしゃいませ。	30
一月	95	イラン	332
いちご	154	イラン人	332
いちじく	155	入口	297
市場	230	医療保険	247
一万ウォン	319	煎る	158
銀杏	106	衣類	138
一周	292	衣類乾燥機	133
五つ	316	イルカ	117
一方通行	273	色	322
遺伝性疾患	246	色鉛筆	196
意図	40	色を塗る	170

祝い	73	ウサギ	115
祝い歌	73	ウシ	115
インゲン豆	152	後ろ	325
飲酒運転	273	薄い	324
インスタント食品	231	薄紫色	323
インストール	181	右折	276
インターネット	178	嘘	72
インターネットショッピング	178	歌	166
インターネットバンキング	178, 251	打ち身	243, 307
引退	207	打つ	181
インド	332	美しい	54
インド人	332	器	159
インドネシア	331	腕	49
インドネシア人	331	腕時計	92
インド洋	329	ウナギ	118
インナー	140	唸る	114
インフルエンザ	244	乳母	84
インラインスケート	165	ウマ	115
		海	296
		海辺	296

う

ウィスキー	223	裏切り	72
Vネック	143	売る	231
ウイルス	182	ウルグアイ	334
ウィンカー	272	ウルグアイ人	334
ウィンク	71	嬉しい	60
ウール	144	うろこ	118
上	325	上履き	142
ウェディングドレス	73	運転	270
ウェブカメラ	181	運転手	274
ウェブサーフィン	180	運転する	270
ウェブサイト	179	運転免許	270
植える	120	運転免許試験	270
ウォン	250	運転免許証	270
受け身	64	運動	164

運動会	198
運動靴	142
運動場	198

え

絵	169
エイ	118
映画	167
映画館	168, 295
映画監督	168
営業部	205
英語	26, 194
ATM	250
描く	169
駅	259
液晶	180
エクアドル	334
エクアドル人	334
えくぼ	51
エコノミークラス	263
エゴマ油	157
えごまの葉	153
エジプト	337
エジプト人	337
SNS	183
エスパニョール	26
エスプレッソ	221
SUV	270
エゾシカ	116
枝	120
エチオピア	337
エチオピア人	337
エッセイ	168
エッセイスト	169

エノキタケ	220
絵の具	170
絵葉書	298
エビ	151
絵本	169
えら	118
偉そうだ	65
襟	143
エレベーター	130
円	250, 320
円形	320
園芸	171
演劇	167
演算	194
エンジニア	209
円錐	321
演奏	166
遠足	171
エンドウ豆	152
煙突	130
鉛筆	196

お

お会いできて嬉しい。	28
お会いできて嬉しいです。	28
甥	82
おいしい	224
王	294
応急	309
応急処置	309
雄牛	115
王子	294
王女	294
横断歩道	273

嘔吐	245	おごり	37
王妃	294	怒る	61
往復	262	おごる	37
黄緑色	323	お酒	155, 222
OS	181	お産	83
大型車	270	おじ	82
オオカミ	115	おじいさん	80
オーケストラ	167	教え	191
オーストラリア	336	教え子	192
オーストラリア人	336	教える	191
オーストリア	335	おじさん	25
オーストリア人	335	押し入れ	130
オートバイ	264	おしゃれだ	55
オートマ(AT)	271	お食事は召し上がりましたか。	29
大通り	298	お尻	49
オーブン	131	お城	293
オープンカー	270	お勧め	216, 296
オーブントースター	132	お勧めする	296
丘	296	オセアニア	328, 336
お菓子	221	遅い	274
おかず	217	恐ろしい	62
お金	248	お玉	158
小川	296	オタマジャクシ	119
悪寒	244	落ち着いている	63, 309
お客様	28, 233	落ち着き	309
お客さん	28, 233	落ち葉	106
起きる	92	お茶	222
億	317	夫	74, 81
奥さん	74	夫の兄	74
奥の間	128	夫の弟	74
奥歯	246	夫の兄弟の妻	74
送る	177	夫の姉妹	74
お元気ですか。	29	夫の両親	74
怒り	61	お手洗い	128, 284

おでこ	50
お天気	102
弟	81
おとこ	24, 25
お歳	25
一昨日	94
大人	82
お名前	24
お似合い	70
おば	82
おばあさん	80
おばさん	25
おはよう!	28
お久しぶり。	30
お久しぶりです。	30
オフライン	178
オペラ	167
おまけ	233
お見合い	70
お土産	298, 299
おむつ	84
面白い	60
玩具屋	234
親知らず	246
おやすみ。	29
おやすみなさい。	29
おやつ	93
泳ぐ	118
オランウータン	116
オランダ	334
オランダ人	334
オリーブオイル	157
折れる	307
オレンジ	154
オレンジ色	322
オレンジジュース	222
下ろす	249
音楽	166, 195
音楽会	167
音楽室	199
恩恵	36
音声メール	177
温度	106
おんどり	117
オンドル	129
おんな	25
オンライン	178
オンラインゲーム	178

か

力(蚊)	119
カーキ色	324
カーディガン	139
カーテン	129
カート	230
ガーナ	337
ガーナ人	337
ガーリックパン	220
ガールフレンド	71
階	130
貝	151, 219
会員加入	179
外貨	249
開館	295
会議	204
会議室	204
会計	232, 285
会計学	195

会計士	209	鏡	131, 235
外見	54	牡蠣	151, 219
解雇	208	柿	154
外向	64	鍵	129
外国語	26	書き取り	196
改札口	258	書く	168
海産物	150	家具	130
会社	204	額	50
会社員	204	学位	198
外祖父母	80	学位論文	197
階段	130	各駅停車	259
会長	205	学士号	198
ガイド	292	学習塾	190
開封する	167	学生	192
回復	310	学童	193
回復する	310	学童の先生	193
買い物	230	確認	263
街路	297	学年	27, 192
買う	230	学友	192
飼う	84, 114	学歴	211
楓	106	過去	97
カエル	119	傘	104
変える	233	火災	312
顔	50	カササギ	117
顔色	50	飾り棚	131
顔型	50	火山	312
画家	170	歌詞	166
加害者	305	華氏	106
課外授業	193	火事	312
価格	285	貸し出し	249
科学	194	貸付	249
化学	194	呵責	305
科学館	295	歌手	166, 209
科学室	199	カステラ	220

かすり傷	243, 307	彼女	71
ガスレンジ	131	カバ	116
風	103	かばん	142
風邪	243	カフェ	216, 234
風通し	283	カフェモカ	221
風邪を引く	243	カフェラテ	221
家族	27, 80	カプチーノ	221
ガソリン	275	カブトムシ	119
ガソリンスタンド	274	被る	138
肩	48	壁	129
課題	196	貨幣	248
肩書き	26	壁紙	180
形	320	カボチャ	153
片道	262	釜	159
課長	206	紙	170
ガチョウ	117	カミソリ	286
学科	193	雷	104
学会	190	髪の毛	48
がっかりする	61	髪を洗う	93
楽器	166	噛む	114
学期	193	カメ	119
かっこいい	54	カメラ	169
学校	190	画面	180
学校の制服	199	カモ	117
学校の休み	198	科目	193
葛藤	72	寡黙だ	64
家庭	128	貨物車両	260
家庭教師	192	鴨肉	150
家庭菜園	129	カモメ	118
カトリック	27	痒い	246
悲しい	61	画用紙	170
カナダ	333	火曜日	95
カナダ人	333	辛い	224
カニ	151	からし	157

カラス	117	寛大だ	37	
カラフル	324	カンニング	197	
軽いキス	71	干ばつ	103, 313	
カルビ	219	乾物のおかず	218	
ガレージ	130			
彼氏	71	**き**		
カレンダー	94	木	120	
川	296	気圧	107	
革	144	キーボード	180	
側	325	キーホルダー	298	
可愛い	54	黄色	322	
乾く	103	気温	106	
革靴	142	気が小さい	64	
為替レート	250	気が弱い	64	
代わる	176	聞く	193	
換気	283	聴く	166	
観客	168	気配り	37	
韓牛	115	気配りする	37	
歓迎	28	気候	107	
歓迎する	28	ぎこちない	62	
観光	292	気さくだ	63	
観光案内所	292	刻む	157	
観光客	293	記者	208	
韓国	330	起床する	92	
韓国語	26, 194	黄信号	273	
韓国在来種のウシ	115	キス	71	
韓国人	330	傷跡	243, 307	
看護師	208, 242	基数	316	
感謝	36	季節	105	
患者	242	気絶	310	
感謝祭	96	北	327	
感謝する	36	ギター	167	
間食	93	北アメリカ	328, 333	
関心	36	北朝鮮	330	

北朝鮮人	330	九	316
汚い	284	休暇	208
北の方	327	救急室	309
喫茶店	216, 234	救急車	309
キッチン	128	救急箱	309
キツネ	115	急行列車	259
切符売り場	258	九十	317
機内	264	救助	309
機内食	264	求職	210
記念	293	給食	199
記念館	293	求人	210
記念碑	293	急だ	274
記念品	298	球体	321
記念物	293	宮殿	294
昨日	94	急に	274
キノコ	220	牛肉	150
ギプス	243, 309	牛肉入り大根スープ	217
希望退職	207	牛乳	155
基本給	206	キューバ	333
気まずい	62	キューバ人	333
期末テスト	197	給油	274
キムチ	217	きゅうり	152
キムチチゲ	218	給料	206
キムチ用冷蔵庫	132	旧暦	94
客	233	今日	94
客室	260, 283	教育	193
キャップ	141	教育課程	193
キャビンアテンダント	210	教科書	195
キャベツ	153	競技	164
ギャラリー	294	教師	192, 208
キャンセル	286	教室	192
キャンセルする	286	教授	192
キャンバス	170	兄弟	81
キャンプ	171	兄弟の妻	74

共通の理解	70
郷土品	299
強風	103
興味津々だ	60
業務	26, 204
共有	182
局所麻酔	247
曲線	320
局長	206
切られる	308
霧	103
霧雨	104
ギリシャ	334
ギリシャ人	334
キリスト教	27
キリン	116
切る	157, 176, 308
着る	138
きれいだ	54, 284
金色	324
銀色	324
緊急	309
緊急だ	309
緊急電話	176
金魚	118
金魚鉢	118
金庫	287
銀行	248
緊張する	62
勤務	204
金曜日	95
金利	249
気持ち悪い	245

く

九	316
グアテマラ	333
グアテマラ人	333
クァンボクチョル(光復節)	96
クウェート	332
クウェート人	332
空気	105
空気清浄機	133
空港	260
空室	286
九月	95
草	120
くし	286
挫く	243, 307
孔雀	118
くしゃみ	244
クジラ	117
くすみ	53
薬	247
くせ毛	48
果物	154
果物ナイフ	158
果物屋	234
口	51
口づけ	71
くちばし	117
口ひげ	54
唇	52
口紅	236
靴	142
苦痛	242, 308
クッキー	221
靴下	141

靴屋	235	毛穴	53
口説く	71	蛍光ペン	196
国	26	渓谷	296
首	48	経済学	195
クマ	115	警察	209, 304
クモ	119	警察官	209, 304
雲	103	警察署	304
くもる	102	計算	194
クラウドコンピューティング	181	携帯電話	176
クラクション	272	芸能人	209
クラス	192	警報	313
グラス	223	契約社員	205
クラスメート	192	経由	262
クラッチ	271	軽油	275
クリーニング屋	236	経由地	262
クリーム	235	経理部	205
クリームパン	220	経歴	211
クリスマス	96	痙攣	310
クリック	181	経路	296
クリニック	242	ケーキ	221
クルーズ	292	ケガ	243, 307
苦しい	61	毛皮	114
車	270	怪我をする	243, 307
グルメ	292	劇場	168, 295
グレー	322	景色	294
クレーム	283	消しゴム	196
クレジットカード	232, 250	化粧水	235
黒	322	化粧台	131
黒色	322	化粧品店	235
黒雲	103	消す	182
クロワッサン	220	ケチャップ	157
		ケチョンジョル	96

け

毛	114	血圧	245
		血液	308

結果	197	**こ**		
月給	206	五	316	
結婚	73	故意	40	
結婚記念日	74	濃い	324	
結婚式	73	子犬	114	
欠席	191	恋人	71	
げっそりしている	53	公園	295	
月曜日	95	五ウォン	319	
けなす	40	公開する	167	
ケニア	337	合格	197	
ケニア人	337	交換	233	
解熱剤	247	高気圧	107	
ケミ	70	公共交通機関	258	
ケミストリー	70	工業製品	231	
下痢	245	航空	260	
玄関	129	航空会社	260	
玄関チャイム	129	航空券	260	
元気?	29	航空便	260	
元気じゃない。	29	工芸	171	
元気だよ。	29	高血圧	245	
元気です。	29	合コン	70	
元気ではありません。	29	黄砂	105	
研究所	190	口座	248	
現金	232, 248	交際	70	
言語	26	交差点	276	
健康保険	207	講師	192	
結婚指輪	73	子牛	115	
現在	97	格子縞	144	
検索	180	公衆電話	176	
検索バー	180	控除	207	
犬歯	246	更新	261	
検事	209	香水	235	
謙遜だ	63	洪水	104, 313	
建築家	208	香水店	235	

降水量	104	国史	194
合成繊維	144	国籍	25
高層ビル	293	黒板	195
高速道路	276	黒板消し	195
高速バス	259	国民の祝日	96
紅茶	156, 222	穀物	152
交通	258	国立中央博物館	294
交通事故	311	午後	92
交通渋滞	276	故国	26
交通信号機	273	九つ	316
交通標識	273	小魚	151
講堂	198	小座敷	128
強盗	305	小雨	104
高等学校	190	腰	49
購入	230	腰が低い	63
高熱	244	五十	317
購買部	205	五十ウォン	319
興奮する	60	胡椒	156
広報部	205	個人	293
子馬	115	小銭	248, 319
傲慢だ	65	午前	92
コウモリ	116	五千ウォン	319
コート	140	答え	193
コーヒー	156, 221	コチュジャン	156
コーラ	156, 222	国家	26
氷	105, 223	骨折	307
誤解	39	コットン	144
誤解する	39	コップ	223
小型車	270	子ども	81, 83
五月	95	子どもの日	96
小切手	248, 319	粉ミルク	83
ゴキブリ	119	ご飯	152, 217
国語	194	ご飯を食べたの?	29
国際運転免許証	270	ご飯を食べましたか。	29

ご飯を食べる	93	コンパクトパウダー	236
コピー	182	コンビニ	230
コピー機	181	コンピュータ	180
五百ウォン	319	婚約	72
小部屋	128	婚約式	72
ご芳名	24	婚約者	72
ごほんごほん	244	婚礼服	73
ゴマ油	157		
ごまかす	72, 306	**さ**	
ゴマ塩	156	サービス料	223
困る	40	サイ	116
五万ウォン	319	罪悪感	305
ごみ箱	132	災害	312
ゴム靴	142	在学生	192
米	152	最近	97
ごめん。	31	サイクリング	165
ごめんなさい。	31	在庫	231
雇用保険	207	さいころ	170
ゴリラ	116	再婚	85
凝る	243, 307	細心だ	63
ゴルフ	165	サイズ	235
コレクション	171	再生クリーム	236
コロッケ	220	サイダー	156, 222
コロンビア	334	最低賃金	206
コロンビア人	334	サイドミラー	272
怖い	62	災難	312
怖くなる	62	財布	143
紺色	323	サインペン	196
コンサート	167	サウジアラビア	332
コンタクト	142	サウジアラビア人	332
コンタクトレンズ	142	魚	118, 150
昆虫	119	魚屋	234
困難	40	詐欺	306
こんにちは!	28	詐欺師	306

咲く	120	サムゲタン	218
削減	207	寒さ	103
作詞	166	サメ	118
削除	182	覚める	93
削除する	182	さよなら。	30
作品	295	皿	159
サクラ	121	サラダ	219
さくらんぼ	155	サラダ油	157
鮭	151	ザリガニ	151
挿絵	169	サル	116
さじと箸	223	三	316
サスペンダー	141	三角形	320
座席	262	三月	95
左折	276	残業	204
誘う	71	サングラス	142
札	248, 319	三十	317
撮影	169	算数	194
作家	169	残高	249
サッカー	165	サンダル	142
錯覚	39	サンドイッチ	220
錯覚する	39	残念だ	62
作曲	166	産婦	83
サックス	167	散歩	164
雑誌	169		

し			
殺人	306	時	92
殺人犯	306	詩	168
雑草	120	四	316
さっぱりしている	225	試合	164
さつまいも	152	明々後日	94
砂糖	156	幸せだ	60
鯖	151	椎茸	220
寂しい	62	シーツ	286
サミルジョル(三一節)	96	シートベルト	264, 271
寒い	102		

検索・ひらがな順

ジーンズ	139	下ごしらえする	157
シェフ	210	舌の上面	52
塩	156	七	316
塩辛	218	七月	95
塩辛い	224	シチメンチョウ	118
シカ	116	試着室	235
歯科	246	次長	206
紫外線	107	湿気	105
四角形	321	失神	310
資格証	198	叱責	305
四月	95	失踪	306
志願	210	嫉妬	72
時間	92	失敗	39
指揮者	167	失敗する	39
止血	308	しっぽ	114
試験	197	質問	193
事件	304	失礼します。	30
事故	304	自転車	264
時刻	92	自転車道路	264
時刻表	258	自動振込	249
自己紹介	24	自撮り	298
自己紹介書	210	自撮り棒	298
仕事	26, 204	市内バス	259
仕事中毒	204	芝	120
自習	192	支払い	232, 285
辞職	207	支払う	232
詩人	169	慈悲	37
地震	312	自分勝手	64
歯石除去	246	姉妹	81
施設	283	シマウマ	115
自然災害	312	しみ	53
舌	52	染み	236
下	325	事務所	204
下着	140	氏名	24

419

じめじめする	105	ジャンパー	139
湿っている	105	シャンパン	222
湿っぽい	105	シャンプー	286
閉める	128	週	94
霜	104	十	316
じゃあ、またね。	30	獣医	208
ジャージ	141	獣医師	208
シャープペンシル	196	十二月	95
シャーペン	196	十ウォン	319
社員	206	収穫	106
社会学	194	十月	95
じゃがいも	152	祝儀	73
釈迦の誕生日	96	宗教	27
蛇口	132	修士号	198
ジャケット	139	従順だ	63
車庫	130	住所	27
謝罪	38	十字路	276
写真	169, 298	ジュース	222
写真家	209	修正	182
斜線	320	修正液	196
車線	258, 276	修正テープ	196
社長	206	修繕	236
シャツ	139	住宅ローン	250
借金	249	終点	258
車道	276	充電	178
シャトル	164	充電器	178
シャトルコック	164	充電所	275
邪魔	40	舅	74
邪魔する	40	姑	74
ジャム	157	十一月	95
しゃもじ	158	十分だ	60
車輪	272	週末	94
シャワー	93, 132	十万	317
シャワーキャップ	286	授業	191

祝賀	73	紹介	24
祝祭日	96	照会	249
熟柿	154	紹介する	24
祝日	96	奨学金	198
宿題	196	消化剤	247
宿泊	282	生姜茶	222
宿泊施設	282	小学校	190
手術	247	消化不良	244
受信	176	将棋	170
受信音	176	商業的	296
主人公	168	消極	64
受信ボックス	179	証券	248
主題	204	証言	304
出勤	207	証拠	304
出金	249	正午	92
出勤と退勤	207	賞賛	38
出血	308	上司	205
出産	83	正直だ	63
出産休暇	208	乗車券	258
出席	191	症状	242
出張	204	昇進	206
出張手当	207	小数	316
出入国	263	小説	168
出入国カード	263	小説家	169
出入国申告書	263	招待	28
出入国審査	263	招待状	28, 73
出発	261	招待する	28
授乳	83	焼酎	155, 223
主任	206	小テスト	197
趣味	164	商店	230
準学士号	198	衝突	311
准教授	192	衝突する	311
錠	129	商人	210, 232
生姜	153	証人	304

消費期限	231	女性	25
商品	231	女性の姉の夫	75
情報	292	女性の妹の夫	75
消防士	209, 312	触角	119
消防車	312	食器	159
消防署	312	しょっぱい	224
賞味期限	231	ショッピング	230
乗務員	210	ショッピングする	230
正面衝突	311	ショッピングセンター	230
醤油	156	ショッピングバッグ	230
賞与	206	ショッピングモール	230
常連客	233	書店	168, 234
女王	294	処方箋	247
ショーケース	131	女優	168
ショートカットキー	180	書類	204
ショートヘア	48	ショルダーバッグ	142
ショートメッセージ	177	しらす	151
ショール	141	知らせる	304
除去	236	シリア	332
助教	192	シリア人	332
ジョギング	164	シルク	144
職業	208	汁物	217
食材	217	汁椀	159
食事	93, 150	歯列矯正	246
食事をする	93	歯列矯正器具	246
食洗機	132	白	322
食卓	131	白色	322
食堂	128	しわ	53
食堂車	260	シンガポール	331
職場	26	シンガポール人	331
植物	120	寝具	286
植物園	295	真空掃除機	132
書斎	128	シングルルーム	283
序数	318	神経質	65

神経質だ	62	水泳	164
信号違反	272	すいか	154
人工呼吸	310	水彩画	169
新婚旅行	73	水産物	231
診察	242	スイス	335
寝室	128	スイス人	335
印象的	295	スイセン	121
人事部	205	垂直	321
信じる	60	炊飯器	159
申請	191, 261	随筆	168
親戚	82	随筆家	169
親切	36	水分クリーム	235
親切だ	36, 63	水平	321
心臓麻痺	310	睡眠	94
身体	48	睡眠薬	247
寝台車	260	水曜日	95
診断書	247	スウェーデン	335
慎重だ	64	スウェーデン人	335
新入社員	204	数学	194
新入生	192	数字	194, 316
心配	37	スーダン	337
心肺蘇生術	310	スーダン人	337
心配だ	62	スーツ	138
人文学	195	スーツケース	143, 263
蕁麻疹	245	スーパー	230
信頼	60	スープ	219
心理学	195	スカート	139
診療所	242	スカーフ	141
新暦	94	スキー	165
		スキー場	165
す		ずきずき	243
巣	117	ずきずき痛む	243, 307
酢	157	ずきずきする	242, 307
スイートルーム	283	好きだ	70

スキャナ	181
スケート	165
スケート場	165
スケートボード	165
スケーリング	246
スケッチ	170
スケッチブック	170
涼しい	102
スズメ	117
スズメバチ	119
スチュワーデス	210
スチュワード	210
頭痛	242, 308
ズッキーニ	153
酸っぱい	224
ステーキ	219
素敵だ	54, 55
ストッキング	141
ストライキ	208
ストライプ	144
ストレートヘア	48
ストロー	223
砂浜	296
スニーカー	142
スノータイヤ	272
スノーボード	165
素晴らしい	54
スピード	274
スピード違反	272
スピードの出しすぎ	274
スプーン	223
スペアタイヤ	272
スペイン	335
スペイン語	26
スペイン人	335
滑る	311
スポーツウェア	141
スポーツジム	164
スポーツ用品店	235
ズボン	139
スポンジケーキ	221
スマートフォン	176
すまない	38
住む	27
スモモ	154
すり	306
スリッパ	142
スリランカ	331
スリランカ人	331
ずるずる	244
鋭い	321

せ

背	52
せい	39
姓	24
税関	264
税関検査	264
税関申告書	264
世紀	96
正規雇用	205
税金	207, 285
制限速度	274
政治家	209
政治学	195
正社員	205
青少年	83
成績	197

成績表	197	千	317
晴天	102	線	320
青年	82	善意	40
整備工	209	千ウォン	319
生物学	194	洗顔	93
性別	24	洗顔する	93
正方形	321	専攻	27, 190
姓名	24	全国一周	292
セーター	139	前菜	217
セーブ	182	洗車	275
セーブする	182	洗車場	275
セール	233	全身麻酔	247
世界一周	292	先生	192
咳	244	センター試験	191
赤外線	107	洗濯	133
セキュリティ	182	洗濯機	133
セキュリティ検査	263	洗濯室	284
セキュリティ検査台	263	千万	317
積極	64	専務	206
節句	96	洗面台	132
石鹸	286	旋律	166
摂氏	106	洗練された	145
接続	178	線路	260
接待	37		
窃盗	306	**そ**	
設備	283	ゾウ	116
節約する	233	早期退職	207
背中	48	送金	249
背の高い人	52	雑巾	133
背の低い人	52	雑巾がけ	133
セルフガソリンスタンド	274	倉庫	130
ゼロ	316	総合大学	190
世話	36, 37	総合病院	242
世話する	37, 84	荘厳だ	295

掃除	132	ターミナル	260
掃除機	132	タイ	331
操縦士	210	鯛	151
送信ボックス	179	体育	195
早退	191	体育館	164
早朝	92	第一	318
総務部	205	退院	246
草履	142	退院する	246
ソーシャルネットワーク	183	太陰太陽暦	94
ソース	156	大学	190
祖国	26	大学院	190
育てる	84, 114	大韓民国	330
卒業	191	第九	318
卒業式	191	退勤	207
袖	143	ドラム	167
袖なし	143	第五	318
外	325	大根	153
そばかす	53	滞在する	282
素描	170	第三	318
祖父	80	大使館	299
ソファー	131	体重	52
ソフトウェア	181	第十	318
祖父母	80	退場	297
祖母	80	大丈夫。	31
ソボロパン	220	大丈夫です。	31
そよ風	103	退職	207
空	103	退職金	207
ソルラル(韓国の旧暦のお正月)	96	大豆	152
ソルロンタン	218	大聖堂	294
損害	40	大西洋	329
損失	40	体操服	141
		怠惰だ	64
た		大胆だ	64
タートルネック	143	台所	128

第七	318	発つ	261
第二	318	卓球	165
第二十	318	脱退	179
ダイニング	128	たてがみ	114
第八	318	建物	293
待避所	313	棚	131
タイピング	180	谷	296
台風	104	タヌキ	116
太平洋	329	種	105
タイヤ	272	楽しい	60
太陽	103	ダブルルーム	283
太陽暦	94	タブレット	180
第四	318	食べ物	150
平らだ	321	食べる	150
代理	206	タマゴ	117
第六	318	騙す	72, 306
台湾	330	玉ねぎ	153
台湾人	330	鱈	151
タイ人	331	タワー	293
ダウンジャケット	139	たわし	132
ダウンロード	177	タン	218
タオル	286	単位	197
タカ	117	単一色	324
高い	52, 233	単科大学	190
多角形	320	炭酸飲料	156, 222
抱く	72	炭酸水	222
タクシー	259	誕生日	25, 97
タコ	118, 151	単色	324
多色	324	タンス	130
助け	36	男性	24
助ける	36	男性の姉の夫	74
ただれる	246	男性の妹の夫	75
太刀魚	151	男性の姉妹の夫	74
ダチョウ	118	団体	293

427

短髪	48
担保	250
暖房	283
タンポポ	120

ち

血	308
地位	205
チーク	236
小さな店	230
チーズ	220
チェス	170
チェスト	130
チェックアウト	282
チェックイン	261, 282
チェック柄	144
チェロ	166
近い	298
間違う	39
地下室	130
地下鉄	259
地下鉄駅	259
地下鉄路線図	258
地下道	274
近道	298
地球温暖化	107
チクチクする	242, 307
チゲ	218
チケット	258
遅刻	41, 191
遅刻する	41
地質学	195
知人	28
地図	293

父	80
チヂミ	219
地中海	329
窒息	310
チップ	223
乳房	48
地方	297
チマチョゴリ	138
チム	158, 218
茶色	324
着信メロディ	177
着陸	262
着陸する	262
チャプチェ	219
茶碗	159
チュー	71
注意報	313
中央	326
中央アメリカ	328, 333
中央線	276
中学校	190
中間テスト	197
中国	330
中国語	26
中国人	330
駐車	275
駐車違反	272
駐車違反取締り	276
駐車禁止	275
駐車場	130, 275
昼食	93
中東	328, 332
注文	216
チューリップ	120

チュソク	96
(秋夕、韓国の旧暦の盆休み)	
チョウ	119
超過手荷物	263
調査	263
朝食	93
蝶ネクタイ	141
長方形	321
調理師	210
チョーク	195
貯金	249
直線	320
チョゴリ	138
チョコレート	220
著者	169
著述する	168
貯蓄	248
チョッキ	139
直行	262
苧麻	144
著名だ	295
チリ	334
地理学	195
ちり取り	133
治療	310
治療する	310
チリ人	334
賃金	206
陳述	304
鎮痛薬	247
チンパンジー	116
陳列	233
陳列棚	131

つ

追加	285
追加料金	285
追突	311
追突する	311
通貨	248
通学かばん	142, 195
通行料金	276
通知する	304
通帳	248
ツーピース	139
通報	304
通報する	304
通路側の席	262
通話	176
通話中	176
疲れからくる全身のだるさ	244
月	95
付き合う	70
机	131
作り付の戸棚	130
ツツジ	121
勤め先	26
津波	312
翼	117
ツバメ	118
つぼみ	105
妻	74, 81
妻の姉	74
妻の妹	74
妻の兄弟	74
妻の兄弟の妻	74
妻の両親	74
罪	305

爪	50, 114
露	104
梅雨	104
釣り	170
つわり	83, 245

て

手	49
出会い	70
手当	207
手洗い	93
手洗いする	93
ティーカップ	223
Tシャツ	139
ティースプーン	223
低気圧	107
定期預金	248
低血圧	245
停止	271
デイジー	120
停車	275
提出	197
ディスク	166
ディスクドライブ	181
ティッシュペーパー	287
丁寧だ	63
停留場	258
デート	70
テーブル	131
テーマ	204
溺死	312
溺死する	312
出口	297
手首	49

デザート	156, 217
デザイナー	209
手数料	250
デスクトップコンピュータ	180
手助け	36
哲学	195
デッサン	170
手取り	206
テニス	164
手荷物	263
手の甲	49
手のひら	49
では、また明日。	30
デパート	230
デビットカード	232, 250
手袋	141
デポジット	285
テュルキエ	336
テュルキエ人	336
寺	294
出る	176, 297
テレビ	131
テレビ電話	178
点	320
店員	210, 232
庭園	129
電化製品	231
てんかん	310
天気	102
伝記	169
天気が悪い	102
電気ケトル	287
天気予報	102
電源	178

電源を入れる	178	トイレットペーパー	287
電源を切る	178	どういたしまして。	30
天災地変	312	唐辛子	153
展示会	295	同居	85
電車	259	凍結	207
電車の切符	258	東西	327
テンジャンチゲ	218	東西南北	327
天井	129	凍傷	104, 308
電子レンジ	131	搭乗	260
点数	197	搭乗口	260
転送	177	搭乗券	261
電灯	131	搭乗手続き	261
伝統市場	230	どう過ごしているの?	29
天然ガス	275	到着	262
伝票	223, 232	到着する	262
添付ファイル	179	盗難	306
天ぷら	158	東南アジア	331
天変地異	312	豆乳	155
展望	284	動物	114
デンマーク	334	動物園	295
デンマーク人	334	逃亡	311
天文学	194	とうもろこし	152
電話	176	同僚	205
電話する	176	トゥルマギ	138
電話番号	27, 176	道路	276, 297
電話をかける	176	登録	191
		道路交通法	272
と		道路標識	273
度	106	童話	169
ドア	128	十	316
ドアマン	283	遠い	298
ドイツ	335	トースト	220
ドイツ語	26	通り	297
ドイツ人	335	トールゲート	276

都会	297	トランク	271
トカゲ	119	トランペット	167
尖った	321	鳥	117
時	92	鶏肉	150
特産品	299	ドル	250
読書	168	トルコ	336
独身	72	トルコ人	336
特選メニュー	216	トレイ	159
時計	92	ドレッシング	156
登山	170	泥棒	305
年	25	とんでもない。	30
歳	25	トンドンジュ	223
都市	297	トンネル	277
図書館	168, 198	トンボ	119

な

年寄り	82	内向	64
特価	233	ナイジェリア	337
トッポギ	219	ナイジェリア人	337
トッポッキ	219	ナイフ	158
届け	304	直し	236
届け出る	304	中	325
トナカイ	116	長靴	141
飛ぶ	117	流し台	132
トマト	153	長袖	143
止まる	271	長ねぎ	153
泊まる	282	仲の良いこと	84
ドミニカ共和国	333	眺め	284
ドミニカ人	333	梨	154
友達	28, 71	茄子	153
土曜日	95	雪崩	312
トラ	115	夏	105
ドライクリーニング	236	懐かしい	72
ドラゴン	119	懐かしむ	72
トラック	270		
太鼓	167		

ナツメ茶	222	煮つけ	218
夏休み	198	ニット	139
七	316	似ている	84
七十	317	日本	330
七つ	316	日本語	26, 194
ナプキン	223	日本人	330
鍋	159	ニャーニャー	114
名前	24	入院	246
ナムル	218	入院する	246
悩み	72	乳液	235
習う	191	入学	190
南極	328	入学許可	190
南極海	329	入学式	190
軟膏	248	入学試験	190
南西	327	乳牛	115
南東	327	入金	249
ナンバープレート	272	入金する	249
南北	327	ニュージーランド	336
		ニュージーランド人	336

に

二	316	入場	297
に	326	入場券	297
苦い	224	入場料	297
二月	95	乳製品	231
ニキビ	53	煮る	158
肉	150	庭	129
肉屋	234	にわか雨	104
西	327	ニワトリ	117
虹	105	妊産婦	83
西の方	327	妊娠	83
二十	317	にんじん	152
日	94	人参茶	222
日曜日	95	にんにく	153
ニックネーム	24	妊婦	83

検索・ひらがな順

433

ぬ

抜き	236
盗み	306
盗む	306
布	144

ね

根	120
ネイビー	323
ネクタイ	141
ネクタリン	154
ネコ	114
ネズミ	116
値段	285
熱	244
熱が出る	244
ネックレス	143
熱帯魚	118
熱帯夜	105
熱中症	105
ネットカフェ	183
ネパール	331
ネパール人	331
寝坊	94
寝巻き	140
眠り	94
寝る	94
年	96
捻挫する	243, 307
燃費	275
年俸	206
年齢	25

の

農家	210
農産物	231
脳卒中	309
ノースリーブ	143
ノート	196
ノートパソコン	180
飲み物	155, 221
飲む	155
荷物タグ	263
海苔	152
乗り換え	258
乗り換え駅	259
乗り換えする	258
乗り場	260
海苔巻き	217
乗り物酔い	265
ノルウェー	334
ノルウェー人	334

は

歯	52
ハート	321
ハードウェア	181
ハードディスク	181
ハープ	167
ハーフコート	140
ハーブティー	222
灰色	322
バイオリン	166
ハイガイ	151, 219
配管工	209
バイキング	284
バイク	264

配偶者	74	パスワード	180
歯医者	208	肌	53
歯痛	242, 308	バター	157
パイナップル	154	肌寒い	102
バイバイ。	30	機会	38
ハイヒール	142	働く	204
俳優	168, 209	ハチ	119
配慮	37	八	316
配慮する	37	八月	95
入る	297	八十	317
パイロット	210	蜂蜜	157
ハエ	119	ハッカー	183
はがき	298	ハツカネズミ	116
パキスタン	332	発給	250, 261
パキスタン人	332	罰金	273
履く	138	バックカメラ	272
泊	285	バックミラー	272
歯茎	52, 246	バッテリー	178
白菜	153	バッテリー上がり	178
博士号	198	発表	204
爆発	312	ハト	117
博物館	294	パトカー	304
励まし	38	バドミントン	164
励ます	38	鼻	51
派遣	204	花	120
ハザードランプ	272	花柄	144
箸	224	鼻筋	51
走る	164	バナナ	154
バス	259	鼻の穴	51
恥ずかしい	61, 64	花冷え	103
恥ずかしがり屋だ	64	花びら	120
バスケットボール	165	鼻水	244
バス専用車線	258	花婿	73
パスポート	261	花屋	237

検索・ひらがな順

花嫁	73
はにかまない気持ち	64
羽	117
母	80
パパ	80
母方の祖父	80
母方の祖父母	80
母方の祖母	80
歯ブラシ	286
パプリカ	153
歯磨き	93
歯磨き粉	286
ハムスター	116
速い	274
速く	274
腹	49
バラ	120
払い戻し	233
はらはらする	62
ハリケーン	104
春	105
バルコニー	129
春休み	198
バレーボール	165
腫れる	243, 246, 308
晴れる	102
ハロー！	28
パワーステアリング	270
歯を磨く	93
半	92
バン	270
パン	220
ハンガー	130, 235

繁華街	298
ハンガリー	336
ハンガリー人	336
パンク	272
ハングルの日	96
パンケーキ	221
犯罪	305
犯罪人	305
判事	209
パン職人	210
半ズボン	139
絆創膏	248
販促物	231
半袖	143
パンツ	140
ハンドバッグ	142
ハンドブレーキ	271
ハンドル	270
犯人	305
バンパー	271
販売	231
販売促進	231
ハンボク	138
パン屋	234
伴侶	74
伴侶動物	114

ひ

日	94, 103
ピアス	143
ピアノ	166
ビーチパラソル	284
ピーマン	153
ビール	155, 222

ビオラ	166	非常口	264
被害	40	美食家	292
被害者	305	ビスケット	221
日帰り旅行	292	非正規雇用	205
日傘	104	左側	326
東	327	左利き	49
東の方	327	左手	49
日替わりメニュー	216	悲痛だ	61
悲観	64	引っ掻く	114, 243
引き上げ	207	筆記	196
被疑者	305	筆記試験	211
引き出し	130	ヒツジ	115
引き出す	249	ビデオ通話	178
ひきつけ	310	日照り	103, 313
ビキニ	141	一つ	316
ひき逃げ	311	瞳	51
低い	52	非難	39
ピクニック	198	非難する	39
ひげ	54	日にち	94
髭剃り	286	微熱	244
鼻孔	51	美白クリーム	235
飛行機	260	ビビンバ	217
ひざ	50	皮膚	53
ビザ	261	ヒマワリ	120
日差し	103	肥満	52
ピザ屋	234	百	317
悲惨だ	61	百ウォン	319
ひじ	49	百万	317
ビジネスクラス	263	日焼け止めクリーム	236
美術	195	冷ややかだ	102
美術館	294	ビュッヒェ	284
秘書	209	雹	104
非常勤講師	192	費用	285
非常勤職員	205	秒	92

病院	242
美容院	236
評価	197
病気休暇	208
美容師	210
標識	273
病室	246
ひよこ	117
ヒラタケ	220
ピリ辛い	224
ヒリヒリする	242, 307
ビリヤード	165
昼	92
ビル	293
昼頃	92
昼寝	94
ひれ	118
披露宴	73
広場	295
敏感だ	62
ピンク色	323
貧血	245
品質	231

ふ

ファーストクラス	263
ファーストフード店	234
無愛想だ	64
ファイル	182
ファスナー	144
不安だ	62
ファンデーション	236
フィアンセ	72
フィリピン	331
フィリピン人	331
フィンランド	336
フィンランド人	336
ブーケ	73
ブーツ	142
夫婦	74, 81
プール	164, 284
フェンス	129
フォーク	224
フォルダ	182
部下	205
吹き出物	53, 245
ふきん	132
服	138
拭く	93
副会長	205
副作用	247
副社長	206
複数専攻	27
副専攻	27, 190
服屋	235
ふくらはぎ	50
フクロウ	118
ふけ	54
不合格	197
不細工だ	55
不自然な	62
ぶしつけだ	64
部署	205
負傷	243, 307
負傷する	243, 307
ブタ	115
二重まぶた	51
二つ	316

豚肉	150	フルート	167
部長	206	ブルーベリー	154
普通預金	248	古本屋	234
復活祭	96	ブレーキ	271
仏教	27	ブレスレット	143
ブックマーク	178	風呂	93, 132
物理学	194	ブローチ	143
筆	170	フローリスト	210
筆入れ	196	ブログ	183
ぶどう	154	プログラマ	208
不動産	237	プログラム	181
太っている	52	ブロック	182
布団	286	ブロックバスター	168
船	264	ブロッコリー	153
踏切	274	風呂場	128
不眠症	94	プロフィール	210
踏む	271	プロポーズ	72
冬	106	フロント	282
冬休み	198	不和	85
フライドポテト	219	分	92
フライパン	159	文学	168, 194
ブラウザ	179	文化財	294
ブラウス	139	文具店	234
ブラジャー	140	紛失	310
ブラジル	333	粉食店	216
ブラジル人	333	紛失物	310
フランス	336	紛失物保管所	310
フランス語	26	文書	204
フランス人	336	分数	316
フランスパン	220		
ブリーフ	140	**へ**	
フリーマーケット	230	へ	326
振込	249	ヘアドライヤー	287
プリンタ	181	ヘアバンド	143

検索・ひらがな順

ヘアピン	143	変速ギア	271
閉館	295	弁当	199
平均	197	便秘	245
平面	320	返品	233
ペースト	182		
ベール	73	**ほ**	
ベジャ	138	保育園	190
ベスト	139	妨害	40
別居	85	ほうき	132
ベッド	130	報告する	304
ペット	114	帽子	141
ヘッドセット	181	宝石店	234
ヘッドライト	271	包装	216
ベトナム	331	包帯	248, 308
ベトナム人	331	ボウタイ	141
ヘビ	119	包丁	158
ベビーカー	84	暴風	104
ベビーシッター	84	訪問	293
部屋	128	訪問客	293
へら	158	抱擁	72
ベランダ	129	ほうれん草	152
ペルー	334	吠える	114
ペルー人	334	頬	51
ベルギー	335	ボーイフレンド	71
ベルギー人	335	ボート	264
ベルト	141	ボードゲーム	170
ヘルメット	264	ボードマーカー	195
便器	132	ボーナス	206
勉強	192	ホーム	260
ペンギン	118	ホームページ	179
ペンケース	196	ポーランド	336
弁護士	209	ポーランド人	336
返事	179	ボール	164
編集者	208	ホールスタッフ	210

ボールペン	196
ボクシング	165
北西	327
北東	327
北東アジア	330
ほくろ	53
ポケット	144
保健所	242
歩行者	274
母国語	26
ホステル	282
保存	182
ボタン	144
ボタン穴	144
北極	328
北極海	329
発作	310
ほっそりしている	53
ぽっちゃりしている	52
ホットケーキ	221
ボディシャンプー	286
ホテル	282
ホテル従業員	283
ホテルスタッフ	283
歩道	277
歩道橋	274
施す	36
ポニー	115
母乳	83
哺乳瓶	83
ほほえましい	60
ほめる	38
ほれこむ	71
惚れる	71
ポロシャツ	139
ほろ苦い	224
ホワイトボード	195
本	168
本立て	131
本棚	131
本堂	294
ボンネット	271
本屋	234

ま

マート	230
まあまあだよ。	29
まあまあです。	29
迷子	311
マウス	116, 181
マウスパッド	181
前	325
前歯	246
前払い	285
枕	286
マグロ	151
まくわうり	154
孫	82
マゴジャ	138
孫娘	82
麻酔	247
まずい	224
マスカラ	236
マスタード	157
混ぜる	158
また会いましょう。	30
間違い	39
間違えて	39

間違える	39
待つ	38
まつ毛	51
マッコリ	155, 223
マッシュルーム	220
マツタケ	220
松葉杖	243, 308
窓	129
まとう	138
窓側の席	262
マナーモード	177
まな板	158
真夏	105
学び	191
学ぶ	191
マニキュア	236
マニュアル	271
マネキン	235
麻布	144
真冬	106
マフラー	141
ママ	80
豆	152
豆もやし	153
眉	51
マヨネーズ	157
丸	320
丸い	320
丸くなる	320
マレーシア	331
マレーシア人	331
万	317
漫画	169
マンゴー	155
満足	283
満足する	60, 283
満足だ	60, 283
真ん中	326
万年筆	196

み

実	120
みかん	154
右側	326
右利き	49
ミキサー	132
右手	49
未婚	72
みじん切りにする	157
水	155
水色	323
湖	296
水着	141
水玉模様	144
水や雪が凍りついて滑りやすくなった道	105
水や雪が凍って滑りやすくなった路面	105, 311
店	230
味噌	156
三つ	316
ミツバチ	119
緑色	323
ミトン手袋	141
港	265
南	327
南アジア	331
南アフリカ共和国	337

南アフリカ人	337	蒸す	158, 218
南アメリカ	328, 333	難しい	197
南の方	327	息子	81
醜い	55	娘	81
ミニスカート	139	無線インターネット	284
ミニバー	287	無線データ	178
実る	120	無線マウス	181
耳	51	無断横断	273
みみあて	141	無断駐車	276
ミミズク	118	六つ	316
ミュージカル	167	胸	48
名字	24	胸やけ	244
未来	97	村	297
魅力	71	紫色	323
観る	167	無料駐車場	275
民宿	282		

む

ムール貝	151, 219
向かう	326
昔	97
ムカムカする	245
麦	152
無給休暇	208
剥く	157
ムクゲ	120
婿	82
無罪	305
虫	119
無地	144
蒸し暑い	102
蒸し暑さ	102
虫歯	246
蒸し物	158, 218

め

目	51
姪	82
名刺	24
名所旧跡	296
名物	299
迷惑メール	179
メイン料理	217
雌牛	115
眼鏡	142
眼鏡屋	235
メキシコ	333
メキシコ人	333
目配せ	71
恵み	36
恵む	36
メッセージ	177
メッセンジャー	177

メニュー	216
芽生える	105
目まい	245
目まいがする	245
メロディー	166
メロン	154
面	320
綿	144
免税	285
免税店	264
免税品	264
面接	211
面倒を見る	37, 84
面倒くさい	61
めんどり	117

も

猛暑	102
申し訳ございません。	31
申し訳ない	38
盲腸炎	245
毛布	286
モーゲージ	250
モーゲージローン	250
モーテル	282
目撃者	304
目的地	258, 296
木曜日	95
モグラ	116
持ち帰り	216
もち米	152
もつれ	72
モニター	180
紅葉	106

紅葉狩り	106
もも	50
桃	154
桃色	323
もやし	153
モロッコ	337
モロッコ人	337
文句	283
文句を言う	283
問題	39

や

八百屋	234
ヤギ	115
焼肉	219
焼き物	158, 218
野球	165
夜勤	204
夜勤手当	207
焼く	158
薬剤師	208
役職	26
火傷	243, 308
やけどする	308
野菜	152
易しい	197
優しい	63
矢印	321
安い	233
休み時間	198
安物	233
安らかだ	60
痩せている	53
屋台	216

薬局	237, 247
八つ	316
宿屋	282
屋根	130
屋根裏部屋	129
山	296
山崩れ	312
山登り	170
やや酸っぱい	224

ゆ

憂鬱だ	61
遊園地	295
夕方	92
優雅だ	55
有給休暇	208
友好	64
有罪	305
夕食	93
ユースホステル	282
Uターン	276
夕立	104
郵便配達員	209
有名人	295
有名だ	295
遊覧	292
有料駐車場	275
誘惑する	71
床	129
愉快だ	60
雪	106
雪合戦	106
雪だるま	106
雪の結晶	106

行方不明	306
ゆっくり	274
指	50
指輪	143
夢	94
ユリ	120
ゆりいす	130
許し	39
許す	39

よ

夜明け	92
よい週末を。	30
容疑者	305
養子	84
養子縁組	84
洋酒	223
養女	84
幼稚園	190
羊肉	150
曜日	95
洋服	138
ヨーグルト	220
ヨーロッパ	328, 334
ヨガ	165
浴室	128
よくなる	310
横	325
四つ	316
ヨット	264
読む	168
嫁	82
予約	216, 285
予約する	285

夜	92
喜び	37
四	316
四十	317

ら

ライオン	115
ライチ	155
ライフジャケット	264
ライフセーバー	312
楽だ	60
ラケット	164
ラズベリー	154
ラッシュアワー	276
ラン	121
ランジェリー	140
ランニングシャツ	140

り

理解	37
理解する	37
リクライニングチェア	130
離婚	85
利子	249
理事	206
履修登録する	191
リス	116
理想のタイプ	70
立体	321
リットル	275
リップグロス	236
理髪店	237
リビング	128

略図	293
竜	119
流行	145
粒子状物質	105
リュックサック	142
量	275
了解	37
両替	250
両替所	250
両替する	250
両側	326
料金	258, 285
料金所	276
漁師	210
領事館	299
良心	305
両親	80
料理	150
料理する	150
旅館	282
緑茶	156, 222
旅行	292
旅行会社	237
離陸	262
離陸する	262
履歴書	210
りんご	154
臨時雇用	205
臨時職員	205
リンス	286
倫理	195

る

ルーマニア	335
ルーマニア人	335
ルームサービス	283
留守番電話	177

れ

れい	316
零下	106
礼儀正しい	63
冷静	309
冷蔵庫	132, 287
冷暖房	283
零度以上	106
冷凍庫	132
冷凍品	231
冷房	283
レインコート	140
歴史	194
歴史的	296
レギンス	141
レジ	232
レシート	232
レジ係	232
レシピ	157
レストラン	216, 284
レタス	153
レッカー車	311
列車	259
レポート	196
レモネード	222
レモン	154
レンギョウ	121
レンタカー	270

ろ

老人	82
ロータリー	276
ローファー	142
ローミングサービス	177
路肩	277
六	316
ログアウト	179
ログイン	179
六月	95
六十	317
ロシア	335
ロシア人	335
路上強盗	305
路線	258
ロッキングチェア	130
ロック	129
ロッククライミング	170
露店	216
ロビー	282
ロブスター	129, 151
路面電車	259
ロングヘア	48
論文	197

わ

Yシャツ	139
ワイパー	271
Wi-Fi	178, 284
ワイン	155, 223
わがまま	64
わかめスープ	217
若者	82
別れ	72

別れる	72
ワクチン	182
わざと	40
わさび	157
わざわざ	40
ワシ	117
忘れる	72
ワタリガニ	151
ワニ	119
和睦	84
わらび	153
割引	233
割引料金	285
悪い	64
ワンピース	139
わんわん	114

その他

0	316
1	316
2	316
3	316
4	316
5	316
6	316
7	316
7	316
8	316
9	316
10	316
20	317
30	317
40	317
50	317
60	317
70	317
80	317
90	317
100	317
1,000	317
10,000	317
100,000	317
1,000,000	317
10,000,000	317
100,000,000	317